本丛书为 2021 年度宁波市科技发展专项资金项目（市重点技术研发第三批）"区域文化基因解码与精准传播服务技术研究及应用"（项目编号：2021Z017）研究成果

潮起海国

宁波文化基因解码丛书

江北、镇海、北仑卷

"宁波文化基因解码丛书"编委会　编著

ZHEJIANG UNIVERSITY PRESS

浙江大学出版社

·杭州·

图书在版编目（CIP）数据

海国潮起：江北、镇海、北仑卷/"宁波文化基因
解码丛书"编委会编著. — 杭州：浙江大学出版社，
2023.11
（宁波文化基因解码丛书）
ISBN 978-7-308-24338-4

Ⅰ．①海… Ⅱ．①宁… Ⅲ．①地方文化－文化研究－
宁波 Ⅳ．①G127.553

中国国家版本馆CIP数据核字(2023)第205580号

海国潮起：江北、镇海、北仑卷
HAIGUO CHAOQI: JIANGBEI ZHENHAI BEILUN JUAN

"宁波文化基因解码丛书"编委会　编著

策划编辑	吴伟伟
责任编辑	陈　翩
文字编辑	蔡一茗
责任校对	赵　珏
封面设计	米　兰
出版发行	浙江大学出版社
	（杭州市天目山路148号　　邮政编码　310007）
	（网址：http://www.zjupress.com）
排　　版	杭州林智广告有限公司
印　　刷	杭州宏雅印刷有限公司
开　　本	787mm×1092mm　1/16
印　　张	22
字　　数	383千
版 印 次	2023年11月第1版　2023年11月第1次印刷
书　　号	ISBN 978-7-308-24338-4
定　　价	128.00元

总序

"求木之长者，必固其根本；欲流之远者，必浚其泉源。"

一个国家、一个民族的强盛，总是以文化兴盛为支撑的。中华优秀传统文化是中华民族生生不息、长盛不衰的文化基因，是建设中华民族现代文明的重要源泉。中华民族创造了源远流长的中华文化，也一定能够创造出中华文化新的辉煌。

宁波面向太平洋，位于中国大陆海岸线中段，长江三角洲南翼。这里山海相倚，岸线曲折，海湾纵深，景色绮丽。这里是人类海洋文明的重要发祥地，8300 年前井头山先民、7000 年前河姆渡人就在这片土地劳作、生活。这里人杰地灵，思想伟人、商业巨子代出，浙东学术、藏书文化、东南佛教、商帮文化在此兴盛，气象万千。这座东方大港、文化名城最大的特别之处在于，在这里中国大运河与海上丝绸之路相衔接，海洋文明与儒家文明相交汇，不同文明的交流互鉴、融合会通，展现出蔚为大观的文明成就，映现出独具魅力的文化气象。宁波文化集中体现了中华文明的创新性、统一性、包容性、和平性，为中华民族生生不息、发展壮大提供了丰厚滋养。

习近平总书记指出，多向多元发展的中国思想文化体现着"中华民族世世代代在生产生活中形成和传承的世界观、人生观、价值观、审美观等，其中最核心的内容已经成为中华民族最基本的文化基因。这些最基本的文化基因，是中华民族和中国人民在修齐治平、尊时守位、知常达变、开物成务、建功立业过程中逐渐形成的有别于其他民族的独特标识"①。为更好地传承浙江历史文脉，更好地促进全民精神富有、赋能物质富裕，浙江省文化和旅游厅于 2020 年启动实施"文化基因解码工

---

① 《习近平在纪念孔子诞辰 2565 周年国际学术研讨会暨国际儒学联合会第五届会员大会开幕会上的讲话》，《人民日报》2014 年 9 月 25 日。

程"，并于 2021 年下半年启动培育"浙江文化标识"。该工程力图通过全面挖掘文化内涵，推动中华文明创造性转化、创新性发展，激活其生命力，使中华民族最基本的文化基因与当代文化相适应、与现代社会相协调，彰显出跨越时空、超越国界，富有永恒魅力、具有当代价值的文化魅力。

当前，宁波已全面开启建设现代化先行市和共同富裕先行市的新征程，文化已成为决定城市高度和竞争力的核心要素。破解好文化软实力与经济硬实力不相匹配问题，是宁波争先进位、走在前列的"必答考卷"。我们要坚持以习近平新时代中国特色社会主义思想为指导，深入学习贯彻习近平文化思想，围绕举旗帜、聚民心、育新人、兴文化、展形象的职责使命，赓续中华文明历史文脉，坚定文化自信、增强文化自觉、强化文化担当、激发文化创造，全面实施文化优先发展战略，加快推动文化迭代升级，培育港城文化新标识，构建文化建设大平台，形成文化发展新格局，着力打造与现代化先行市和共同富裕先行市相适应的新时代文化高地，为当好"重要窗口"模范生，建设现代化滨海大都市，奋力打造中国式现代化市域样板，提供强大思想保证、精神动力和文化条件。

"周虽旧邦，其命维新。"进一步了解中华文明的悠久历史、感悟中华文化的博大精深，是时代发展对我们提出的重大命题，也是为中国式现代化建设积聚更多智慧和力量的重要遵循。让我们继续努力，不断深化拓展"第二个结合"，让收藏在博物馆里的文物、陈列在广阔大地上的遗产、书写在古籍里的文字活起来，不断创造中国式现代化的文化形态，以守正创新的正气和锐气，赓续历史文脉、谱写当代华章，为全面推进中华民族伟大复兴、建设中华民族现代文明提供强大的精神力量。

"宁波文化基因解码丛书"编委会

2023 年 11 月

推进文化基因解码工程　打造宁波重大文化标识
为全力打造"文化高地、旅游名城"夯实基础研究

习近平总书记指出:"文化是一个国家、一个民族的灵魂。文化兴国运兴,文化强民族强。"[①] 文化的发展是历久弥新的过程,中华文化既坚守根本又不断与时俱进,在继承创新中不断发展,在应时处变中不断升华。在新的起点上继续推动文化繁荣、建设文化强国、建设中华民族现代文明,是新时代新的文化使命。浙江省委、省政府和宁波市委、市政府历届领导强调,要将传承中华文明摆在突出位置,使之成为共同富裕新征程中的重要内容和精神支撑,为浙江、宁波加快打造新时代文化高地,为共同富裕示范区建设注入强大力量。

为传承好浙江历史文脉,更好地促进全民精神富有、赋能物质富裕,浙江省文化和旅游厅于 2020 年启动实施"文化基因解码工程",旨在通过全面挖掘文化内涵,解码每一种文化形态,在将文化元素提取好、传承好的过程中,找到文化存在的内在"基因",拓展丰富各文化元素的利用领域,以促进文旅融合发展,助推经济社会发展。在解码文化基因的基础上,2021 年下半年启动培育"浙江文化标识"。以文化标识建设,牵引资源普查、基因解码、产业应用研究、文化遗产保护传承、文艺精品创作、文化和旅游产业、文化公共服务、国际交流合作等文化和旅游工

---

① 习近平:《坚定文化自信,建设社会主义文化强国》,《求是》2019 年第 12 期。

作。浙江省第十五次党代会也把"彰显浙江深厚历史底蕴的文化标识"作为未来五年的奋斗目标。

宁波市文化广电旅游局积极推进宁波文化基因解码与文化标识建设工作。至2021年12月，共填报一般元素4294条，重点元素194个，解码报告194份。2022年，宁波"梁祝文化""千年慈城"等11个项目入选"首批100项浙江文化标识"培育项目。"阳明文化"被列入"文化标识建设创新项目名单"，"海洋渔文化"被列入"文化标识建设创新培育项目名单"；"张人亚党章学堂""《渔光之城》滨海场景演艺秀"入选浙江省文化和旅游厅公布的"首批文化基因解码成果转化利用示范项目"。"宁波文化基因解码丛书"是一项文化研究基础工程，立足浙江省文化基因工程数据库成果，由宁波市文化旅游研究院组织专家团队与县（市、区）文旅局干部、专家共同努力推进。它是对"宁波文化基因解码工程"的一次总结和提升，为宁波文化标识建设提供了重要的基础性文献。

中华文明是世界四大文明中唯一自古延续至今、从未中断的文明，形成了独具特色、博大精深的价值观念和文明体系，具有突出的连续性、突出的创新性、突出的统一性、突出的包容性、突出的和平性。文化基因是决定文化系统传承与发展的基本因子，是历代社会成员在生活、生产活动过程中心灵创造的积累，维系了中华民族在漫长历史过程中的生存和发展，是铸就中华文化生命力量、文化特征的根本因素。宁波是中华文明的重要起源地和发展创新重地，8000年来文化发展海陆交汇，一脉相承，展现出蔚为大观的文明成就，映现出绚丽多彩的文化气象。宁波文化作为重大区域文化，其文化基因为中华民族生生不息、发展壮大提供了丰厚滋养。宁波现有2个世界级文化遗产，拥有各级文物保护单位总数达611处，其中全国重点文物保护单位33处，省级文物保护单位87处，历史文化街区、古镇古村、名人故居举不胜举，文化遗产资源数量和质量居国家历史文化名城前列和计划单列市首位。拥有国家级非物质文化遗产代表性项目28项、省级105项，国家级非遗代表性传承人16名、省级101名；国家级传统工艺振兴目录项目5个、省级10个。

　　我们要以大历史观，审视宁波 8000 多年文化发展史，由之引导人们读懂中国之路的历史必然、文化内涵与独特优势。距今 8300 年的井头山遗址具有浓厚而鲜明的海洋文化属性，是中国先民适应海洋、利用海洋的最早例证，表明余姚、宁波乃至浙江沿海地区是中国海洋文化的重要源头区域，是中国海洋文化探源的一次重大发现。河姆渡遗址是"中国 20 世纪 100 项考古大发现"之一，在我国考古史上具有里程碑意义，其发现证明长江流域与黄河流域一样，也拥有灿烂的新石器文明，也是中华文明的发源地之一。在冒险开拓的海洋精神激励下，河姆渡人的稻作文化、制陶文化、干栏式建筑、有段石锛等诸多具有开创性的文明成果也借助海洋实现了对外传播，覆盖现浙江、福建、广东等地，并跨越广袤的大洋，影响了东亚、东南亚乃至太平洋众多岛屿的文明进程。

　　中唐以来，中国的经济文化中心向东南迁移，宁波作为中国大运河与海上丝绸之路相衔接的城市，兴起了青瓷、茶叶等饱含中华气象的新兴产业。宁波海洋贸易汇聚，新产品生产与定价，高收入人群、科技文化人才集聚，折射着中国海权社会特征的成长，展现着中国社会与文化发展的重要新动力，体现着农商经济引领中国经济新形态、海陆型国家形态代替传统内陆型国家形态的过程。宁波港城文化繁荣，至今仍然保存着当时城市建设的一些重大工程，如鼓楼、天封塔、灵桥、它山堰—南塘河水利工程等，盐碱之地变成商贸繁荣、人水和谐的富裕之地。

　　文化更是代表一定民族特点，反映其理论思维水平的精神风貌、心理状态、思维方式和价值取向等精神成果的总和。宁波崇文重教，是著名的文献大邦。浙东学术顺应中国社会发展和时代前进的要求而兴起，积极构建新儒学话语体系，积极回答时代之问、人民之问。从南宋"淳熙四君子"到阳明心学，及至浙东史学派，千年接续发展，为经营万里丝路与中国大运河，持续提供了新的精神价值支持。"新四民""工商皆本""经世致用"等主张，激励自作主宰、勇于担当的主体性精神，为宁波以工商为本的城市发展提供了强大的价值支撑。这是"宁波帮"从明末清初开始逐渐发展壮大，并积极抓住机遇，成为中国近代史上最成功最具代表性的商帮，成就长盛不衰奇迹的思想基础。

文明因交流而多彩，文明因互鉴而丰富。文明交流互鉴，是中华文明几千年持续发展的重要动力，也是推动人类文明进步和世界和平发展的重要动力。海纳百川的包容气度，勇立潮头的开创精神，使得宁波能在汲取其他文明养分的过程中促进自身发展，不断焕发新的生命力。充满自信的中华文明对各种外来文明产生了强大吸引力。宁波也是东亚文化之都，自唐代开元盛世建立三江口州治以来，宁波一直是展示中国文明的重要窗口，被日本等国称为"圣地宁波"。宁波天童寺等禅宗名刹成为日本临济宗、曹洞宗祖庭，深刻影响东亚诸国文化的发展。研究宁波文化基因，要在与世界其他文明的横向比较中，阐释清楚中华文明突出特性，知其然、其所以然、其所以必然。

宁波也是一座富有光荣革命传统和红色基因的城市，现有革命遗址 507 处，数量位居全省前列。其中浙东抗日根据地旧址群、樟村四明山革命烈士陵园、张人亚党章学堂、大革命时期中共宁波地委旧址纪念馆等一批在全国具有重要地位和影响力的革命遗址与红色场馆，被列为国家和省级爱国主义教育基地、党史学习教育基地。2021 年，余姚梁弄镇横坎头村被列为国家红色美丽村庄建设试点单位。浙东抗日根据地旧址群为全国百个红色旅游经典景区、中国红色旅游十大景区之一。宁波市还有奉化区松岙红色旅游基地等 4 处省级红色旅游教育基地、江北区冯定纪念馆等 8 处浙江省党员教育培训基地、镇海区招宝山街道等 8 个市红色旅游融合发展示范区、海曙区樟村四明山革命烈士陵园等 18 处市红色旅游教育基地，红色文化资源已成为引领宁波市乡村振兴的红色引擎。

1979 年，宁波港对外开放。在 40 多年中，宁波港迅速从内河港、河口港，转变为集装箱船、大型油轮时代的海港。从 2009 年开始，年货物吞吐量连续居于世界第一，有力地支撑了长江三角洲地区基础产业发展。宁波舟山港已与世界上 100 多个国家和地区的 600 多个港口通航。港口发展带动了宁波石化、电力、钢铁等临港工业体系的形成，推动了民营企业的全球化贸易。专业市场发达、市场化程度全国领先已成为当代中国经济的"宁波现象"。宁波初步具备规模巨大、结构合理、设施完善、环境优美等现代化滨海大都市特征，"一核两翼、两带三湾"多节点网络化现代都市大格局基本成型。宁波市委、市政府高度重视文化建设，相继实施文化大市和文化强市战略，着力改善文化民生，文化事业、文化产业建设取得重大成就，为推动全市经济社会发展，全面建成惠及全民的小康社会，提供了强劲的文化动力。

摸清宁波文化家底，建立宁波文化基因库，对于守护民族精魂、赓续中华文脉、建设中华民族现代文明有着重大意义。文化基因解码工程的"解"是上半篇文章，"用"是下半篇文章。研究阐释宁波文化基因，并非沉湎于过往辉煌的自我陶醉，而是从当下宁波现实出发的理性回溯，从高站位、宽视野、大格局把握宁波文明的历史特色，用马克思主义真理力量激活中华优秀传统文化的生命力，使阳明文化、海洋文化、商帮文化和书香文化、慈孝文化等中华优秀传统文化与日常生活水乳交融、与现代生活需求紧密契合。在润物无声、日用不觉中增强人民精神力量，建设好最富魅力、最具辨识度的文化标识，用深厚的历史文化积淀提升宁波文化的知名度和影响力，推动当代宁波经济发展和社会进步。

现在，宁波立足"枕山、拥江、揽湖、滨海"的城市特色，按照"山海统筹、城乡兼顾、重点引领、区域协调"的布局理念，构建"北绘、东绣、南擎、西拓、中优"的文旅新布局，加快重大文化地标建设。以余姚江—甬江为基线，整合运河沿线文化遗产资源，以点带面，轴线发展，推动翠屏山片区联动发展，赓续宁波城市文脉，擦亮"海洋文明起源地"和"海上丝绸之路起航地"两大文化金名片，打造"中国大运河出海口"品牌。建设都市文化传承区、山地生态度假区和湾区滨海休闲区，建设大运河（宁波段）国家文化公园、宁波史前遗址保护利用示范区、浙东山水诗路文化旅游带、象山港湾滨海旅游休闲区、宁波前湾现代文旅产业集聚区、宁波南湾海洋旅游示范区"六大板块"，搭建传播平台，实施文化节庆提亮工程，整合提升海上丝绸之路文化和旅游博览会、中国（象山）开渔节、中国徐霞客开游节等具有鲜明城市文化个性的大型节庆文化品牌。各县（市、区）正积极谋划重大文化标识建设项目，讲好中国故事、传播好中国声音，推动中华文明的创造性转化、创新性发展，激活其生命力，把宁波建设成为近悦远来的魅力之城。

文化是旅游的灵魂，旅游是文化的载体；文化是旅游的发动机，旅游是文化腾飞的翅膀。推动文旅融合，把中国的文化和旅游行业、企业、产业带入新的时代，已经成为国家层面的战略要求。进入新时代，踏上新征程，站在新起点，宁波全市文旅系统将奋楫笃行，勠力同心，以更实的作风、更强的担当、更拼的干劲，全面吹响文旅复苏冲锋号，谱写文化旅游事业高质量发展新篇章，为宁波切实扛起锻造硬核力量、唱好"双城记"、建好示范区、当好模范生、共同富裕示范先行的使命担当，奋进中国式现代化新征程，加快建设现代化滨海大都市，发挥"文化先行、旅游开道"的重大作用。

目录

第一章

江北区重点文化元素
基因解码及转化利用

宁波
文化基因解码

作为行政单位的江北区 1951 年 5 月正式成立，1984 年 3 月区境定型。从文化上追溯，7000 年前已有人类在此繁衍生息。东汉至东晋时期的文献记载与考古发现表明，位于姚江北岸今慈城镇王家坝村的句章故城，始建于战国，秦汉至两晋时期为古句章县治，是宁波历史上最早的城市，为昔日明州、今天宁波的源头，句章古港是宁波海港之始。江北慈城，则是江南地区唯一保存较为完整的古县城，唐开元二十六年（738）建城，千年历史积淀了深厚的文化底蕴，形成了儒学、慈孝、廉政、建筑等丰富多彩的文化体系。位于灵山山岙的保国寺，是浙江省三个首批全国重点文物保护单位之一，大殿重建于北宋大中祥符六年（1013），是我国南方地区保存最为完好的宋代木构建筑遗存，与我国第一部官方建筑典籍《营造法式》关系密切，还有"虫不蛀，鸟不入，蜘蛛不结网，梁上无灰尘"的神奇之处。江北老外滩，见证了清道光二十四年（1844）宁波开埠，江北岸三江交汇处被指定为"外国人通商居留地"，江北岸率先吸纳西学新潮，领风气之先。江北又是宁波工人阶级最早的诞生地，并且建立了宁波最早的产业工人党组织、抗日战争时期的慈东根据地，农村基层党组织成为战斗的坚强堡垒。

近年来，江北区以新型城市化、全域都市化和全域景区化为统领，坚持"旅游+"和"+旅游"的融合发展理念，大力推进旅游业高质量发展，文旅项目加速推进、行业品质提档升级、产业贡献不断增强。先后被省政府命名为省旅游经济强区、省全域旅游示范区，累计申创国家 AAA 级及以上旅游景区 7 家（其中 AAAA 级旅游景区 4 家，AAA 级旅游景区 3 家），国家级旅游休闲街区、国家级农村产业融合发展示范园、省级旅游度假区各 1 家，民宿（客栈）等级化率全市领先。慈城古县城入选"浙江文旅金名片"和"大花园耀眼明珠"，慈城镇进入浙江省第一批千年古城复兴试点建设名单，民权路、骢马河、城南旧事（慈城老火车站）三大历史文化街区、8 个重点历史文化景点和慈城历史文化展览馆、慈城药商博物馆、谈家桢生命科学教育馆、周信芳戏剧艺术馆、抱珠楼、慈城美术馆等全面建成开放。百年老外滩成功创建国家第一批夜间文化和旅游消费集聚区、国家级和省级旅游休闲街区，列入省首批千万级核心大景区名单，目前正全力积极创建浙江唯一一个国家级高品位步行街，打造宁波首个开放沉浸式演艺"入戏·老外滩"城市文化品牌项目。加大达人村、达人谷度假乐园、火车来斯等亲子景区宣传推广，成功打响江北亲子旅游品牌。乡村旅游快速发展，其中毛岙村获评中国美丽休闲乡村、国家首批绿色村庄、省级特色旅游村、省级美丽乡村，并进入浙江省第二批未来乡村创建名单。宁波音乐港以打造"国家音乐产业集聚区"为目标，融合各类音乐产业于一体，成功举办中国合唱节、海丝音乐节等活动，已成为宁波市对外交流的音乐名片。

本章展示的是江北区10个重点文化元素基因解码及转化利用情况，其中优秀传统文化8个，革命文化1个，社会主义先进文化1个。

东汉至东晋人面纹瓦当（江北区文化广电旅游局供图）

句章故城地理环境（江北区文化广电旅游局供图）

一、句章故城

句章故城是宁波历史上最早的城市，有"宁波首邑"之美誉，相传城址为越王勾践所筑，使用时间至东晋末年止，共 800 余年。句章故城的遗址位于江北区慈城镇王家坝村一带，东汉至东晋时期的城址范围大致在南临姚江、西倚大湾山、东至焦家山西侧、北邻王家坝村南面的广大区域内。了解句章故城的发展，对探讨研究宁波城市发展史有着十分重要的价值与意义。

（一）句章故城核心文化基因解析

1. 物质要素

（1）句章故城物质遗存

北魏地理学家阚骃所纂的《十三州志》指出："句践之地，南至句余，其后并吴，因大城句余，章伯功以示子孙，故曰句章。"宁波在夏、商、周三代都为越地，句章城最初为越王勾践所筑，勾践欲在灭吴后"章伯功以示子孙"，此为故城名称之来源。宋代《宝庆四明志》记载了较为详细的位置："古句章县在今县南十五里，面江为邑，城基尚存，故老相传曰城山，旁有城山渡。"是说城邑面临姚江而立，位于城山渡旁，直到南宋尚有城基遗址留存。2003年起，宁波市文物考古研究所先后对句章故城进行了一系列前期研究、考古调查与勘探，至 2009 年 6 月，经过 6 年多的考古勘探与发掘后，取得了重要阶段性成果，发现并确认句章故城的具体位置、兴废年代和城址范围。尤其明确了具体位置，即"城山渡北"，今江北区慈城镇王家坝村一带。这一考古发现平息了历史上关于句章故城地望的纷争。研究所还通过考古勘探及试掘，了解到文化堆积和遗迹分布情况，结合文献资料进行分析整理，初步推断出了东汉至东晋时期句章故城的城址范围大致在南临姚江、西倚大湾山、东至焦家山西侧、北邻王家坝村南面的广大区域内。勘探与试掘过程中还揭露出部分与句章故城城市设施相关的建筑倒塌堆积、木构建筑基址等重要遗迹现象。

宁波市文物考古研究所对故城遗址进行全面勘探和局部试掘后，发现句章故城前后历周、秦、汉、晋诸代，遗址城址平面大体呈不规整的长方形，长约470米，宽为120—200米，周长约1200米，面积约10万平方米。在句章故城遗址的二号探沟的底部，即第四文化层，发现了一座干栏式木构建筑遗址。这座干栏式木构建筑底部先以交错堆叠的木桩形成承重支柱，柱上铺一层木板作为活动面，木板外围圈以一根横木，横木外再支立柱加固。从该建筑上部倒塌堆积情况看，当时的屋顶应铺有一层茅草，茅草之上另覆以板瓦和筒瓦。整个建筑结构严谨，用工考究，既与河姆渡文化干栏式木构建筑风格一脉相承又个性独具，具有防潮防虫、温暖舒适的特点，充分体现了江南水乡的建筑特色。据判断，该建筑的使用年代应为春秋至战国时期。

此外还揭露出战国至西汉时期房址、墓葬，东汉至东晋时期码头、河道、墓葬、窑址，唐宋时期路面、窑址等遗迹。出土不同时期陶瓷、砖瓦、石器、铁器、漆器等日常生活器具、生产加工用具及建筑材料等各类遗物标本306件。

（2）宁波最早的港口——句章港

句章故城建立后，句章古港便随之形成。古时随着姚江流域的开发和生产力的发展，人们在靠近大海又有开阔陆地的大河旁划地建城，人口集聚，形成了水上交通枢纽，于是宁波区域历史上最早的港口句章港出现了。

在古代中国，句章故城属于海疆前沿，港城相依、以港兴城是濒江沿海城市的主要特征之一。在句章古港形成之前，在今天的宁波地域范围内还谈不上有真正的港口，至多只是如河姆渡遗址那样有水上交通渡口。句章古港成为甬江流域出现得最早的港口，有着优越的先天地理优势——位于姚江江畔，出海更为方便，是当时越国的"通海门户"。它西距越国国都大越（今浙江绍兴市区）不远，东距三江口（姚江和奉化江合流为甬江之处）22千米，顺姚江东下，经三江口入甬江，再东北行约10千米便可由浃口（位于今镇海区）入海。

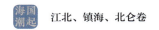

当时句章以东一带可能为滨海滩涂，水网密布，出海当更为便利。

句章港，作为越国的海防要塞，是战国时期五大港口之一，是我国早期的军港之一。初时越王勾践为向吴王夫差报仇雪耻，于公元前491年开始，在越国打造战船，训练水师，终于建立起一支拥有300多艘战船的水师。越灭吴后，公元前468年，勾践自会稽经海道北上琅琊，扬威海上，图谋霸业。秦统一六国后，强迫越民内迁，越民遂驶船从海上南下向闽、广、台、澎逃亡，这是越民一次较大规模的航海活动。据史籍记载，首次从句章出海的大规模军事行动则在汉武帝时，《史记·东越列传》载，西汉元鼎六年（前111）秋，东越（在今浙南至闽北一带）王余善反叛朝廷，汉武帝派横海将军韩说率领军队，从句章乘船出海，于次年冬攻入东越。

东汉以降的数百年间，句章作为海上交通和军事行动出入港，屡屡见诸文献。据《后汉书》载，东汉顺帝阳嘉元年（132）二月，"海贼曾旌等寇会稽，杀句章、鄞、鄮三县长，攻会稽东部都尉"。事后，朝廷诏令句章县屯兵戍卫。三国时期吴黄龙二年（230），即东吴大帝孙权称帝第二年，派大将军卫温率万人从句章古港出发至夷洲（今台湾），当时甬江流域船舶纵横，盛况空前。又，三国时期吴景帝永安七年（264）四月，"魏将新附督王稚浮海入句章，略长吏赏林及男女二百余口。将军孙越徼得一船，获三十人"。尤其是东晋末年，句章一度成为孙恩起义军与晋军交战的主战场。从东晋安帝隆安三年（399）十月孙恩率众起兵到元兴元年（402）三月孙恩兵败投海自尽的数年间，起义军以浙东海岛翁州（今浙江舟山群岛）为根据地，先后三次从浃口（今宁波镇海口）登陆，兵临句章，进入会稽内陆。在此期间，句章是东晋官军和孙恩农民起义军反复争夺的战略要地。东晋末年，孙恩率农民起义军攻下句章，故城遭毁。

古港的海上商贸活动，虽然史书上记载得不多，但根据优越的地理位置也可推知其实际上日益发展，为甬江流域连通中国沿海和外国，打开了世界商贸和文化交往通道。句章古港仍遗留有木结构码头遗迹，但古港遗址目前已回填覆盖加以保护。

2. 精神要素

（1）趋向民用功能的人本主义精神

从句章古港建立开始，当地有了大规模、远距离的航海活动。随着战事的平息，社会处于平稳的发展阶段，古港初始浓重的军事特色有所淡化，添加了一些经济贸易的色彩，向着平和的民生作用转变。晋代陆云在《答车茂安书》中称当时甬江流域一带"泛船长驱，一举千里。北接青徐（青州和徐州），东洞交广（交州和广州）"。其所描述的航海活动也包括贸易和其他方面的交往。句章古港的造船业在当时遥遥领先，对外贸易欣欣向荣。

（2）港通天下、交流互鉴的包容精神

句章古港贸易日趋繁荣，除了瓷器等商品贸易频繁外，宗教、文化往来也渐趋增多。三国时期，印度高僧那罗延经海上丝绸之路来到句章，于句章五磊山（今慈溪市域内）创建了五磊寺。西域胡人也通过千里海道来到浙东，带来了他们的信仰和文化。

句章古港被毁后，港口功能被转移至宁波的三江口。因此，宁波是我国海上丝绸之路的始发港之一，宁波古港正是海上丝绸之路的"活化石"，而句章古港作为宁波古港的始祖港，作为宁波"港通天下"的起源地，具有独特的历史文化研究价值。

3. 语言与符号要素

（1）出土器物的纹饰

句章故城中出土有战国至西汉时期的陶井台、陶井圈，东汉至东晋时期的瓦当、板瓦、筒瓦、砖块等建筑构件以及一批时代特征鲜明的陶、瓷、漆木等器物。其中的瓦当是判断句章故城位置和性质的主要标志物之一。出土瓦当主要有云纹、人面纹两种类型，以人面纹瓦当居多；筒瓦表面多饰"稼禾钱币"组合纹饰，个别钱币上可辨"……五十"字样，"五十"二字简写，为孙吴时期的制法。这批建筑构件的发现，提供了推断句章故城方位及其核心区域官署建筑区的有力证据，对探讨宁波城市发展史有重要意义。

（2）相关诗文

句章故城与古港的相关诗文较多，且流传的多为清代诗作。文人墨客或对其地理风景进行白描，或望着遗迹对其昔日的辉煌和今日的衰颓表达感叹与遗憾。

过城山

［清］徐棠

一带青山绕，句章旧迹存。

禽鸣喧竹坞，人语出烟村。

野阔风声壮，江遥水气昏。

当空丽朝日，顿觉敝裘温。

舟过城山渡

〔清〕叶金胪

云送山前月，潮迎海上风。

水天三面阔，眼界一时空。

渔唱和长笛，归心系短篷。

扁舟身计稳，漫拟等飘蓬。

城山渡怀古

〔清〕胡亦堂

闻昔句章县，江城面水隈。

如何鸡犬地，一望尽蒿莱。

潮汐无时歇，风帆此道开。

当年戍守者，凭吊有余哀。

句章故城

〔清〕郑辰

峭壁巉岩古渡滨，句章遗址渺荒堙。

山峰北去云乍生，江水东来拍岸频。

月满戍溪余旧垒，秋深幻浦见寒磷。

我生幸际升平日，沧海安澜接粤闽。

（二）句章故城核心文化基因的提取与评价

句章故城因优越的地理位置和吴越战事而兴，因"宁波第一城""宁波首邑"而名，也因兵灾战祸而衰，可谓成也兵武，没也兵武。但故城与古港在长达 800 年的发展过程中，发展民生，对外贸易，沟通有无，现因其重要程度被誉为海上丝绸之路的"活化石"。句章故城核心文化基因主要提取为宁波历史上最早的城市，军事特色和民生作用并重，军事活动和对外贸易并存，发愤图强、顽强拼搏的军事精神和港通天下、交流互鉴的包容精神。

1. 生命力评价

随着两汉中央王朝对越人大规模军事行动的结束，会稽郡以及句章古港的地位明显下降，军事防御力量大为削弱，以致常常成为海寇以及农民起义军从海道登陆后首要的攻击目标。尤其是在东晋末年的孙恩起义中，城邑不仅"卑小"，而且"战士不盈数百"，因为屡屡遭受兵灾战祸，终至残破不堪，不再适宜于作县治，最终"迁治"。这样，无论是句章故城，还是句章古港，都在完成其历史使命后，逐渐倾颓。在南宋时，句章故城已被废弃，城中设施与建筑都荡然无存，文献记载只有城基与遗迹可找。到清朝时，故城遗址只剩田垄阡陌，令人唏嘘。经过 2003 年至 2009 年的考古勘探与发掘，明确了句章故城的位置，揭露出故城的重要遗迹，揭开了故城神秘的面纱，由此提升了故城和古港的知名度，引起了人们对"宁波首邑"和海上丝绸之路的"活化石"的关注。

2. 凝聚力评价

句章故城被誉为"宁波第一城""宁波首邑"，被认为是宁波城市发展的起源，是宁波人文化起源和文化交流的重要区域，是今天的宁波城市建设过程中核心的文化基因。句章古港是明州古港的重要源头之一，为海上丝绸之路始发港的原始雏形，为唐宋以来明州古港联通世界奠定了基础，是宁波 21 世纪海上丝绸之路建设过程中重要的底气和底蕴。句章故城和句章古港，是宁波都市圈和港口经济圈的初始原型，皆对宁波人的地域认同具有强大的凝聚力。

3. 影响力评价

句章故城因扼守姚江水道要冲，地理位置重要。它不仅是会稽郡东部的甬江流域的政治中心之一，也是军事防御中心，是从海道登陆会稽郡的重要门户。从句章古港建立开始，宁波有了大规模、远距离的航海活动。这些航海活动不仅指军事行动，还包括海上商贸。商贸活动的日益发展为甬江流域连通中国沿海和外国打开了世界之门，促进了文化交往。佛教思想入浙，并逐渐兴盛；西域文化在此也有了一席之地。虽然句章故城和句章古港此后被毁，但它们为三江口明州古港的建立和发展创造了条件，打开了门户。

4. 发展力评价

考古发掘表明，句章故城是宁波历史上最早的城市，句章古港是迄今宁波发现的最早港口。句章故城和古港是古港口"活化石"的见证，同时记录了战国至五代宁波港口和城市发展的历史，研究故城的起源与发展和句章古港的历史作用、军事价值、海上丝绸之路商贸价值以及衍生的浙东与域外的文化交流的作用等，对促进宁波城市建设有着重要的价值与意义。

（三）句章故城核心文化基因的转化利用

句章故城是宁波城市的起源，其古港对宁波经济贸易和港口文化的溯源具有不可忽视的作用。应充分重视句章故城的物质遗产、历史意义和考古价值，发掘利用故城的历史文化内涵，将遗址文物的保护、故城古港风貌适当恢复结合起来。一是学术引领，深入发掘故城文化基因的内在价值；二是宣传引导，将故城升级打造为历史文化名城；三是文旅传播，推动故城传统文化元素的当代转化。

1. 学术引领，深入发掘故城文化基因的内在价值

宁波市于 2004 年到 2012 年先后四次对句章故城进行野外考古工作。2004 年至 2009 年 6 月，宁波市文物考古研究所组织了对句章故城的第一次勘探和试掘，初步推断句章故城的城址兴废时期、大致范围、城址面积和区域。2006 年国家文物局正式批复"句章故城（港）考古调查与勘探"项目后，宁波市文物考古研究所于 2007 年至 2012 年间先后多次组织人员，对姚江北岸的江北区慈城镇王家坝村一带进行了大规模、高密度、拉网式的实地考古调查、勘探和局部解剖试掘。对句章故城进行了深入的研究后，确定了句章故城的确切位置、兴废年代、大致范围等三大问题，为"句章故城（港）考古调查与勘探"项目画上了一个阶段性的句号。2014 年，句章故城遗址考古发掘报告正式出版发行。

应重视句章故城在宁波的历史地位，做好学术平台的建设，创建具有一定影响力的研究团队，诚邀学者专家进行专项调研，重点研讨句章故城的历史作用和句章古港在宁波港口文化和海上丝绸之路发展中的重要作用，实现宁波古城和新港融合发展。定期召开专业性的学术论坛，交流、积累研究成果，加大宣传，引发各界关注，营造浓厚的社会氛围，为文化基因的转化利用提供动能。

2. 宣传引导，将故城升级打造为历史文化名城

句章故城的考古发掘为全社会关注故城提供了一个良好的契机，但作为"宁波首邑"，句章故城的名声即使在宁波本地区域也并不显著，且目前故城的区级文保单位的地位与故城的重大历史文化作用并不匹配，对故城的定位还比

较低，我们应当充分重视故城古港的价值。首先，申报全国重点文保单位，将故城定位提升到"历史文化名城"上来。其次，在考古发掘后，句章故城原址已回填保护。应加大现存遗址和考古文物的保护力度。最后，保护性修复一些城墙景观、城内古建和古港风貌，建立物质文化遗产陈列馆和"句章故城博物馆"，为遗址遗存建立完善的载体。

3. 文旅传播，推动故城传统文化元素的当代转化

在文旅运营过程中，除了建设陈列馆、博物馆，提供解说宣教方式之外，还可针对不同受众群体，策划一些沉浸式的、群众参与性强的活动，持续扩大句章故城的文化影响力。例如，拍摄《句章故城》《句章古港》等相关纪录片及影视作品，于各大平台宣传播放；在故城遗址内，设立活动区，展现故城历史时期的生活场景和娱乐活动，为群众提供沉浸式体验，使他们能身临其境体验故城与古港魅力；排演讲述故城与古港发展主线的舞台剧等，使人深刻体会当时当地的历史文化氛围。

参考文献

1. 宁波市海曙区政协文史委：《甬城古港》，宁波出版社 2019 年版。

2. 宁波市文化遗产管理研究院：《城·纪千年——港城宁波发展图鉴》，宁波出版社 2021年版。

3. 宁波市文化遗产管理研究院、宁波市世界文化遗产保护管理中心、宁波市水文化研究会编：《运河棹影》，宁波出版社 2021 年版。

4. 宁波市文物考古研究所、国家水下文化遗产保护宁波基地：《发现：宁波地域重要考古成果图集（2001—2015）》，宁波出版社 2016 年版。

5. 瑞琪：《〈句章故城：考古调查与勘探报告〉简介》，《考古》2014 年第 7 期。

6. 王结华：《从句章到明州——宁波早期港城发展的考古学观察》，《中国港口》2017 年第S1 期。

7. 王结华、许超、张华琴：《句章故城考古的主要收获与初步认识》，《南方文物》2012 年第3 期。

8. 王结华、许超、张华琴：《句章故城若干问题之探讨》，《东南文化》2013 年第 2 期。

9. 许超、刘恒武：《宁波地区历史时期码头遗址的考古学研究》，《东方博物》2018 年第 2 期。

10. 许超、王结华、张华琴：《句章故城与楚越战争》，贺云翔、郑孝清《中国城墙（第二辑）》，江苏人民出版社 2019 年版。

11. 浙江省文物局：《浙江省第三次全国文物普查新发现丛书：古遗址》，浙江古籍出版社2012 年版。

慈溪县衙（鲁弯弯摄）

慈城古县城大东门

慈城孔庙

二、慈城古县城

慈城古县城，位于江北区西北部，古称"句""句余""句章"，是我国江南地区保存最为完整的古代县城，有"江南第一古县城"之美称。于越勾践二十四年（前473）建城，自唐开元二十六年（738）始至1954年，1200多年皆为慈溪县治。1959年，改称慈城镇。2005年，慈城镇被列为中国历史文化名镇。2006年，慈城古建筑群被列入国务院批准的第六批全国重点文物保护单位。2009年，"慈城历史文化名镇遗产建筑群"获得联合国教科文组织文化遗产保护荣誉奖。

（一）慈城古县城核心文化基因解析

1. 物质要素

（1）慈溪古县衙

慈城是江南第一古县城，慈溪县衙作为其衙署，可谓江南第一古县衙。慈溪古县衙位于慈城一街一河双棋盘格局中轴线的尽头，站立在县衙的最高处可俯视全城全貌，这彰显了其在当时当地非凡的政治地位。

古县衙始建于唐朝开元年间，为唐朝旧制，格局仿自都城长安。经过历史变迁，县衙屡建屡毁，但至今仍然保持了清晰的格局和宏大的规模。从慈城的中轴线往北，尽头就是一座照壁，给人森严震慑之感，照壁后就是县衙的大门，也就是俗称的"衙门"。大门口正中匾额上书"慈溪县署"四字，抱柱楹联为"明镜高悬，扬清激浊，胜过慈湖水；仁风普及，立功积德，犹如天柱峰"。这是对古代官吏忠君爱民的美好愿景，同时也鼓舞了民众对国家权力和行政官僚的监督。大门至仪门为第一进。大门后百米甬道的中央为仪门，是县衙的礼仪之门。仪门之名取自"有仪可象"，表示县令的一言一行都应该作为百姓的表率，凡新官到任行至仪门，文官下轿、武官下马，县衙的僚属则整冠迎至仪门。仪门左右两侧还各有两道侧门，两门各有门道：右侧为生门，一般人从此门出入；左侧为歹门，专供死刑犯进出。仪门内甬道上有一个箴石亭，正面书"公生明"，背面书"廉生威"。箴石亭后便是县衙建筑群的中心——县衙大堂，也是县衙的主体建筑。大堂名为亲民堂，中央设暖阁，设知县公堂，面南屏风绘"海水朝日图"，象征清似海水，明似日月。堂上匾额书"明镜高悬"，两旁"回避""肃静"木质站牌、十八般武器依序陈列。县衙大堂两侧为科房。东面为吏、工、礼、兵、刑科房，西南为户科房，是中央政权六部的缩影。东西科房连同大堂、仪门，围成一进四合院，构成了中国传统官衙的典型结构。过大堂，进宅门，便到了川堂。这是大堂和二堂之间的休憩场所，也是慈溪县衙与其他县衙的不同之处。此处在二堂之前。在二堂审案之前，官员和百姓还可在此稍事休息。川堂正对二堂的北墙上，挂着一幅匾额，上书"天理、国法、人情"六个大字，提醒官员断案要顺应天理，执行国法，合乎人情。二堂是处理民事纠纷的地方，堂中有首任县令和大诗人杜甫的蜡像。二堂前有一段唐代的砖砌甬道，这是盛唐时期县衙门堂的遗迹。在二堂的后房展示了很多刑具，如木枷锁、枷指匣床、腿枷、刑杖等，令人见之生惧。

（2）孔庙

孔庙（又称文庙、学宫）是用来祭祀我国伟大的思想家、政治家、教育学家孔子的地方，各地有之，而慈城孔庙是古镇历史文化遗存中最具规模的古建筑，又为浙东地区唯一现存较为完整的孔庙。慈城孔庙始建于北宋雍熙二年（985），初建在县治西四十步（原城隍庙址），庆历八年（1048）迁至今址。

慈城孔庙建筑以中、东、西三条轴线纵向贯穿为布局，体现出儒家"中和为美"的审美标准。中轴线上由南向北分别为棂星门、泮池、大成门、大成殿、明伦堂、梯云亭。如今，除大成殿因抗日战争期间被日军轰炸倒塌后重建外，整个孔庙基本完好，均为历代真迹。孔庙的入口是棂星门，棂星在民间也叫作"文星"。大门左右各有一座下马碑，众人皆须下马行之，体现人们对儒学极高的尊崇。入门有一泮池，泮乃"半水"之意，区别于皇帝所立的太学的四面环水。池上有三座桥，由东至西分别为榜眼桥、状元桥、探花桥，中间宽、两边略窄，统称为跨鳌桥，意为"独占鳌头"，是对登科状元的美好祝愿。过桥后就是大成门，三扇门对应三座桥而设，其中对应状元桥的门槛有半人之高，取意"鲤鱼跃龙门"。大成门后便是大成殿，殿堂中央供奉着孔圣人，左右两边是文庙"四配"，即亚圣孟子、复圣颜回、述圣孔伋、宗圣曾参4位圣贤，而后是72名弟子。门前是真正的"鲤鱼跃龙门"的石雕，距今已有900多年历史，紧挨着的两道石雕上分别画了36道槽，代表着72位弟子。慈城孔庙至今尚存古碑20余方，其中最有价值的当数清咸丰九年（1859）重刻的由北宋庆历八年（1048）慈溪县知事林肇所立、鄞县县令王安石撰写的《慈溪县学记》。最特别的古碑当数甬上大学者王应麟撰写的"重建慈湖书院记"碑，立碑时间为元代至元壬辰年（1292）。

东轴线上为魁星阁、文昌阁、土地祠、崇圣祠。魁星阁和文昌阁是中国传统祭祀建筑，用于祭祀传说中掌管文运的功名禄位之神；土地祠是土地神的祠堂，土地神可保一方平安、五谷丰登；而崇圣祠是奉祀孔子父亲叔梁纥和孔子五代祖先及其家族的地方。西轴线上为尊经阁、节孝祠、忠义孝悌祠、名宦乡贤祠。尊经阁旧时是存放儒家经典的地方；节孝祠内则有慈城当地5000多名贤妻良母、节烈孝女的名单及一些事迹的介绍，如姚女抚弟、贤妻相夫、六女抗倭等；忠义孝悌祠内陈列介绍了慈城的忠义孝悌人物，如汉代董黯、唐代张无择、宋代孙之翰及慈城抗倭、抗英等壮士；名宦乡贤祠是祭祀本地有政绩的官员及对儒学传播做出贡献的人员。

（3）明清民宅

慈城沿袭着传统的生活方式，保留下大量的明清江南风格建筑，甲第世家、福字门头、冯岳彩绘台门、符卿第和方状元宅、应宅、冯宅、向宅、胡宅及周信芳故居等名人故居鳞次栉比，是当地民居的代表作，集中地反映了慈城明清时期的建筑风格和生活气息。

甲第世家即钱宅，坐落于金家井巷内。钱照于明嘉靖十一年（1532）中进士，官至佥事，其后代又数人登第，因此被称为"甲第世家"。其平面布局和建筑特点都具有浙东明代民居建筑的特点，是当地保存较完整的一组建筑群，也是研究明代晚期住宅建筑的典型。

福字门头位于金家井巷6号，迄今保存着完整的明清建筑风貌。该宅原为明嘉靖年间布政使冯叔吉故居的一部分，后因冯氏后裔衰落，被卖给应氏，改建院落。大门东侧，为衣架锦式屏门二扇，呈牌科式，二门的照壁在南端，有一砖刻的"福"字，故称"福字门头"。前厅具明代建筑之特点和风貌，后楼建筑为清初期之风貌，迄今保存尚完整。

冯岳彩绘台门位于东完节坊里 2 号，是明朝刑部尚书冯岳故居。该台门为明万历年间皇帝敕造，现为浙东明代门楼中彩绘和雕刻保存最好的一处，对研究明代宁波建筑装饰和彩绘、雕刻艺术具有很高的参考价值。

2. 精神要素

（1）母慈子孝、抚古思今的慈孝精神

古镇以"慈"为名，源于其悠久的慈孝历史文化。"慈，爱也。从心，兹声。""孝，善事父母者。从老省，从子。子承老也。""慈"不仅仅是母慈，更多的是长辈对后辈的"慈"，是一种对后代的期许和慈爱。"孝"也不只是对母亲的孝，而是一种对年长者的尊敬，对父母的赡养，对家业的继承。

慈城的每一寸土地都浸透着源远流长、感人肺腑的慈孝文化。慈城、慈江、慈湖、慈溪这些以慈为首的地名，都在昭示着这块土地上慈孝文化的深厚与悠久。

对于慈城的居民来说，慈孝文化是从东汉董黯的故事就开始传承的城镇精神起源，也是在潜移默化中感染着慈城人民的精神力量。许多地方都以慈为名，慈溪、慈湖、慈江……其典出于东汉董孝子事。据记载，董黯为董仲舒后代，幼年丧父。董母有疾，思饮故里之水，董黯便每日步行十数里担溪水奉母。然水源离家甚远，不能常至，于是董黯在溪旁筑室"以便日汲，厥疾用瘳"，后为其母挖井汲水。董孝子古井今位于浮碧山西麓山脚下，此井历代都受到保护，井边原有一块"汉董黯孝子之井"碑，据传为南宋皇帝御书，但惜于"文革"时被毁。田地由附近的农人打理，古井改作农人浇灌取水之用。董孝子故事中的溪流，发源于四明余脉大隐山，故叫"大隐溪"，因董黯的故事，"大隐溪"也被唤作"慈溪"。

慈城还有一口三娘教子井。明代冯岳官至刑部尚书，在他年幼时，生母早亡，年幼的冯岳就由后母三娘抚养成人。三娘十分慈爱，视冯岳为己出，疼爱有加。冯岳为让三娘取水方便，专门在院子里挖了一口井。三娘教子井的遗址位于慈城冯岳彩绘台门旁，井口直径大约 80 厘米。新砌的石碑上用楷体写着

"三娘井"，一棵巨大的古树为三娘井撑起一片阴凉，诉说着一段母慈子孝的佳话。

董孝子与慈城唐代孝子张无择、宋代孝子孙之翰并称"三孝"，社会影响极大，慈城因有此三位孝子被称为"三孝乡""三孝镇"。到了宋元以后，历代被朝廷旌表的孝子孝女（媳）有30多人，形成了具有鲜明地域特色的慈孝民间故事，并形成了孝养、孝敬、侍病、代父受难等的慈孝内涵。

（2）慈孝博爱、乐善好施的慈善精神

慈城以"慈"为名，慈城的慈孝文化是中国传统文化的缩影，在慈城的历史长流中，慈孝文化的接力棒被无数人传承，儒家文化的"忠孝"之意融入慈城的精神风貌中，在"慈孝"教育的路途中添加了浓墨重彩的一笔。从"孝亲敬老"到"忠君爱国"再到"普及天下"的演变，反映了中国人"个人私德"和"社会公德"和谐共存的人文精神。

慈城小东门外有一座汤山草堂，为冯家后代冯元仲所建，今具体位置已不可考。据记载，汤山草堂边有望烟楼，元仲每天早起就要登上楼向城里眺望，如有无炊烟者，他都会施与银米。自古读书人多贫寒，于是汤山草堂常常成为穷秀才们的客栈。有一书生携母在草堂内借住了数年，一年除夕，他实在无颜再居，就悄悄陪着母亲下了山。元仲知道后，连夜追回这对母子，还烧了热气腾腾的腊肉年夜饭款待。元仲是个孝子，他成年后，于明崇祯十三年（1640）为母亲陈氏旌表建坊。如今，残存的贞节坊位于金家井巷口。

云华堂位于慈城大西门二里（1000米）外的太平桥南堍慈江南岸。云华堂创办于清同治七年（1868），由翰林杨泰亨（杨陈人）会同当时慈城内的社会同仁兴办，当时占地面积十亩有余（1亩≈667平方米），旨在为地方上贫困百姓提供救助，以办理育婴、施药、舍材、埋葬、惜字、褒贞等传统善举为事业范围，堂分为三大部分，即育婴堂、孤儿院、孤老院，各部分的工作由专人各司其职。云华孤儿院十分重视孤儿教育工作，在课程设置与教育方法上注意与正规国民学校接轨，特别重视对孤儿进行工商知识的讲授与实践能力的培养，以便使其能早日自立于社会。云华堂这个创建于晚清的传统善堂，逐渐演变成一个以孤儿教育为主的近代慈善教育机构。1941年慈城沦陷后，云华堂举步维艰，陷入困境，但在各界人士的支持下仍得以维持。1952年云华堂搬到慈城体仁堂，云华堂旧址办起慈溪县初级师范学校。1955年慈溪县初级师范学校迁到慈溪县府旧址，云华堂旧址改建为胜利粮站。

冯元仲和杨泰亨的创举不仅仅践行慈孝，他们表现出的仁爱、忠义，正是慈城特有的慈孝文化的精神内核，也体现了中华民族特有的精神品质和文化内涵。如今，慈城的慈善志愿者队伍日益壮大，慈善之风在慈城吹过，从慈孝、博爱演变而来的慈善精神感染着每一个慈城人。

（3）教化育人、培育英才的儒家文化

慈城向来文风大盛，培育了众多英才，自唐至清，慈城高中进士者519人，其中状元3人，榜眼1人，探花3人。文风泽被，源远流长，中华人民共和国成立后，只有2万人口的慈城镇走出院士5名。这些成绩都与孔庙和慈湖书院对慈城民众的教化作用息息相关。

宋代宝谟阁学士杨简隐居慈城，筑室阚湖之上，宣讲性理之学，自署"慈湖书院"，从此，四方学者接踵而至，书院名声大振，世称杨简为"慈湖先生"。杨简对慈溪文风的推动与振兴起到了至关重要的作用。慈湖书院有新老之分。老慈湖书院原筑室于谈妙涧旁，因而称"谈妙书屋"。此屋因未被鉴定为文物而于1989年被拆除。新慈湖书院是指宋度宗咸淳年间于普济寺东侧重建的"慈湖书院"。两处遗址均在慈湖中学内。

慈湖上的另一重要景观为师古亭，师古亭是浙东现存最古老、面积最宽阔的木石结构重檐式廊亭，建于清乾隆三十六年（1771），是知县胡观澜重浚慈湖时所建，为表达崇仰宋儒杨文元公师道教泽、千古表率，故名"师古"。"师古亭"三字由甬上已故著名书法家凌近仁先生所书，也取自《史记·秦始皇本纪》中的说法："事不师古，而能长久者，非所闻也。""师古亭"石柱上刻有两副对联，亭北石柱上为"锦城环抱峰头翠，镜水平分涧底清"，亭南石柱上为"三围秋色从中起，一片冰心望里收"。

慈城校士馆，创建于清道光十五年（1835），现占地面积8000多平方米，建筑面积约2000平方米。校士馆是古代封建社会执行科举制度的场所，是科举的童试之地。现在主要以陈列展示为主，介绍古时的科举制，考场又用"天""地""玄""黄"分列开来，再现了当时的考试场景。展馆中还有众多栩栩如生的童生蜡像，表现了当时考生的考试状态。

3. 语言与符号要素

（1）"三孝"

慈城历史上曾叫"三孝乡"，因为这里出了许多忠义孝悌人物，著名的有三位——汉代董黯、唐代张无择、宋代孙之翰。慈城人尊称他们三人为"三孝子"，曾建立了"三孝子祠"。慈城也因此名为"三孝乡""三孝镇""孝中镇"。如今，三民路上仍有孝子祠，虽旧迹难觅，但"三孝"这一别名流传至今。

（2）慈孝民俗

慈城的慈孝民俗体现在慈城传统节日之中，这也是慈孝文化和伦理道德观在慈城人生活中的显现。九月初九重阳节，慈城等地又叫"重娘节"，出嫁的女儿回娘家吃重阳糕，"吃了重阳糕，永世记娘好"。除此之外，慈城重阳节还有裹九月重阳粽的传统。另外，慈城人有制作年糕的习俗，他们在做完年糕后，会举行"送年"和祭祖仪式。每户人家出笼的年糕团要按照顺序，先后祭天地、祭祖先以及送邻里，表达人们"敬天地、尊祖先、孝父母、爱儿女、尚礼仪、广行善"的质朴感情。

4. 规范要素

慈城古县城地形格局为典型的背山面水的"龟城"布局，呈三面环山、一面邻水之态，护城河环绕，地势北高南低，东西低中轴高，由中轴逐渐坡向两侧。京杭大运河便从慈城前经过，是内陆航船出海的必经之地。城池更因慈湖、云湖、鄮湖三湖之交相辉映而尤显风姿。慈湖是慈城的点睛之笔，为慈城增添了灵秀之气，而狮子山、大宝山、清道山等则烘托了慈城的雄浑霸气。正所谓"负阴抱阳，背山面水"，慈城地形格局体现了传统风水学说与天人合一的思维模式。

虽只是一个县治小城，慈城也一脉相承了中国传统古城的布局风格，具备了中国传统县级城市的空间结构形态和基本特征——城郭六方、街巷井然、轴线清晰、礼制建筑分布对称。古城保留了唐代的街巷格局，县衙面朝南，正对城市主要道路，公共建筑左文右武（文庙居主要道路之左，关圣殿居道路之右）；布局是以方格网状的道路为骨架，南北方向为三条道路轴线，东西方向为四条道路轴线，呈南北向的解放路处于中轴的位置，其余道路均为半路半水，十字形道路网络与十字形水路重叠，形成"三纵三横"双棋盘的格局；原县城城墙（现已毁）共有 7 个城门，2 个水门。这种严谨有序、讲究等级伦理观念的城市布局思想同北京等中国古代都城相似，集中体现了中国封建社会的最高成就。

（二）慈城古县城核心文化基因的提取与评价

慈城作为江南第一古县城，具备了中国传统县级城市的空间结构形态和基本特征。慈溪古县衙、孔庙、慈湖书院、汤山草堂、云华孤儿院和各类明清民宅等是慈城核心文化基因的重要物质载体，是慈城核心文化基因生命力、凝聚力、影响力、发展力的最好体现。慈城古县城核心文化基因主要提取为"孝亲敬老"的慈孝精神、"博爱大善"的慈善精神和教化育人、培育英才的儒家文化。

1. 生命力评价

慈城慈孝精神、慈善精神、儒家文化延续至今未曾明显中断。从东汉董黯的典故开始，从"孝亲敬老"到"普及天下"的内核演变，让由"慈孝"演变而来的"慈善"精神在慈城宛如春雨，让慈孝、仁爱、忠义的品质深深浸透慈城人的精神，浸透这个古老的小城。慈城人仁爱且忠义，他们歌颂孝子故事，为孝子建立祠堂、庙宇，也使得众多慈孝文化遗址保留至今。在慈城的历史进程中，慈孝文化有了更加广泛的发展，从慈孝到慈善，从个人私德到社会公德，慈城的慈孝文化有着更加丰富的精神内涵，而慈孝观念作为中华民族的传统美德，在中国人的心目中始终占据着非常重要的地位，千百年来得以经久不衰，具有可延续的生命力。

2. 凝聚力评价

慈城慈孝精神、慈善精神、儒家文化能够凝聚起区域群体的力量，推动经济文化的发展。慈孝作为一种中华民族传统美德，成为慈城旅游开发的重点文化元素，推动慈城建立了慈孝文化景区。近年来，江北区充分推广慈孝文化，提高中小学的传统教育、提升居民社区的道德素养，并且定期开展"中华慈孝节"，吸引全省乃至全国人民前来参与。慈孝作为一种精神内核，推动了当地社会文化发展。

3. 影响力评价

慈城慈孝精神、慈善精神、儒家文化具有全国性、世界性的影响力，已经被古代文人士大夫和当代学者提炼为精神符号和理念理论。大隐溪因董黯的故事改名慈溪，慈城也因董黯开始产生慈孝文化。慈城，这个被称为"中国慈孝文化之乡"的小城，因慈孝而闻名。慈孝作为中华优秀传统文化之一，拥有极强的影响力，不仅体现在历史典故的代代流传，更多的在于慈孝文化及其精神带来的社会价值正向影响。富含教化育人、培育英才的儒家文化的慈城文运深厚、源远流长，从古至今，为国家输送了众多英才，是名副其实的"院士之乡"。

4. 发展力评价

慈城慈孝精神、慈善精神、儒家文化与当代精神追求和价值观念的契合，使传统文化基因得到创造性转化、创新性发展。慈城的慈孝文化从古至今不断发展进步，由"孝亲敬老"到"忠君爱国"再到"普及天下"，由慈孝精神到更加博爱的慈善精神，慈孝文化具有独特的文化脉络，更是中华民族优秀传统美德的体现。如今，更具组织力和宣传力度的慈孝活动的开展，有利于慈孝文化的宣传、发展和传承，有利于慈善组织活动的开展，也有利于推动慈城文化遗址的保护。

（三）慈城古县城核心文化基因的转化利用

慈城作为"江南第一古县城"，展现着中国传统古县城典型的利用自然山水的"龟城"布局以及严谨有序、讲究等级伦理观念的城市布局，拥有多处文物古迹，还保留了完整的古代县级衙署、孔子文庙和明清民宅等特色职能建筑物，是不可或缺的传统古镇建筑风格的典型载体。其孕育的母慈子孝、抚古思今的慈孝精神和慈孝博爱、乐善好施的慈善精神，以及教化育人、培育英才的儒家文化，都具有深刻的文化价值内涵。故慈城的发展应将核心文化基因集中整合包装，推向旅游市场，使之具有可观赏甚至可参与性，获得社会大众的青睐。一是坚持经营城市的理念，打造城市品牌；二是改善文旅设施，深化"慈城慈孝文化一日游"项目；三是发挥传统慈孝文化教化功能，扩大慈孝文化的社会影响力。

1. 坚持经营城市的理念，打造城市品牌

"慈城历史文化名镇遗产建筑群"获得 2009 年度联合国教科文组织亚太地区文化遗产保护荣誉奖。慈城被列入文物保护单位的古迹多达 33 处，慈城

历史文化保护区内已被列为省级文物保护单位的有 19 处（朱贵祠、慈城古建筑群、孔庙等），市级文物保护单位有 4 处（俞宅、朱洪山烈士墓、三忠墓、彭山塔），区级文物保护单位有 6 处（应宅、太平天国公馆、太平天国兵营、周信芳故居、符卿第、师古亭），以及尚未被列入文物保护单位的较有价值的文物保护点若干处。

这些文物古迹不仅保存良好，而且转化利用程度也较高。在古镇长远开发利用过程中，要坚持可持续发展的理念，保留其独有的文化景观，避免"千城一面"的改造方式，要从观光旅游、休闲度假各角度实现慈城的品牌升华，坚持以"高起点、高定位、高档次"的原则作整体规划，定位立足点为"中国慈城"。各项目要在保护中求得人文传统的延续，在开发中加强自然生态环境的保护，坚持保护与开发并举并重，使二者相互推动，相互促进，相互辉映，相得益彰。走差异化路线，突破江南古镇的发展模式，落实品牌经营和特种资源经营。打造全国性和世界性的会议休闲市场，举办涉及古建筑学、古城市研究、民俗学、儒学、儒商学等专业领域研究机构的论坛研讨等。

2. 改善文旅设施，深化"慈城慈孝文化一日游"项目

深化推广慈孝文化这一文化品牌。慈城在获得"中国慈孝文化之乡"授牌的契机下，在 2009 年举办了首届中华慈孝节，慈孝文化在这座古城中焕发出全新的生命力。中华慈孝节在慈城的连年开展已让慈城成为慈孝文化规划利用的典范。2009 年，慈孝馆建立，旨在通过慈孝传奇典故、慈孝遗踪、慈孝人物事迹的展示，使大家在观展过程中细细品味慈城悠久的慈孝文化渊源，受到传统慈孝文化的熏陶。2018 年 10 月，慈孝馆作为慈城展示慈孝文化的传承基地，历经半年多的布展提升，将慈孝文化与民俗、历史结合，新建的慈孝馆内开设有四个展馆，即"慈孝传承馆""慈孝民俗馆""慈孝体验馆""慈孝文化馆"，还有一条"时光长廊"，涵盖了孝子故事、慈孝节日、慈孝民俗、慈善服务等内容。

只有进一步改善文旅设施，深化慈孝文化品牌和"慈城慈孝文化一日游"项目，才能打好慈城文化转化利用的基础。首先，通过建筑修缮、环境提升、民居活化利用等手段，修复文化遗址和民居。其次，打造具有慈城文化特色的兼具文化旅游展示和爱国主义教育功能的现代生活街区。最后，持续推进"慈城慈孝文化一日游"项目，建立以慈孝馆为中心的慈孝文化景区，并且持续推动景区文旅设施建设，持续开办中华慈孝节，让游客体验汲水事母、做年糕等慈孝民俗，让更多人对慈孝文化有更深入的感悟。

3. 发挥传统慈孝文化教化功能，扩大慈孝文化的社会影响力

慈孝是中华文化传统美德，应利用好慈城深厚的历史底蕴和丰富的人文资源，充分发挥慈城慈孝文化的教化作用。擦亮中华慈孝节品牌，持续推进慈孝文化融入中小学校园的思想品德教育中，让学生、家长和教师都积极参与慈孝文化建设，如：开发慈孝文化的本土课程，并将慈孝特色教育课程推广到全宁波；组织全市及更大范围的慈孝文化相关活动，如慈孝故事讲解员大赛、慈孝故事短视频制作比赛、"我身边的慈孝故事"分享会、"慈孝人物"评比大会、慈城慈孝文化溯源学习活动等。持续让慈孝文化在民众心中走深走实，让慈孝文化作为一种精神文明接力传承，教化育人。

参考文献

1. 蔡丽、姜文炜：《历史古城建筑管理的研究式探索——以宁波市慈城古县城为例》，《宁波大学学报（理工版）》2013 年第 26 卷第 2 期。

2. 何依、孔惟洁：《基于"部分经营权转移"的遗产保护与控制研究——以慈城古县城为例》，中国城市规划学会《转型与重构——2011 中国城市规划年会论文集》，东南大学出版社 2011 年版。

3. 何依、王慧：《江南地区古县城中轴线保护策略研究——以宁波市慈城古县城为例》，中国城市规划学会《转型与重构——2011 中国城市规划年会论文集》，东南大学出版社 2011 年版。

4. 李建鹏：《慈城古县城保护性旅游开发探究》，宁波大学 2015 年硕士学位论文。

5. 牟俊：《基于风水学说的宁波慈城古县城山水格局研究》，华中科技大学 2015 年硕士学位论文。

6. 王跃强、曹伟：《浙东明珠 千年古城 慈孝之乡 名士辈出——江南第一古县城的慈城》，《中外建筑》2021 年第 11 期。

7. 应俊、何礼平：《古城复兴中的城市文化资本唤醒与再投放模式初探——以宁波慈城古县城为例》，《建筑与文化》2018 年第 1 期。

8. 张银康、孔宇、虞明华：《古县城保护下的慈城城镇现状及发展对策》，《宁波通讯》2003 年第 1 期。

三、保国寺

　　保国寺坐落于宁波中心市区西北的灵山，建寺缘起可以追溯至东汉，是浙东地区最古老的佛寺之一。保国寺现存大殿为北宋大中祥符六年（1013）重建，为国务院公布的第一批全国重点文保单位。作为江南地区保存最完整的宋代木构建筑，保国寺大殿展现了北宋《营造法式》的工艺技术，拥有极高的历史、艺术和科学价值，同时也是宁波古代工匠精神的集中体现。

（一）保国寺核心文化基因解析

1. 物质要素

（1）依山傍水、天人合一的生态环境

　　保国寺位于宁波西北13千米，坐落于江北区洪塘镇的灵山（亦名马鞍山、骠骑山）山呑中。保国寺所处灵山的山岩以晶屑凝灰岩、熔凝灰岩为主。土壤为棕黄土，土层厚度在3—50厘米。植被以松树为主，还有枫树、樟树、桂树、银杏等树种。经鉴定，保国寺内建筑主要使用了板栗、云杉、樟、柳桉、榉、木松等8种木材，其中一些建材取自本地。目前灵山生态环境保持良好，2004年被划为江北区野生动植物保护区。

　　保国寺建筑群北依鄮峰，东西两侧有象鼻峰、狮岩峰拱护。寺院平均海拔85米，占地面积约2万平方米，建筑面积约7000平方米。佛寺为绵延400亩山林植被环抱，东、西各有一座村落，东曰灵山村，西曰鞍山村。姚江支流慈江流经寺南。保国寺依山而建，与周围山林有机相融；寺院古建傍村而立，

保国寺北宋大殿（陈名扬摄）

保国寺大殿

与附近村落自然嵌合。寺前的慈江，既是畛域界限，也是水上通路，成就一方净土，也带来无限生机。

（2）寺院建筑群与保国寺大殿

保国寺的历史可追溯到千年之前。寺院建筑群占地约2万平方米，集纳了汉、唐、宋、元、明、清以及民国多个时期的木构建筑、石质设施以及其他各类遗存。现存建筑自南而北有山门、天王殿、大殿、观音殿、藏经楼，形成一条中轴线，东西两侧则有钟楼、鼓楼和僧舍。此外，寺内外还存有汉代的骠骑井、唐代的经幢、南宋的净土池等历史遗存。

保国寺大殿重建于北宋大中祥符六年（1013），是全寺建筑群内最为珍贵的木构建筑单体。其主要特点是：进深（13.35米）大于面阔（11.91米），建筑呈纵长方形；在前部天花板上设有三个镂空藻井；殿柱为四段合作，截面呈瓜棱状，柱身有明显的侧脚；梁栿、阑额做成两肩卷杀的月梁形式，梁架阑额上有"七朱八白"彩画。

2. 精神要素

（1）精雕细琢、精益求精的匠作精神

保国寺建筑之所以能够永葆青春，首先应归因于寺内品质一流的木构、石作和砖建。保国寺内现存的瓜棱柱、藻井、斗拱等木制构件，以及石坛、柱础等石质雕作，其复杂精美程度无一不彰显了古代宁波地区精益求精的工匠精神。

（2）顺应自然、因地制宜的设计思想

在自然环境下，木构建筑通常60年左右就会朽坏，保国寺建筑之所以能长久留存，除了优良的建造质量之外，也与寺院地点选择、建筑形制设计有关。保国寺地处宁波灵山山岙，地下径流纵横，地表林木茂盛，湿度较高，然而，由于寺院所选地点标高适宜，光线适中，气流不疾不徐，大殿得以长存千年。另外，大殿的建造者和修缮者因地制宜，以多根木材拼合"瓜棱柱"，这种拼合而成的木柱留有缝隙，防潮防腐能力大幅上升。大殿边壁的上部还设有很多采光口和通风口，保证了大殿内部空气不断循环更新。

（3）兼收并蓄、与时俱进的营造理念

作为江南地区保存最为完好的木构建筑之一，保国寺大殿的建造技术综合了南北方特点，是官方营造法式南化的体现。其建筑技术具有官样范本之

"构"，同时又兼具地方风格之"巧"，实现了两者的最佳兼容。另外，保国寺的修葺与改建，大多遵循了前代的格局与规制，一些建筑的增减，也都更好地扩充了寺院的配置，在容纳前代文化的同时，适当植入时代元素，整合成新的文化。

当代的保国寺是文物保护单位，在维持文物原状的基础上，专家学者利用最新观测技术对建筑进行监测，利用现代文保手段展开维护，从"修"到"养"，从"治"到"防"，开启了保国寺建筑文化的新征程。

3. 语言与符号要素

（1）"七朱八白"阑额彩画

朱、白、灰，是我国传统建筑的主色调。在保国寺大殿现存的梁架阑额上，均匀地分布着一条条白色的色块。这种在红色的横木上画有大小一致的白块、由白块中间的七个红色间隔和八个白块组成的装饰俗称"七朱八白"，是《营造法式》中记录的赤白装彩画的一种。"七朱八白"彩画源自唐代重楣（即双重阑额）结构。阑额作为连接柱头的紧固构件，可以加强柱列的稳定性。自南北朝以来，《定明堂规制诏》中的"重楣"逐渐定型，分成上下两层，中间连有多个短柱，从而形成支撑结构，相较于一层阑额，其稳定功能更强大。到了中晚唐，铺作技术的复杂化促使双重阑额简化为单层。"七朱八白"彩画的存在则使得其看上去仍为重楣之形，可以说是早期重楣规制的符号化印记，在其独特的美学意趣当中，沉淀着古风营造技艺的底蕴。

中国传统建筑设计体系，有所谓的"紫白飞元法"，即九宫配九星，九星又可定九色，然后可定出方位紫白图：一白、二黑、三碧、四绿、五黄、六白、七赤、八白、九紫，九星中紫白星为吉。保国寺大殿"七朱八白"彩画，若计入两侧部分，应该是"八白九紫"，是和谐吉利的象征。

另外，《青囊经》曰："阴阳相见，福禄永贞。阴阳相乘，祸咎踵门。"古代双数为阴，单数为阳，保国寺大殿阑额上"七朱八白"彩画中，"七朱"为阳，"八白"为阴，"七朱八白"象征阴阳平衡。

（2）砖雕门屏

保国寺古建筑博物馆存有 16 幅清嘉庆年间制作的砖雕门屏。砖雕作为一种古代建筑装饰构件，通常体量较小，而保国寺古建筑博物馆所藏砖雕门屏则每幅达到宽 0.51 米、高 2.33 米的规格，门屏形制与尺寸仿照六抹头木质格扇门，如此体量的清代砖雕作品非常少见，而组件完整、保存完好的砖雕门屏更属稀有。门屏上砖雕的技法带有鲜明的南方砖雕特点：刻工精细、线条流畅、富于质感。其砖雕题材为历史人物故事，门屏图像设计生动雅致，诸如寻梅、爱莲、采菊、洗桐等故事情节洋溢着文人趣味。

这16幅门屏砖雕均为古德圣行的形象演绎，以定格图像的形式诠释了古代文人的理想追求。从总体上看来，"贤母教勤""圮桥授书""北海牧羊""君子慕莲"等皆属于"景德"范畴，"博士传经""神童特慧""竹林七贤"等为"仰才"，而"写经换鹅""东篱采菊""冒雪寻梅"则属于"慕风"。每个系列都寓文于艺、寄史于图、存善于美，将儒家理念的核心话语以雕刻艺术的方式展现于人们的栖居空间之中。

4. 规范要素

保国寺建筑群遵循了我国佛寺的空间布局规范，自南向北配置山门、天王殿、大殿、观音殿、藏经阁，钟楼、鼓楼分列东西。现存各时期建筑均依照我国历代建筑规制建成，其中，大殿内部保留了宋代建筑的特点，可以与宋代《营造法式》的载录相互对照契合。

除了"七朱八白"的阑额彩画特点以及瓜棱柱、蝉肚绰幕等木构做法，保国寺大殿存留的宋代营造规制集中见于大殿藻井，其中包括：藻井的使用位置、藻井铺作的用材、藻井铺作的构造差异、藻井顶部形制与装饰等。

首先，关于藻井的使用位置，《营造法式》中共记述了两种情况：一是藻井常施用于佛像的正上方；二是当殿庙前廊开敞时，施用于前廊下。保国寺大殿的藻井设置与第二种情况完全吻合。

其次，关于藻井铺作用材，《营造法式》记载了大木用材和小木用材两种情况。保国寺大殿藻井铺作用材广五寸六分（约17.47厘米），与大木用材广值之间呈4∶5的精确比例关系，以绝对材广值计，保国寺藻井铺作用材仍属于《营造法式》大木用材范围，在现存遗构中是藻井铺作大木用材的唯一实例。《营造法式》记载的两个数值跨度很大的藻井铺作用材尺寸，很可能取自两个差异显著的原型的测量数据。保国寺大殿的藻井与苏州报恩寺塔砖砌藻井形制十分近似，应系江南藻井的典型样式。这种藻井样式贯穿两宋，稳定传承，因此，保国寺大殿藻井有可能是《营造法式》藻井做法的重要原型之一。

再次，就藻井铺作的构造差异而言，《营造法式》中的小木铺作藻井，以斗槽板围合藻井空间并作为承载上部重量的主要构件。其藻井铺作表现出这样的特征：用材显著减小；补间铺作数大为增加；铺作华栱皆为半栱，整朵贴附于斗槽板之上，其装饰性增强而构造作用大为退化，故此式可称为小木铺作藻井。虽然北方宋代藻井实例无存，但现存辽金藻井皆可归为《营造法式》小木铺作藻井。

保国寺大殿藻井铺作用材属于大木范畴，其结构特色与小木铺作藻井大相径庭，其栌斗坐于算桯枋之上，由栱枋交叠在算桯枋和井口枋之间形成藻井架构，与小木铺作藻井以斗槽板围合藻井空间的做法形成对照。保国寺大殿藻井华栱后尾皆过铺作中线，悬臂出挑作用明显，以藻井铺作层取代斗槽板的构造作用，显示出与大木做法相匹配的构造形式。

最后，在藻井顶部形制与装饰上，《营造法式》所记小木铺作藻井的装饰样式，铺作昂栱构成繁复，装饰性强烈，根据现存实例来看，宋代这种藻井的装饰样式主要流行于北方。相比之下，江南藻井形象更加简约质朴，直白地展现藻井构造。关于藻井穹窿部分的装饰样式，《营造法式》以平整背板上绘制彩画为主，而保国寺大殿则阳马隆起较高、穹窿饱满，与北方藻井之常见形象迥然有异。保国寺大殿藻井以阳马之间的数圈肋条作为装饰，苏州报恩寺塔内藻井亦同此样式，应属江南特色。保国寺大殿肋条现背面皆有平整加工的痕迹，据此可以推认原状应有背板存在。

保国寺留存的宋代营造规制，不仅见于木构，而且体现在石质设施和建筑构件上，例如，大殿内北宋崇宁纪年的佛坛、观音殿内宋代石质覆盆莲花柱础，也都反映出宋代相关范式。

（二）保国寺核心文化基因的提取与评价

保国寺建筑群集中体现了江南地区优秀的木构建筑文化，反映出浙东古代匠师群体在建筑营造技术方面的卓越成就，其核心文化基因是"精益求精"的工匠精神。

史前时期，浙东先民就已在建筑营造上表现出卓越才能，7000年前河姆渡遗址的干栏式建筑上已发现榫卯构件。在器作方面，浙东先民同样展现了非凡智慧，8000年前的余姚井头山遗址中出土了世界上最早的漆器。先秦于越族系注重技术的倾向更为显著，吴越两地的青铜兵器铸造技术冠绝列国。东汉时期，浙东上虞—余姚一带出现了真正意义上的瓷器。瓷器诞生于浙东并非偶然，这正是浙东器作工匠长期精研技术的结果。唐代上林湖越窑秘色瓷成为当时的瓷中极品，同样印证了浙东工匠精神的生生不息。到了宋代，明州／庆元木构建筑技术、石刻雕制工艺达到巅峰，并借助海丝枢纽港之便东传日域。推重至精之技、追求至美之艺，已成为宁波代代相承的价值观念。

1. 生命力评价

自兴建之始，保国寺历经汉、唐、宋、明、清、民国等多个时期，时间跨度达千年以上。保国寺保留了不同时代的建筑以及文物遗存，清晰展现着继往开来、吐故纳新的历史脉络。千年以来，保国寺已与周围的山林、河流、聚落融为一体，与灵山共岁月，与慈江同春秋，始终焕发着旺盛的生命活力。

2. 凝聚力评价

保国寺历史文化遗产，是历代建造工艺精华累积而成的，集合了各种不同的思想与艺术，其大殿更是以宋构为基础，是宋韵文化的重要物质遗存。其建筑群兼收并蓄，既有官方基本样式的恢宏之气，也有浙东地方风格的灵动之韵，其"精益求精"的工匠精神以专注、执着为内核，必然拥有强大的吸引力和广泛的凝聚力。

3. 影响力评价

我国江南地区留存至今的唐宋木构建筑数量极少，因此，作为江南宋代木构建筑实例，保国寺大殿拥有很高的研究价值，自发现之初，它就受到了古建筑学界、考古学界和历史学界的高度关注。

保国寺大殿在我国古代建筑谱系中时空坐标明确，是一座年代刻度清晰的标型遗构，为中国建筑史研究提供了直观且可靠的实物认知资料。此外，保国寺大殿还与《营造法式》相互契合，有助于深入解读《营造法式》文本。作为第一批全国重点文物保护单位，保国寺已成为海内外知名的建筑文化遗产，拥有相当大的国际影响力。

4. 发展力评价

"精益求精"的工匠精神，与当代主流的价值观念具有内在的一致性。因此，具有较大的发展空间。

保国寺文化遗产蕴含的"工匠精神"，具体而言，即专业专注、精益求精、一丝不苟。保国寺大殿之所以留存千年，很大程度上归因于古代匠师的精工细作。精察保国寺藻井、斗拱、柱础等构件，可以看到宁波古代工匠在营造细节上的严谨态度。

数千年来，我国带给世界许多科技创造，这其中包含了历代工匠的智慧贡献。如今，在中国产业由"制造"向"智造"的迭代过程中，必须完成由人无我有到人有我优的升级。若做到人有我优，从一线工人到后台研发人员都需要具备严谨专注的态度，因此，保国寺文化遗产的"工匠精神"仍然具有突出的当代价值，有利于推动社会经济可持续发展。

（三）保国寺核心文化基因的转化利用

保国寺木构建筑文化历史悠久，今后应在深化学术研究的基础上，以"七朱八白"绘画纹饰、藻井、瓜棱柱等宋韵元素为内核，进行文化IP打造，并将此文化IP及其所蕴含的保国寺的核心文化基因转化应用到文旅体验、文艺作品创作、文创产品设计等活动中。一是学术引领，深入发掘保国寺文化基因的内在价值；二是文旅传播，推动"工匠精神"成为主流价值观；三是文创推新，助力保国寺传统文化元素的当代转化。

1. 学术引领，深入发掘保国寺文化基因的内在价值

保国寺文化遗产现由保国寺古建筑博物馆管理与保护，目前保国寺古建筑博物馆为天一阁博物院的下属单位，相关文物保护研究工作由天一阁博物院（国家一级博物馆）统筹协调，且保国寺古建筑博物馆与天一阁共享文保资源。保国寺古建筑博物馆整理再版了嘉庆版《保国寺志》、民国版《保国寺志》等文献，为深入研究保国寺历史沿革和古建变迁提供了史料基础。

保国寺建筑文化研究主要包括两个方面：木构研究和石作研究。前者已有相当的学术积累，后者则正在推进，保国寺古建筑博物馆与同济大学合作开展的保国寺建筑石材研究尤为值得关注。

研究保国寺建筑文化，首先需要做好学术平台的建设，保国寺宝贵的学术资源应有一流的研究平台与之相匹配。硬核成果的持续推出，可以为文化基因的转化利用提供动能。目前，囿于人员编制，单个博物馆难以独立组建研究团队，保国寺古建筑博物馆可以利用文物资料丰富、场地资源丰沛的优势，积极构建平台、创设空间，吸纳本地、外地高校和文化遗产研究机构的专业人员，

共同推进专题研究。具体做法可以包括：建立保国寺建筑文化研究中心；面向省内外研究者发布专项研究课题；定期举办古建领域的学术会议；等等。

2. 文旅传播，推动"工匠精神"成为主流价值观

宁波大学建筑工程与环境学院、清华大学建筑学院先后于 2004 年、2005年在保国寺建立校外实习基地和教学研究基地。教研基地的建成，意味着保国寺古建筑博物馆与大学之间建立起了固定的、长效的联动机制。2018 年，保国寺被评为全国中小学生研学实践教育基地。在文旅运营过程中，除了陈列、解说等单向宣教方式之外，还应针对不同受众群体，策划一些参与性更强的活动，例如：针对大、中、小学生，可以组织科考营，由专家指导营员对保国寺古建及周边环境进行考察；针对"隐形冠军"企业的一线员工，可以举办诸如"文物细细看""精益求精零距离"等摄影、短视频比赛。这些活动的主旨，在于使受众自己探知保国寺工匠精神的内涵，进而推古及今，在自身学习工作中发扬运用。

3. 文创推新，助力保国寺传统文化元素的当代转化

保国寺古建筑博物馆 4 个主展厅依次位于天王殿、大殿、观音殿和藏经殿，展览主题内容为保国寺历史沿革、宋代营造技术、东亚木构建筑等。此外，厢房设有文物室、佛像室、砖雕陈列室、婚俗厅。文物室展出宁波孔庙礼器以及明清瓷器，佛像室有各时期的铜铸佛像和十八罗汉泥塑，砖雕陈列室的主要展品为清代嘉庆年间砖雕门屏 16 幅，婚俗厅展出大型工艺精品宁波花轿和千工床。藏经楼还珍藏乾隆版《大藏经》1 部，保存完好。目前，保国寺文物保护区内的汉代骠骑井，唐代经幢，宋代大殿，明代迎熏楼，清代钟楼、鼓楼、天王殿、观音殿，以及民国藏经楼均保存完好。

可充分利用保国寺这些传统文化元素进行文创活动，具体可以包括：（1）举行标识（logo）设计大赛，以保国寺现存宋代建筑木构、"七朱八白"彩画、石构件等元素为基础，进行标识的创作，打造"精益求精"主题文化IP；（2）举行设计大赛，奖励融合传统木作与现代审美的文创产品；（3）提取16 幅门屏砖雕的图像造型，以动漫形式重新演绎 16 个小故事；（4）梳理保国寺建筑历代变迁和技艺传承的历史，拍摄主题鲜明的系列短视频。

参考文献

1.符映红：《宁波保国寺遗产的保护与研究》，《东方建筑遗产》2020 年。

2.郭黛姮：《南宋建筑史》，上海古籍出版社 2018 年版。

3.陆函、张蓓蕾、彭骁等：《保国寺大雄宝殿抗震性能分析及加固对策探讨》，《防灾减灾学报》2020 年第 1 期。

4.陶楚冰、高原、韩昕彤等：《古寺院建筑保护技术研究——以宁波保国寺为例》，《城市住宅》2020 年第 27 卷第 8 期。

5.喻学才、贾鸿雁、张维亚等：《中国历代名建筑志（上）》，湖北教育出版社 2015 年版。

6.周霖：《文旅融合背景下，如何让文化遗产"活"起来——以宁波市保国寺古建筑博物馆为例》，《中国民族博览》2020 年第 8 期。

宁波老外滩

外滩（江北区文化广电旅游局供图）

四、宁波老外滩

宁波老外滩位于宁波三江口的北岸。唐开元二十六年（738），明州（今宁波）正式开港。宁波在清道光二十二年（1842）签订的《南京条约》中被辟为通商口岸之一，于道光二十四年（1844）正式开埠。宁波老外滩是目前浙江省唯一现存的能反映中国近代港口文化的外滩，也是宁波近代史的重要见证。老外滩占地面积近 49000 平方米，总建筑面积约 80000 平方米，历史建筑和街区风貌呈现中西合璧的特征，历史古迹遗存丰富，有国家级、省级、市级、区级文物保护单位和文物保护点 54 处。如今的老外滩通过植入新都市文化，成为集综合性娱乐于一体的时尚消费中心，是一个将近代历史与现代城市发展完美结合的典型区域。

（一）宁波老外滩核心文化基因解析

1. 物质要素

（1）设施完善、商业繁荣的特殊港口

宁波拥有着优越的海陆交通环境，自古以来是港口城市的典范。在唐代即为中国四大港口之一，鉴真和尚东渡日本便在此起锚；在南宋时期又位列中国三大港口之一，南宋朝廷特立市舶司专责对外贸易；在清政府闭关锁国之时是唯一拥有对外贸易特权的城市。近代以来，受到《南京条约》等不平等条约的影响，宁波被迫于道光二十四年（1844）对外正式开埠。老外滩作为对外贸易的码头，成了浙东乃至中国无可替代的水陆交通枢纽。

"外滩"是一个外来词汇，本身就极具异域风味，是指利用靠水、靠河、靠海的独特交通优势来开展经贸活动的场所。宁波老外滩在近代因被迫开埠而起，因对外贸易通商而兴，成了宁波的商业中心。为商业活动而设的配套设施一应俱全，体现西方工业文明的器物与各类设施集中在这里出现。老外滩区域具体可分为三层。第一层是外马路，集中了报关行、洋行、仓库、银行等服务于港口运输的各种机构和商贸建筑。第二层是中马路，主要提供生活配套设施，有各种经营生意的商铺，有旅馆、饭店、酒楼、诊所、娱乐场所、照相馆、理发店、百货商场等。第三层是后马路，即今人民路，这一带生活区集中了小菜场、咸货店等。它是一个围绕港口而兴起的特色商业区，按其功能又可分为三层：第一层是生产作业区，以商业活动为主；第二层是消费区，主要服务于往来的船商和从事海运的流动人员的生活休闲；第三层是居住区，适合以码头为生的常住居民，一些海员、码头工人都居住在这里。这些设施设备在一定程度上也推动了宁波城市的近代化进程。

（2）中西合璧、交融共生的各类建筑

正是由于宁波特殊的地理位置，老外滩成了中西文化对立碰撞、交融共生的前沿阵地，这突出表现为随处可见的中西合璧的建筑。老外滩保存了拥有近百年历史的文物建筑，这些建筑大多蕴含着深刻的中国色彩，如微微翘起的屋檐、方形的立柱、木质的扶手、传统的青砖外墙和本土的施工技术。但这里更不乏受西方文化影响的特殊港口建筑、生活建筑和宗教建筑。典型的有英国领事馆、巡捕房、侵华日军水上司令部、浙海关旧址、天主教堂、宁波邮政局、通商银行等，还有一些民房，如老字号商铺"宏昌源"，商人私宅"严氏山庄""朱宅"等。这些建筑大多具备浓郁的西方风格和中国传统民居风格。

老外滩现存的浙海关旧址是宁波港百年变迁的历史见证，是中国早期海关发展的重要组成部分。它是原浙海关税务司（又称浙海新关）办公管理用房之一，建于清咸丰十一年（1861），为砖砌的三层洋房，是西式的外廊建筑与中国传统建筑的结合。清同治四年（1865）又修建浙海关办公大楼、税务司住宅、高级帮办和低级帮办住宅。清宣统元年（1909）建造检察长住宅及海关验货房。2008年，旧址改建成了浙海关旧址博物馆。

中国通商银行宁波分行旧址是宁波金融和老外滩变迁的见证者。大厦坐落于江北区中马街道外滩社区外马路37号，坐西朝东，建筑面积约为2000平方米。现存建筑始建于 1930 年，是由宁波旅沪人士叶澄衷、严信厚、朱葆三等人发起，德国西门子公司设计的。这是一幢 6 层高的砖混结构大楼，其宝塔形正立面采用黑色大理石贴就，双扇铁门，庄严肃穆，台阶和第二道门面装饰均为白色大理石，内部屋顶及四周壁围由石膏装饰。

宁波邮政局开创了浙江邮政的先河。旧址位于江北区中马街道中马路 172 号，建于 1927 年。旧址建筑坐西朝东，面朝甬江，背靠中马路，东、南、西三面置外廊，是一幢二层外廊式砖混结构建筑。其平面呈凸字形，面阔三开间，进深两间，楼梯居明间，屋顶为四坡顶及人字顶组合，东入口装饰爱奥尼柱，外墙采用青砖和红砖相结合的砌筑手法，具有典型的民国时期建筑风格。

太古洋行是第一家进入宁波的外商企业，在宁波近代外商企业史上历史最久、涉及产业最多，主要业务为轮船业，在宁波经营糖业、轮船、保险等业务时间长达 50 余年。太古洋行于清光绪三年（1877）6 月建立，建筑呈西方新古典主义风格，为灰色青砖二层小楼，平面呈正方形，四坡屋顶。

江北天主教堂是宁波老外滩的标志性建筑，它反映了西方传教士在宁波开展宗教、文化交流的史实。天主教堂位于中马路 2 号，新江桥北堍三江口北岸，始建于清同治十一年（1872），由天主教浙江教区的法籍苏主教兴建。清光绪二十五年（1899）增建钟楼。整座钟楼（包括琴室）由大堂、主教公署、本堂区及寝室、更衣室、藏书楼、慈母堂、印书房等组成。总体外观上采用了砖木结构，取杉木来建造穹隆顶。外立面以青砖为主要材料，用红砖来装饰。主立面遵循了欧洲教堂的基本构图方式：西立面横向分三段，以中心为主要部分。外墙上雕刻精致的装饰柱，同时采用哥特式建筑中常用的圆形窗户，并嵌以中国传统花纹。教堂正面的三券拱门，沿用了中国建筑中的"三券形式"，又模仿了尖形拱券的结构方式。教堂内部结构采用了抬梁式，在十字形平面尽头的圣室上覆盖攒尖顶，采用中国的筒瓦，十分稳固。

除了职能建筑和宗教建筑之外，老外滩还有众多的商店和私人住宅。宏昌源是一家在老外滩的正宗老式糕点店，也是宁波目前遗存中少有的老商铺。其旧址位于中马路 47 号，坐西朝东，是典型的 20 世纪 30 年代前店后作坊式近代建筑，前店为三层，后作坊为两层的木结构。单坡式顶，正立面为早期西式混凝土装饰，立面最上端呈三角形，两边各有一组仿西式建筑中卷涡图案的折线，窗台上下各有一组较规则的几何图形，朝南端山墙角有一处黑漆写的店名招牌及电话号码："宏昌源号""电话〇九四七"。

严氏山庄位于中马路和扬善路的交叉口，原是"宁波帮"第一人严信厚的私宅，是严氏家族聚会议事以及严氏子弟求学的场所。严氏山庄是三层老式洋楼，坐西朝东，采用的是早期钢筋混凝土结构，传统的人字坡瓦屋顶，配上西式巴洛克宫廷漩涡状的悬梁立柱，是西式巴洛克宫廷建筑风格与中式建筑完美交融的杰出代表。

朱宅位于中马路 180 号，原为"宁波帮"著名人物朱葆三住宅。建筑为近代西式洋房，平面略呈长方形，屋面为小青瓦硬山式，檐下有叠涩出檐砖，山墙为实叠清水墙，并开有多扇西式木窗。

2. 精神要素

老外滩建筑体现了宁波城市开放包容的精神。老外滩港口码头的繁荣诞生了中国近代第一商帮——宁波商帮，也滋养出了开拓进取、爱国爱乡的宁波商帮精神。宁波商帮在历代不显名声，直至明末清初才初具规模。老外滩是宁波商帮远航的起锚地，作为后起之秀，宁波商帮凭借宁波开埠的时机，不断扩大活动区域，通过对外贸易将商业版图迅速扩展到全世界，堪称中国近代第一大商帮。"诚信立业、务实进取、开拓创新、团结互助、爱国爱乡"是宁波商帮鲜明的特点。宁波商帮基于地域群体意识的凝聚力强，互相帮衬、互相扶持的这种同舟共济、共同进退的精神，使宁波商帮得以不断壮大。秉持着永葆先进和开拓进取的理念，宁波商帮的成就在近代中国商帮中遥遥领先，涌现出一批"大王"，书写了中国工商业史上的百年辉煌。宁波商帮人士爱国爱乡、毁家纾难的故事也令人耳熟能详。吴锦堂，出资帮助孙中山开展革命活动，冒着生命危险运送军火；陈顺通，抗日战争期间，为帮助建立海上防御工事，将船运公司全部船舶自沉，破产而毅然赴国难；王宽诚，在抗美援朝时期，果断卖了一块地皮，捐了一架飞机……

3. 规范要素

老外滩是中国最早的"租界"之一，直到 1927 年，中国政府才收回了江北岸外人居留地的行政管理权。成为通商口岸后，英法等资本主义国家采用夺取主权、建立据点、霸占海关、控制港口、垄断航运、推行洋化等手段，把宁波港扭曲成了半殖民地性质的港口。各国的管理模式和清政府的治理使老外滩成为新观念、新事物不断萌芽，新旧观念不断交流碰撞的特殊区域，故在此孕育出了殖民主义背景下特殊的民生治理模式，是老外滩核心文化基因的规范要素。

功能聚合的老外滩也不乏民众生活不可缺少的职能建筑，包括医疗和教育建筑。仁济医院是宁波民国时期最著名的医院，其环境和设备在浙江省内都处于领先地位。医院坐落在新马路北侧现泗洲路小学位置，学校的旧校门石库门为仁济医院的原物。仁济医院建立的初衷是为应对宁波时疫泛滥，方便贫民就医，它不仅具备慈善性质，而且服务好，价格低廉。同在老外滩的天生医院，与仁济医院同为宁波医院的"四大金刚"之一。前身为英国一公会所办，后因经费不足由慈溪保黎医院院长吴莲艇先生租赁并继续承办。吴莲艇接手后为医院添置了大量的设备，其设备在20世纪20年代是全省最为领先的。仁济和天生两家医院后期因战乱等原因迁址或停办，转而成了学校。

老外滩上的学校呈现出教会学校不断合并、宗教性不断弱化、民生教育性不断加强的特点。老外滩的学校主要属教会学校性质，是欧美列强殖民主义的产物。洋人在中国开办的第一所女校崇德女校就设立在此。浙东中学是在仁济医院旧址上建立的，由美国长老会办的崇信中学、美国浸礼会办的浸会中学以及英国循道公会办的斐迪中学三所学校合并而成。后浙东中学又与法国天主教会办的益三中学相合并。

巡捕房作为国家治理机器之一，其管理模式的转变也体现了中西官方主权博弈的特点。宁波巡捕房于同治三年（1864）由宁绍道台禀经浙江巡抚批准设立，附设消防队、防疫站、钱庄和"便民局"，行使江北岸商埠区的一切治安、刑事等权力，目的是整治宁波辟为五口通商口岸之一后，由洋人带来的社会治安问题。早期巡捕房为民服务，广受好评，但后期在各方割据势力的压迫之下，渐渐成为洋人掌权的傀儡机构。宁波人民奋而力争，交涉维权，清政府终于在宣统元年（1909）收回了巡捕的权力，随之也撤销了巡捕房。

宁波英国领事馆是浙江最早的涉外机构，它的建立标志着宁波正式进入半殖民地半封建社会。领事馆旧址坐落于江北区白沙街道白沙路56号，建成于光绪六年（1880），侨务归上海英国领事馆兼管。1934年6月，宁波英国领事馆撤销，英国驻沪领事毕·约翰遂将该房屋转让给当时的鄞县政府作救济院。1949年后，英国领事馆官邸和工作人员住房等建筑被拆除。

（二）宁波老外滩核心文化基因的提取与评价

宁波老外滩文化底蕴深厚，历史古迹遗存丰富，是浙江省现存唯一能反映港口文化的外滩。老外滩是一个设施完善、商业繁荣的特殊港口，其建筑物风格中西合璧、交融共生。外滩文化具有开拓进取、爱国爱乡的宁波商帮精神，还孕育出了殖民主义背景下特殊的民生治理模式。其核心文化基因集中体现为中西碰撞、拼搏创新和开放包容，具有较强的生命力、凝聚力、影响力、发展力。

1. 生命力评价

中外文化交流碰撞，诞生了老外滩开放包容的外滩精神。这种精神自道光二十四年（1844）宁波开埠以来延续至今未曾明显中断，文化基因形态保持较为稳定。虽然经历了被外国列强建立据点、推行洋化等一系列手段，但是老外滩传统的历史建筑以及其背后的建筑风格和技术依旧充满生机和活力。虽然经历了现代化的改造，但仍保留了老外滩中西合璧的独特建筑文化，在此基础上增加了现代化的装饰，拓展了商业性活动，发挥了应有的历史和商业价值，更加年轻化，形成了老外滩独有的"外滩文化"。

2. 凝聚力评价

老外滩因港口商业贸易而兴，因对外交流而盛，文化传播的开放性和文化辐射的集合性在这里展露无遗。因港口贸易而繁荣壮大的宁波商帮以血缘姻亲和地缘乡谊为纽带，以重乡情乡谊、诚信务实、思想创新、爱国爱乡为精神支撑，创业足迹遍布全球，为浙江和上海的近代化和现代化做出了突出的贡献，成为近代第一大帮。曾经的宁波商帮在家国危难之际毁家纾难，如今的宁波商帮致力于家乡建设，在家乡兴办企业，又在全国掀起捐资兴教的浪潮……"宁波帮·帮宁波"发展大会的召开，动员和吸引了世界各地宁波商帮人士参与宁波和国家的经贸发展，共创辉煌。

3. 影响力评价

宁波老外滩的开埠是中国近代史上"对外开放"的典型案例，历史上多国领事馆都曾在老外滩建址，此处还建有太古洋行和江北天主教堂等具有特殊职能的建筑。近年又随着老外滩的开发，匈牙利国家贸易署、立陶宛企业署、塞尔维亚华人商业联合会等在此设立驻点，其在全国甚至世界的影响力显而易见。

4. 发展力评价

开放包容的老外滩精神与当代精神追求和价值观念十分契合。老外滩是对外经贸往来的产物，异域文化在这里跟本土文化相互冲撞、融合。老外滩文化中既有中国传统文化的烙印，又有西方先进文化的影响。两种文化兼容并蓄、互相融合、互相渗透，推动了老外滩所在城市经济文化和各项事业的发展。老外滩的发展要始终秉持将外来文化本土化的原则，集中体现中华民族的精神追求，并集中应用于老外滩的全局规划和科学发展。这对老外滩文化的保护与发展有着深刻的意义。

（三）宁波老外滩核心文化基因的转化利用

在中西碰撞、拼搏创新和开放包容的老外滩精神的核心文化基因效应之下，优化利用资源，创新载体，增加老外滩商业区的功能性，打造集吃、住、玩、休闲、购物、娱乐于一体的时尚消费中心，使其成为宁波顶级的社交平台。一是挖掘史料，发挥文化传播集聚效应；二是举办深受现代青年喜爱的文娱活动；三是迭代升级旅游商品和文创产品。

1. 挖掘史料，发挥文化传播集聚效应

挖掘掌握老外滩权威性史料，以便更深入了解外滩文化。多年来，对宁波老外滩的研究渐热，许多专家学者在各类期刊上纷纷发表学术研究论文，有杨立锋的《宁波老外滩历史风貌及其发展》（2005）、刘应武的《从宁波老外滩看历史街区的再生》（2005）、舒肖明的《宁波市区商帮文化水上旅游线路开发探讨》（2007）、王丹丹的《宁波老外滩滨水景观与建筑评论》（2007）、张友军和刘岚的《传统建筑构造风格在当代的应用转化——以浙东地区为例》（2010）、陈鹏程和焦彩虹的《探究宁波老外滩的蜕变与发展》（2011）、龚敏的《浅谈宁波老外滩的城市更新改造》（2013）、何依和孔惟洁的《宁波老外滩北段肌理识别与修复——基于历史文脉和类型学方法》（2017）、黄定福的《历史街区保护与城市文脉的延续——以宁波老外滩历史文化街区为例》（2018）等等。除此之外，还有许多的影像资料。在如此火热的专业研究下，对老外滩开发和应用成效仍然缺乏，宁波老外滩知名度较为局限，经济效益产出不足，应每年定期召开学术研究盛会，召集国内外专家深入挖掘地方志如《宁波府志》《鄞县通志》以及二十四史等对宁波老外滩的记载部分和老外

滩现代化发展史，聚焦老外滩的港口文化、建筑文化、中西文化交流、老外滩对"宁波帮"发展的作用等相关课题，在史料厚度和深度的加持上，充分发挥文化传播集聚效应，用于拍摄老外滩纪录片和历史宣传片等，并建立多平台社交媒体账号，拍摄相关短视频，如外滩建筑故事系列、夜游老外滩的100种方式、外滩每周活动等，也可召开老外滩文化短视频大赛、征文比赛等相关活动，发动民众自主参与到外滩文化的传播中，做到自制、自传、自享的有益循环。

2. 举办深受现代青年喜爱的文娱活动

1992年开始，老外滩被作为商业旅游项目开发，又成为第二批国家级步行街改造升级试点单位。在2020年第三届进博会上，老外滩步行街拥有了专属展区，在国家会展中心向全球展示它的独特魅力。老外滩作为步行街，其中西合璧的文物建筑保存情况和更新利用情况良好，有些文物建筑也已经转化为展览馆等，还应进一步增加老外滩商业区的功能性，充分发挥老外滩开放包容的精神风貌，充分利用建筑物文化载体的功能，做到文物保护和转化利用的完美契合，设计与特色建筑历史相结合的舞台剧在实地展出，让民众有沉浸式参与体验，更能感受当时当代文化氛围。还可在老外滩露天地点等开展现代青年喜闻乐见的娱乐活动，与宁波青年组织合作，定期举办专属于年轻人的演出活动，如外滩露天livehouse、脱口秀、音乐剧、演唱会等。

3. 迭代升级旅游商品和文创产品

旅游景点的开发利用离不开特制的典型标识作为标志，应制作老外滩旅游的各种标识，并充分应用于老外滩景区内交通工具、卫生设施和灯饰设计等。将原有的"外滩记忆"展馆升级，添加最新研究成果和最新发展成果，更新现代化展览手段和方式。另外从老外滩各类建筑的外观中提取元素、衍生制作出老外滩系列文创产品，如：金属徽章、书签、钥匙扣等。推出老外滩系列餐饮食品类文创产品，如地标奶茶、地标雪糕。

参考文献

1.陈宏雄主编：《潮涌城北——近代宁波外滩研究》，宁波出版社2008年版。

2.龚敏：《浅谈宁波老外滩的城市更新改造》，《浙江建筑》2013年第3期。

3.黄定福：《浅谈历史街区保护与弘扬城市文化提升城市品位的关系——以宁波外滩天主教堂外马路历史街区为例》，《中共宁波市委党校学报》2009年第31卷第4期。

4.饶晓晓：《近代杭州、宁波城市建设的现代化进程及其比较研究（1840～1937年）》，浙江大学2016年博士学位论文。

5.宋吟霞：《宁波江北岸外滩近代建筑研究》，浙江大学2017年硕士学位论文。

6.徐建成：《论宁波外滩的历史品质》，《中共宁波市委党校学报》2004年第4期。

7.阎勤主编：《宁波发展重点研究成果选辑（2001—2003）（社会卷）》，宁波出版社2005年版。

8.张文宁：《宁波近代城市规划历史研究（1844—1949）》，武汉理工大学2008年硕士学位论文。

五、慈城国药商帮

慈城自古是药商故里，药商文化连绵千年、长盛不衰、底蕴深厚。慈城国药商帮，是指慈城在明清时期出现的许多从事传统国药业，且世代相传的、执中国药业之牛耳的商帮，可与平遥票号、徽州盐商相提并论。他们不仅仅是一般意义上的中药材和成药的营销商团，而且是中华医学和国药文化的传播者，是近代以来著名的宁波商帮的重要组成部分。慈城历代涌现出的乐显扬、乐达仁、冯映斋、冯云濠、童善长以及当代"江南药王"冯根生，都是慈城国药商帮的优秀代表、中国国药界的巨商大亨。他们开创的国医堂传承绵延，足迹遍布全国，影响普及海外，创造了当今中国传统国药业的著名品牌，有北京同仁堂、天津达仁堂、广州敬修堂、上海冯存仁堂和童涵春堂、杭州张同泰堂和叶种德堂、宁波冯存仁堂等。

（一）慈城国药商帮核心文化基因解析

1. 物质要素

（1）宁波冯存仁堂

冯存仁堂是慈城人在宁波创立的传统国药业的著名品牌。冯存仁堂坐落在风景优美的沿江公园江厦街，创业者是宁波慈城人冯映斋。冯氏原以采办药材为业，跋涉于川、陕、皖等药材产地，后将药材贩运至沪、杭、甬一带。他谙熟药材产地和质量、性能，对用中药治病、防病亦有浓厚兴趣，便于清康熙元年（1662）在宁波开设中药店。"冯存仁堂"的店名，体现了"存济世之心，

慈城药商博物馆（鲁弯弯摄）

位于慈城药商博物馆内的慈城国药商帮纪念室（鲁弯弯摄）

赠仁义于众"的办店宗旨。冯存仁堂设立前店后场，店堂营业，工场自制饮片和丸、散、膏、丹。冯存仁堂声誉日益提高，业务不断发展。清咸丰末年，第四代冯梦生掌业时，冯存仁堂核定资金白银4万两，成为资本雄厚、规模较大的中药店。清同治元年（1862）后，相继在上海汉口路、南京路开设分店。1934年，自编《丸散札要》，创制中成药11大类671种，均选料地道、加工精细、质量上乘。冯存仁堂历百年沧桑，迭经风险。从清光绪年间至民国时期数十年中，曾多次被迫交军饷银数万两，致使经营难以为继，不得已而关闭上海两个分店；1940年前后宁波沦陷时，又受日伪军封锁、寻事、敲诈等摧残，业务萧条，经济极度困难；1949年，再遭国民党军队飞机轰炸，工场被破坏，药店已处于危难之境地；1951年，在党和政府的重视和扶植下，冯姓后裔11户重新合伙集资10万元，在宁波东渡路建店房；1956年该店始行公私合营，清产核资时资金为16万元，是当时宁波市商店中拥有资金最多的一家，同时东渡路店址让给冷藏公司扩建用，冯存仁堂迁至江厦街，营业至今；1993年，宁波成立药材股份有限公司时，冯存仁堂变为药材公司支公司；1998年药材公司以冯存仁药店为主，组建宁波三九医药零售连锁有限责任公司；2007年宁波三九医药零售连锁有限责任公司变更为宁波冯存仁医药零售有限责任公司。进入21世纪以来，冯存仁堂不再局限于用中医药进行疾病防治，而是更多地关注国人身体健康和生命质量。从2015年起，我国大健康产业进入飞速发展的黄金时期，为了能更好地适应未来大健康产业的发展，冯存仁堂成立了宁波冯存仁堂生物科技有限公司，提出了"道地养生"概念，并立志成为道地养生行业领军品牌。

（2）慈城药商博物馆

慈城镇人民政府筹建的慈城药商博物馆，位于江北区省级文物保护单位"符卿第"，通过影像、图片、老物件的呈现，勾勒出慈城药商的变迁轨迹，将优秀的慈城国药业商帮文化进行充分展示、宣传与传播。符卿第位于江北慈城镇民权路29号，始建于明嘉靖年间，主人陈鲸是明嘉靖五年（1526）进士，官至南京尚宝卿。符卿第后因火烧而重建，现存的建筑为清代中期所建。建筑面积约2200平方米，由厅堂、后楼、厢房等组成。符卿第结构完整、房架高敞、用材粗大，特别是梁、枋、雀替、砖墙等处，有木雕、石雕、砖雕作品数十幅，题材有人物故事、楼台亭阁及松鼠、葡萄、石榴、佛手等，具有较高的艺术价值。药商博物馆一楼用于文化展示，包括传统药铺、中医诊室、慈城国药商帮纪念室、魏长春和冯根生纪念室、中草药展示等内容；二楼用于专业互动，包括中医坐诊、中医药研讨等功能。

2. 精神要素

（1）不畏艰难、专业过硬的创业精神

无论在宁波，还是在全国各地，慈城从事药商工作的人抱着不畏艰难、吃苦耐劳、专业过硬的素养，才终获成功。国药业的经营者需要有相应的知识，药业老板们很多都是医生出身，他们既会医又懂药，这样的双重身份无疑为药店的经营带来了极大的便利。如北京同仁堂的创始人乐显扬，本人就是一个医生。乐家是一个行医世家，乐显扬的祖上一直以铃医为生，几代传承，从未中断，他从家中积累的药理知识应当是非常丰富的。温州叶同仁堂的创始人叶心培，同样是一名铃医。早年来到温州后，曾在码头为那些贫苦的搬运工人治病，收费低廉，赢得了当地老百姓的信任。后来接手王同仁堂药店，改名为叶同仁堂，生意越来越好。杭州叶种德堂的创始者叶谱山，早年曾在朝为官，后来辞职下海开起了药店，凭借的就是自己不凡的医术。开业之初，叶谱山坐堂行医，药店既是诊所，又是售药的店堂，一举两得，店家病人各得其利。这种模式为后来的国药店开了先例。晚清至民国时期的慈溪名医高仁山、洪潜菊等，以行医为主，但在家中备有一些常用药材，病人若有需要，看完医生即可取药。从事国药业经营的另一类群体是药材批发商。旧时的药材行承担着药材批发业务。他们的药材多从各地的药材市场进货，也有一部分由种植者送货上门。如宁波冯存仁堂的冯映斋，在开设药店以前就是一名药材生意人；杭州叶种德堂老板叶谱山的父亲叶天霖，也是一个药材经营者；苏州沐泰山创始人沐尚玉，早年也是贩运药材的商人；沈宝山的创办者沈可田在宁波开有一家药材行。

国药店的普通从业人员不但要掌握一些量具（如戥子、刀圭等）的基本知识和使用方法，还要学会识别各种药材、熟知药物常用量、了解中药性味，甚至清楚药物的配伍禁忌。仅这些内容，就足以让一个学徒好好学上几年。接下来还要学习药材的切泡技术。单就药材切片这一工艺，一般药店就要分头刀房至七刀房七个不同的刀房。在百十来个学徒中，最后能达到头刀房要求的可以说是寥若晨星。头刀房的切功须做到"薄如蝉翼，吹气可飞"。也就是某些

药材经加工切成片后，薄得如同蝉翼，用嘴轻轻一吹就能够飞起来，而且要求切好的药材不破不损不卷。二刀房、三刀房以此类推，到了七刀房则是专门将一些药材切成几分长的段子便可。此外还有丸、散、膏、丹的配方掌握和制作技术的把控、各种膏方的熬制等。国药业是一个技术性很强、要求非同一般的特殊行业，一个人哪怕在药店工作得再久，即使不断地刻苦学习，也很难成为全才。在这个行业中跌打滚爬一辈子、最后能有一技之长的人，为数也不会很多，更不用说项项精通、样样拿手之人，真可谓凤毛麟角，千中取一。所以一般学徒要做三年，这三年中没有工资，老板管吃管住，偶尔会发一些零花钱。三年学徒生涯结束，成为"半庄"，这时店东会发一些工资，但不会很多。所谓"三年学徒，三年半庄"，方可满师出道，指的就是此类学徒生涯。在历年来数以千万计的药业学徒庞大的队伍中，只有少数人通过自身努力，最后成长成才，在各地药店担任经理、部门负责人、头刀手等角色，成为出类拔萃的专业人才。

（2）注重质量、诚信为本的医德医风

慈城国药商帮能从明清兴盛至今，可谓韧性十足，靠的是地道的药材、精工的炮制、过硬的质量、繁多的品种等。如宁波老冯存仁堂药店工场自制丸、散、膏、丹，选取道地药材，炼制疗效确切的中药。片型厚薄、丸粒大小都按药性细致操作制成，确保药效，并以此闻名传世。冯存仁堂的几样药品，在中华人民共和国成立前便行销国内外，在侨胞心目中颇有声望。例如人参再造丸、人参大活络丹畅销新加坡、中国香港等地，在中国香港委托广州敬修堂药店经销，历史颇久。冯存仁堂不管药品畅销与否，药物品种应有尽有。据当时不完全统计，备有丸散 357 种，胶膏 32 种，以及参茸桂燕、花露药酒等。从稀有珍贵之品到普通草药，冯存仁堂基本上都有供应，常年备置。为了办好人民的中药企业，冯存仁堂恢复传统经营，讲究药品质量，重视医德医风，恪守珍贵信誉，全心全意为人民健康事业服务。冯存仁堂坚持原则，从未经销一粒假药，而是千方百计地采购全国名厂名药，因此荣获 1986 年全国医药系统先进集体称号，参与全国医药系统首届劳动模范和先进集体代表大会。之后，还被宁波市医药管理局多次授予中药饮片质量先进单位，被誉为"信得过的药店"。

诚信为本是慈城国药商帮的精神之一。北京同仁堂为我国四大药铺之首，

"炮制虽繁必不敢省人工，品味虽贵必不敢减物力"的古训为历代传人恪守。有浙东第一药铺之美誉的绍兴震元堂，其制药精神为以"有方皆法古，无物不藏真"立业，"配合功通圣，阴阳炼入神"。温州叶同仁堂秉持"修合虽无人见，存心自有天知""真不二价，童叟无欺"的古训，以"配方独特、选料上乘、工艺精湛、疗效显著"而载誉浙南闽北。湖州慕韩斋采办道地药材，讲究质量，殷勤服务，信誉至上，日益兴旺发达，名声日隆，成为太湖南岸、苏浙皖地区较有声望的一家药店。由于宁波人重诚信、遵药德，宁波"药行街"在清末民初一度成为国药贸易中心。

（3）与时俱进、革新立异的创新精神

创新管理方式也是慈城国药业兴盛的因素之一。以慈城人钱树田创立的广州敬修堂为例，1876年，敬修堂就采用了股份制的形式，家人不能参与经营，而是聘用有能力的人来管理。因此它可能是中国最早的股份制企业。1883年，敬修堂就已经有现代企业管理的理念了，包括采取利益的分配、分红方式、使事业存续的方法、用人的管理，还有药方的管理。例如用人的管理，就不是在钱家的后代中指定某一个继承人，而是必须经过在基层的实习、锻炼以后，才具备继承人候选资格。1956年，敬修堂中药厂与八家私营企业合并，组成了公私合营敬修堂联合制药厂，后来又改造为国营广州敬修堂药厂。1992年12月，改制为股份有限公司，成为广州首批转制的国有工业企业。广州敬修堂目前是广州（药业）股份有限公司（香港H股和上海A股上市公司）下属的主要制造企业之一。

再以宁波冯存仁堂为例，冯存仁堂不仅药品种类齐全，而且店中经营灵活，实行朔望减价制度。每逢阴历初一、十五，阳历1日、15日，药价一律九折，这四个廉价日，营业骤增，薄利多销。而今天的冯存仁药店，业务又有了新的发展。在传统经营中药材、中药饮片、中成药的基础上，扩大了抗生素、化学药剂和滋补保健药品的经营。2010年，冯存仁堂入选首批"浙江老字号"。随着时代变迁，其营销方式亦有突破。冯存仁堂以"中医文化的演变与思考，中国大健康产业的发展与创新"为己任，于2015年创立宁波冯存仁堂生物科技有限公司；运用"互联网+"思维，为自身的发展建立了一个专业的互联网平台，顾客可以在冯存仁堂柜台通过扫描二维码进入网店购物，选择更多而且更便捷。这推动了宁波大健康产业的发展，重塑了宁波又一个老字号药店的辉煌，加快推动了宁波乃至中国大健康产业发展五年行动的脚步。2016年开始，冯存仁堂着手布局"人网＋天网＋地网"的道地养生业大健康战略，计划用两到三年时间，以"互联网＋中华老字号"的模式打造道地养生行业领军品牌。2016年9月9日，来自冯存仁堂、四明大药房、胡庆余堂等多家"中华老字号"的代表聚集一堂，共同打造一个老字号的电商生态体系，开展连锁化经营，抱团闯市场。2017年下半年，冯存仁堂依据消费者消费数据，构建大数据中心，配合穿戴设备的开发，为每一位冯存仁堂消费者提供最道地、最适合本人身体的个性化养生产品。

（二）慈城国药商帮核心文化基因的提取与评价

慈城国药商帮熠熠生辉，长盛不衰，是宁波商帮的重要组成部分，是中华医学和国药文化的传承者和传播者。慈城国药商帮核心文化基因主要提取为不畏艰难、专业过硬的创业精神，注重质量、诚信为本的医德医风和与时俱进、革新立异的创新精神。

1. 生命力评价

慈城是药商故里，为国药业发源地，自唐宋开始就有关于药商的记载，药商文化连绵千年、长盛不衰，拥有着深厚的内涵和底蕴。城内的冯家、钱家、童家等均称得上国药世家。综合史籍上有明确记载的传承有序的几家国药店，冯氏当推第一家。冯存仁堂历经了360余年而风采依旧，实在是一个奇迹。第二家是钱氏，其先祖钱树田于乾隆五十五年（1790）在广州创办了敬修堂，时间比冯存仁堂稍迟，但也延续了230余年，如今已发展成了一家规模宏大、中西药兼制的大型药企。再如宁波的寿全斋、上海的童涵春堂等都是知名度极高的国药老字号。据不完全统计，中华人民共和国成立初期上海国药业从业人员大半是慈溪籍药工。如今慈城国药商事业日益发展，促进了国药行业新的发展。

2. 凝聚力评价

慈城国药商帮是宁波商帮的重要组成部分，具有强大的地域和心理凝聚力。中医药文化一直是慈城人血脉里的基因。慈城人在外地开设药店众多，经几代人的努力以后，不管发展的程度如何，其实质都是家族企业，没有特殊情形外人很难插足。按当时惯例，药店招收人员都是通过一些特别的关系去物色，并不对外招聘，而必须通过介绍。招收的程序也很严格，介绍人一定要是老板的亲戚、邻居，或者是朋友、熟人。如果老板对介绍人的信任还没有达到某种程度，那就需要学徒交一定的押金，还要介绍人作为担保人在合约上签字。亲戚带亲戚，朋友带朋友，相互照应帮衬，尽可能做到互惠互利，这是在乡之人与外出经商者的一个共同的愿望。经过长时间的互动，从情感和利益上都形成了一种特有的连带关系，这是对国药商帮文化发展做出的重大贡献。

3. 影响力评价

药业是明清两代慈城商人的主业，几乎所有慈城的大家望族都有人从事药材买卖。慈城国药业在明清时期愈加兴盛，其悠久历史和雄厚实力是无与伦比的。慈城产生了数十位中国国药业的巨商大亨、领袖人物，执300年中国国药业之牛耳，就数量而言，蔚为大观。慈城最终成为明清时期中国国药业的重要基地，形成了与山西平遥票号、安徽徽州盐商鼎足而立的中国三大地方专业商帮。

4. 发展力评价

多年以来，慈城多措并举谋求老字号重回故里，出台了多项利好政策，如对药商文化所衍生出的健康产业制定了专门的人才政策和产业扶持政策，力争使更多的老字号回归，再续中医药文化根脉，着力推动中医药振兴发展，努力打造集观光旅游、休闲度假、文化体验、养生保健于一体的老字号品牌集聚地。2020年，宁波市卫健委将慈城中医药产业发展纳入了全市中医药产业发展大局，支持慈城古县城中医药特色基地建设，为江北区实施"健康江北"战略、挖掘中医药传统文化、打造创新中医药特色品牌、提升中医药服务能级注入了"强心剂"。慈城镇积极开展内涵丰富、形式多样的中医药文化宣传活动，更好地满足广大群众对中医药文化科普的需求。

（三）慈城国药商帮核心文化基因的转化利用

慈城药商文化有着悠久的历史。截至2020年，为了推动药商文化的发展，慈城先后修缮、恢复了清道观、城隍庙、彩绘台门、酒税务、甲第世家、福字门头、符卿第、布政坊、冯俞宅等文保单位以及慈孝馆等景点，基本建成面积20万平方米的历史街区和占地3万平方米的金家井巷国保区。其间，慈城还完成了古县城景区创建，古建筑保护利用获联合国亚太地区文化遗产保护荣誉奖。如何开采慈城药商文化资源这座"富矿"，将慈城打造成全国知名的中医药产业基地和健康产业发展示范区？一是加强慈城国药商帮文献史料整理与研究，推动社会各界关注；二是创建慈城古县城中医药特色基地，打造国家级融合发展示范区。

1. 加强慈城国药商帮文献史料整理与研究，推动社会各界关注

开采国药商帮文化资源的前提是深入挖掘文化基因，引导专家学者研究慈城药商文化，通过查阅史料、寻访药商堂号等方式，对慈城国药业历史渊源、形成、发展，以及国药业的代表人物进行系统梳理，并对慈城成为中国近代药商故里的成因进行归纳概括。同时，举办中医中药院士论坛，吸引大量人才、资源在慈城集聚，开展精方、验方的研究，发展国药的当代价值。只有加大对中医药研究的投入，才能促进中医药与休闲旅游整合发展。

2. 创建慈城古县城中医药特色基地，打造国家级融合发展示范区

将慈城历史上这一独特的经济与社会现象进行全面系统的梳理与研究，发现它的轨迹、提炼它的人文精神，并通过一定方式进行展览展示、文旅结合，进而构建出新的"文创"模式，是慈城文化保护性发展的重要任务之一。

创建慈城古县城中医药特色基地。慈城药商博物馆集药商文化展示、中医坐诊、会议接待等多个功能于一体，通过影像、图片、老物件的呈现，勾勒出了慈城药商的变迁轨迹和优秀的慈城国药业商帮文化。市内外中医药专家可在此开展义诊、熬胶展示、中医药健康讲座等活动。百草园位于青龙山山脚、清道观北侧，占地 66 亩。园内设有紫气东来、阡陌草本、泽陂蒲荷、玉璞丹林、曲径通幽、杏林春满等 9 个区块，一期种植有 118 种中草药，有 40 年树龄的丝棉木、浙八味、银杏、降香、白及、忍冬等；二期定位新中式药材庄园，小桥流水，白墙青瓦，山、池、溪、瀑布，营造出清雅之境。

为了将文化资源充分转化为经济资源，这几年，慈城正通过招商引资，引进以八大堂号为主的中医药店铺，邀请更多的中医药老字号入驻，以此建设中医药科普基地，打造中医药特色街区。知名中医药企业签约落户，构建涵盖老字号品牌、养生保健、药膳餐饮、中草药种植、生物医药研发销售等的全产业链条。今后，要进一步挖掘弘扬慈城的药商文化，以旅游和健康产业两个领域为切入点，把药商故里打造成全国知名的健康文化体验、中医药养生保健、观光旅游、休闲度假融合发展的示范区。

参考文献

1.慈溪市政协教文卫体和文史资料委员会编：《慈溪国医药探源》，宁波出版社 2018 年版。

2.广药集团企业文化建设委员会编：《广药故事：传奇四百年 爱心满人间 第 2 辑 绿色广药》，广东旅游出版社 2016 年版。

3.徐茂华、王华锋、唐廷猷：《浅论国药业在宁波帮形成和发展中的历史作用》，《中国现代中药》2015 年第 5 期。

4.杨馥源：《儒魂商魄：慈城望族与名人》，宁波出版社 2007 年版。

5.《浙江省医药志》编纂委员会编：《浙江省医药志》，方志出版社 2003 年版。

6.张庶平、张之君主编：《中华老字号（第三册）》，中国商业出版社 2004 年版。

六、慈城水磨年糕

做年糕是宁波人庆贺新年的一种传统方式，意为庆祝五谷丰登，同时，年糕又是重要的祭祀品，成了岁月更替的物象和民俗的符号。慈城水磨年糕历史悠久，以优质晚粳米和优质水为原料，经种、选、浸、磨、蒸、舂、印等10道工序，以纯手工技艺制作而成。慈城年糕不仅拥有"国家原产地标志保护"的头衔，还于2007年入选宁波市级非遗名录，2009年入选浙江省级非遗名录。慈城于2010年确定为浙江省"三位一体"非遗传承基地。慈城水磨年糕参加了多种多样的非遗展示活动，同时慈城镇每两年举办一次大型的年糕文化节，让古镇的年糕文化深入居民生活。

（一）慈城水磨年糕核心文化基因解析

1. 物质要素

（1）营养足、吸收易的晚粳米

稻米的品质直接影响慈城年糕的口味。慈城地区有悠久的水稻种植历史，且水稻品种丰富，其土壤和优越的气候条件十分适合生产优质年糕的稻米。被选为慈城年糕原料的晚粳米的营养生长期处于一年中的高温季节，这使稻苗生长发育快，分蘖早，能形成高产的群体。进入秋天后，昼夜温差较大，这时正好是水稻幼穗分化期至抽穗灌浆期，白天温度较高，光合作用强度大，制造的营养物质多，晚上呼吸作用消耗营养物质少，谷粒内的营养物质积累多，这样生长的稻米千粒重大。且晚粳稻种植的农田也有讲究，种植前的大田前茬

慈城水磨年糕（鲁弯弯摄）

年糕（江北区文化广电旅游局供图）

大多为晚熟的春花作物或早春作物，如油菜田、紫云英的留种田。如此选择是因为其田力足。而且稻米种植时间在145天以上，收割的稻米具有米粒大、玉色透、粳糯适中、口味好的特性。有诗云"宁波年糕白如雪""吃在口中糯滴滴"。

（2）简单质朴的制作器具

一为缸甏。旧时的乡镇居民家里大多置有大小缸甏，如七石缸、青果缸，是贮藏年糕的用具。二为石磨。石磨是磨粉工具，附加工具还有磨担。石磨有大小之分。有大石磨的人家少，因而做年糕的季节，有大石磨的人家十分繁忙，一般同村的乡亲或隔壁邻舍常按做年糕的次序轮流磨粉。三为包布。一般为大白细布，大小不等，专门用来包裹米粉。旧时，备有包布的人家不过两三户，每年做年糕，包布也是邻居间互相借用。四为白篮。大圆竹器，即白篮，也称"勃阑"，是盛物用的大竹匾，较深，常用来晒东西，做年糕时用来滤米粉。五为粉刨。做年糕前，它被用来在白篮上擞粉。六为大灶。大灶用于蒸米粉，大多是用农家平时用的灶头，也有临时砌的。农家平时烧的多是稻草，做年糕时往往烧柴，因而旧时的慈城城乡专门有卖柴人。七为蒸笼。这是蒸米粉的盛器，为上大下小的圆木筒，底置圆锥形的竹蒸格，上有木盖，有竹制的和木制的两种。八为铁镬。铁镬与蒸笼配套。九为桌板和长凳。桌板主要用于年糕搓条和印花，长凳一般要四张，用于搁桌板。十为石捣臼。它是揉米粉用具。与捣臼配套的是杵，俗称"木倒支空"。"木倒支空"的材质为榆木。十一为模具。模具用于印花色年糕。

（3）独具个性的制作辅料

一为印泥。用红曲点印年糕。二为黄蜡。用于涂抹桌板、糕板等器具，是蜂蜡调制的一种食品，主要用于防止年糕粉粘器具或手。三为乌眼睛。乌眼睛是一种野生植物的果子，用于做各种动物状年糕的"眼睛"。

2. 精神要素

（1）敬畏天地、感恩神明的虔诚之心

在庆祝丰收之际，人们多会为了自己的心愿而设立简易的祭天地仪式，来表达对天地的敬畏之心和感恩祖宗的庇佑，年糕就是每家每户祭天和谢年之供品。而做年糕人的虔诚之心具体有四种表达形态。一是精心挑选原料，做年糕的原料禁忌"谷眼睛"和"白肚米"的混入；二是说些吉利话，一户人家

做年糕，大家都会共同祝福；三是穿干净衣，做年糕时，人人都会换上干净的衣裳；四是准备充分，做年糕的人家往往准备得特别丰富，尤其是裹年糕的馅子，品种多、数量足。

（2）齐心协力、乐观向上的积极心态

做年糕是庆祝丰收、迎接新年的喜事，这项大型活动往往需要多人协作共同完成，一般一家男女老少都要参与。做年糕的过程考验着人们的默契和耐心，每一步都需要做年糕人合作无间，只有齐心协力才能顺利做出糯滴滴、香喷喷的年糕。元宝式样的年糕是家家必做的，一般用五个元宝重叠，意为五代，有五世同堂、五子登科、五代同福之意。做鲤鱼式样的年糕，寓意年年有余，讨个吉祥口彩。这些吉祥物年糕除了寓意吉祥外，还是人们快乐心情和乐观主义的展现。

3. 语言与符号要素

年糕模具体现了年糕文化中最亮丽、最独特的部分——民间美术。模具的制作运用了宁波传统工艺如朱金漆木、木工雕刻等诸方面的技艺，将先人所崇尚的"物必饰图，图必有意"和"言必有意，意必吉祥"的美学理念与生活态度淋漓尽致地展现在寸木之间，既是民间智慧通过民间艺术的集中体现，又是慈城年糕的大众性、多样性、专业性等特性的艺术表现。

（1）印花图案的艺术手法

年糕模具是慈城年糕不同于其他各地年糕的特色之一，是慈城年糕专业性的体现。由于雕版尺寸狭小，很难容纳寓意丰富的图案，所以图案大多简单扼要，其主题自然简单。座印版的主题图案相对接近中国传统吉祥图案的绘制规律，而揿印版的主题图案"绘"无章法，呈现出民间美术的乡土性。年糕模具的花样大致有几何图案、动物、人物、植物果实和吉祥物语等五类。这些模具展现了人们的美好心愿、生活情趣，以及人们祈求丰收、吉祥之愿望。如：兰花寓意祖孙；石榴、葫芦枝蔓代表子孙万代、人丁兴旺，取的是石榴和葫芦多籽的意思；回草纹和蔓草纹的外形由卷而伸，连续不断，象征"长久不尽"之意；松树和鹤寓意长寿；龙凤花样代表祈福纳吉的心愿，也是民间望子成龙、龙凤呈祥的情感寄托；梅与"眉"同音，表示"喜上眉梢"；仙与"喜"谐音，表示"和合而喜"，寓意和合如意；蝙蝠表福气，鸟表日，兔表月等。

（2）诗词曲艺赞年糕

有关年糕的文学作品，早期以诗歌为多，如清晚期的竹枝词。那时，相关作品多与年节连在一起，如宁波张廷章的《十二月竹枝词》、余姚朱文治的《消寒竹枝词二首》。现代诗有《慈城的年糕》等。曲艺有《春年糕》（吴百星作）、《年糕年年高》（成风作，曾获宁波市第十届"五个一工程"奖）、《年糕歌》（陈雪帆作词，赵万福作曲）等。歌谣有《慈城年糕谣》《十二月风俗歌》等。谚语有"地菜马兰炒年糕，灶神菩萨亦馋唠"。美术有池沙鸿的国画《慈城打年糕》、贺友直的《做年糕》等。

（3）年糕会

旧时，慈城民间还有年糕会，其中数庙湾（城外靠近妙山的一个山村）的年糕会最有名。有农谚称"有稻没稻，霜降箩倒"，也就是每年的霜降以后（约阳历11月前），秋粮入仓，农村进入农闲期，农人开始酿酒、揉"愧"（原字为"糩"，音同"愧"）、做年糕。揉"愧"的工序需多人合作，即使一家一户地做年糕，也必须请几个年糕师傅。以一人牵头组成团队的形式轮流上门到各家做年糕。

4. 规范要素

（1）耕种习俗

慈城农民围绕年糕原料的种植，形成了一系列敬畏天地、节约资源、崇尚劳动的风俗习惯。一为"孵秧子"讖念。"孵秧子"是慈城方言，意即浸种。讖念，意为祈祷。浸种前，先要到河埠头掏种子。旧时人们挑秧子谷去河埠头，习惯箩头不装满，俗称浅箩头，其实是讨"浅出满进"的彩头。绳也要仔细检查，以防绳断箩翻。挑秧子的男人出门时，女人轻轻念"浅箩出，满箩进"或"一担出，万担进"之类的吉言，以祈祷一年的风调雨顺和农业丰收。浸种，俗称"秧子落缸"。一般的农户往往在秧子缸盖或桶盖上放一张红纸，压一把镰刀，以示镇邪，寓意催芽。二为办秧田酒。早晚稻拔秧伊始或结束时，农家有在田头办酒宴请的风俗。一张小方桌，放上豆芽、鸡肉等菜肴，加上炒年糕、金团之类的点心，点上香烛，先请土地公公，再请田间劳动的家人、长工和忙月。三为向龙王求雨。旧时的慈城有请龙王、求雨之俗，由当地农会召集，保甲长参与，村里有威望的长者领头，组织农民敲锣打鼓行会，沿途的农人志愿加入，以赭山龙王堂求雨最出名。每年农历六月半，赭山龙王堂有祭祀仪式，求龙王保佑风调雨顺，农业丰收。若遇上旱灾，附近的庙宇如虹星村的东、西庙，洪陈村的小山西庙曾经各组请龙队，经积家桥、双顶山，围绕龙王堂行会求雨。请龙队伍以大纛为先导，镜、锣随之，而后龙亭、神轿、乐器吹奏，念伴敲打祈念，村民排成长队，长达数里。农民若行祭数日后仍不雨，则把神像置于烈日下，意思是让"龙王"也尝一尝久旱不雨、烈日暴晒之苦，俗称"晒龙王"。四为求灵峰关牒。旧时的农民，还到慈城东南面的灵峰寺求关牒。灵峰寺位于安山村的马鞍山顶，相传寺内的葛仙翁十分灵验，每年农历四月初十，周边乡人登山参拜，并求买一关牒。人们认为回家将关牒烧到田头，能驱虫消瘟保佑作物生长；将关牒烧到牛栏猪舍，则能庇护一家六畜兴旺。

（2）制作流程

单季晚稻收割后，晒燥碾轧成大米，才能做年糕。年糕的制作流程从选料开始，经浸米、磨粉、抽燥、擞碎、蒸粉、舂揉、摘条、印花等工序。

一为选料。选料的标准把握两点：首先米不能有白肚，其次米不能有"谷眼睛"黑点。二为浸米。民间有俗语"三九四九，冻开捣臼"，每年腊月初十左右就要开始淘年糕米。慈城人到河埠头淘米，淘净后倒入大缸，再用河水浸泡7—10天。中间换一次水，以防米发酵、味变酸。三为磨粉。水磨年糕的制作始于清朝同治年间，借豆腐之制法，夹水带浆磨糊后制作而成。四为抽燥。磨粉时，石磨下放一只白篮，白篮内置两节红稻草，铺上大白细布，等装满后裹好布角，上面可再覆盖一层草木灰，有的人家待稍抽干后，会放几块鹅卵石。红稻草和草木灰的作用是透气和吸水。一般干燥时间为24小时，其间要勤换灰，以防止干燥时间过长而致米粉发酵变红。五为擞碎。抽燥的米粉呈块状。擞碎是用手和木刨将块粉搓成粉状待蒸，向蒸笼里擞粉。六为蒸粉。一般在大镬上放蒸笼，蒸笼底垫层天罗丝或垫层草垫，然后倒入燥米粉，用急火蒸。七为舂揉。将米粉蒸熟放入石捣后，将其揉匀、揉实、揉成糕的过程，即为舂揉。八为摘条。摘条又被称作"斩年糕"，就是将年糕用薄刀切断后搓圆压扁。九为印花。印花，大多是女人和小孩的手工活，有座印、擞印两种，一般要借助年糕模具完成。所谓座印，就是将年糕条放入年糕模具内框，年糕粉填满年糕模子后，用各种擂棍将糕粉前后碾平，再脱卸模子，这样做的年糕四角成方，年糕花样和四周棱角清晰。擞印年糕，即用年糕模具按住年糕条，往下揿，年糕四周没有明显的棱角，但年糕表面有花样，揿印年糕俗称"踔倒莆鞋"。

（3）制作禁忌

一是忌口孽。所谓口孽，旧指胡言乱语而造成的危害。做年糕的那天，大人常教小孩莫乱说，以免不敬。二是忌浪费，做慈城年糕时，虽然家家户户准备充足、待人也十分慷慨，但人们不会随意浪费一丁点米粉。

（二）慈城水磨年糕核心文化基因的提取与评价

慈城水磨年糕是宁波饮食文化的典型代表，它的基因根植于本地晚粳米和来自慈城当地水库的优质水源。虔诚之心、敬畏之心和快乐之心，是慈城年糕的灵魂。年糕与水乡的生产、日常生活和节令以及祭祀都息息相关，其核心文化基因主要体现在敬天地、尊祖先、孝父母、尚礼义、广行善等方面。

1. 生命力评价

从存续时间来看，慈城年糕与慈城当地的慈孝文化相辅相成，"敬天地、尊祖先、孝父母、尚礼义、广行善"的文化基因始终未曾中断。早在北宋就已经有用米粉做糕的记述，清朝，慈城年糕在宁波地区已被广泛食用。据史料和慈城人口述，慈城年糕很早便作为每年辞旧迎新之际的礼品之一。现今机械制作的慈城年糕产业还通过实施品牌战略的现代经营理念来做大做强，而这一举措又使年糕逐渐丰富了人们的主食结构。与此同时慈城水磨年糕手工制作技艺已成为千年古县城的非物质文化遗产。

2. 凝聚力评价

慈城年糕起着凝聚区域群体的作用。每一次水磨年糕的制作都关系一户家庭、一个宗族、一个村庄、一个区域共同的文化与情感联系。20 世纪的慈城，除了直街市心口弄堂对面的孝东合作社被租赁用于做年糕外，年糕作坊大多集中在可称为"农工商之街"的下横街。这些年糕作坊多由周边农民合伙经营，采用边做边卖的传统方式，买卖灵活，流动性大，经营者一般秋收后开始租屋，门市营业到第二年的正月初五关门，到下半年秋收后又张罗租屋做年糕、卖年糕。有些年糕作坊营业时的每天早晨还兼卖年糕团。尽管城里有专门的作坊或做年糕的人，但一些有农村亲戚的城市居民还是会到农村做年糕。

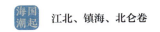

3. 影响力评价

慈城作为宁波年糕的头号生产基地，先后制定了行业规范和实施细则；建立万亩年糕专用稻米基地；成功申请年糕原产地保护标记；制作的中国最大水磨年糕，获得中央电视台和上海大世界基尼斯总部联合颁发的最具经济效益和社会效益的基尼斯项目的奖杯；摘取了"中国年糕之乡"桂冠。2009年，慈城水磨年糕手工制作技艺被列入第三批浙江省级非物质文化遗产项目。年糕节成了每年慈城年俗活动中的一张金名片。据统计，2008年，慈城镇年糕产量达1.5万吨，其中1/3外销北美、欧洲和亚洲等的20多个国家和地区，年销售额近1.5亿元。

4. 发展力评价

慈城年糕产业协会的成立以慈城文化为基础，以年糕文化为载体，在保护传承传统手工年糕技艺的基础上展现千年古县城独特的文化魅力，从而使慈城年糕手工制作技艺这一非物质文化遗产能在全球化和社会转型进程中得到保护、传承和利用。

产业不断扩大为年糕制作技艺文化遗产发展奠定了基础。目前，慈城镇主要年糕生产企业已达到10家。慈城年糕知名品牌有"冯恒大"年糕、"塔牌"年糕、"如意牌"年糕等。它们的产品不仅在长三角等国内市场占有销售份额，还远销新加坡、加拿大、澳大利亚等地区和国家，深受"宁波帮"的青睐。慈城年糕企业的发展呈现喜人的势头，年糕同业公会进一步促进了企业的发展和交流。规模年糕企业根据自身特长不断开拓创新。"塔牌"年糕公司与麦德龙等知名集团形成战略合作关系，以高品质白年糕和生鲜年糕销售为发展方向；"义茂"年糕公司积极推动技术革新，引进韩国全自动生产线，以商品多样化、个性化为发展目标。年糕产业的发展壮大为年糕手工制作技艺非物质文化遗产的发展奠定了坚实的基础。

（三）慈城水磨年糕核心文化基因的转化利用

水磨年糕承载了慈城的历史，反映了宁波千百年来浓厚的稻米文化，制作习俗所包含的意义有敬天地、尊祖先、孝父母、尚礼义、广行善等内容，这是中华民族传统道德观的体现，在当代有很好的群众基础。转化利用要深入打造水磨年糕IP，一是保存民间历史记忆，保护慈城年糕文化基因；二是提高"中国·慈城"文化节活动影响力，扩大展示平台；三是发挥慈城年糕历史陈列馆作用，打造水磨年糕制作体验周活动。

1. 保存民间历史记忆，保护慈城年糕文化基因

保护的不断完善为慈城年糕文化遗产发展丰富了内涵。结合年糕的发展和生产，"冯恒大"公司建立年糕陈列馆，对年糕的产生和发展、生产年糕的工具、年糕的文化内涵等内容进行展览，进一步丰富其内涵。为进一步加大年糕文化的传播和发展，慈城创建年糕制作技艺传承基地，邀请传承人开展讲授、培训等活动，保存年糕原汁原味的历史印记。近年来，区文联相关人员对年糕文化进行了深入的挖掘，细致地整理了关于年糕及耕种和烹饪的各种习俗。年糕制作技艺非物质文化遗产抢救保护的重要成果《慈城年糕的文化记忆》出版，该书获第十届中国民间文艺山花奖，并被译为日文版在日本发行。图书的出版将慈城年糕口口相传的工艺通过文字的形式保存下来，为慈城年糕的宣传、继承和发展奠定了基础。

2. 提高"中国·慈城"文化节活动影响力，扩大展示平台

近年来，"慈城水磨年糕手工制作技艺"积极参加各种较有影响力的非遗展示活动，借助高平台提升非遗影响力，并开展专题活动，如"慈城年糕文化节""非常庙会"等，宣传年糕文化和展示年糕技艺。从 2003 年开始，慈城每两年举办一届大型民俗活动——慈城年糕文化节。慈城旅游不断升温为年糕文化发展提供了机遇。在慈城旅游的带动下，年糕文化和产品不仅深入长三角地区游客心中，在国际也具备了一定的影响力和知名度。宣传不断拓展为年糕文化发展创造了契机。近年来，慈城镇通过申报中国年糕之乡、非物质文化遗产项目加大对年糕文化的保护，利用年糕文化节、吉尼斯年糕世界纪录等形式，使年糕产品和文化深入人心。结合古镇深厚的文化底蕴，年糕不断延伸宣传渠道，依托歌谣曲艺、诗词艺文等载体，赋予年糕深厚的文化意义。慈城年糕成功吸引中央电视台国际频道《走遍中国》栏目，播出纪录片《慈城——因糕而名》。要继续提高文化节的活动影响力，以"水磨"为特色，结合粳米年糕的特性和形状，进行标识新设计和IP打造。将此IP转化运用到慈城文化节的举办、文化设施建设、文旅线路设计、文艺作品创作、文旅衍生品设计中，助力推动慈城文化建设。

3. 发挥慈城年糕历史陈列馆作用，打造水磨年糕制作体验周活动

结合"慈城水磨年糕手工制作技艺"非遗项目的传承保护，投入超过百万元，建成慈城年糕历史陈列馆，并对外开放。开馆以来，陈列馆已接待游客逾 10 万人次，同时被确定为江北区青少年学生社会实践基地、特色工业游基地，获得较好的社会效益和传承效果。要继续发挥陈列馆基地作用，传承年糕文化。打造年糕制作体验周活动，发挥其独特的人文魅力，将手工年糕的概念向大众推广，让市民和顾客亲身体验制作水磨年糕，让游客在口福中体验传统文化。

参考文献

1.李天真：《水磨年糕》，《粮油食品科技》1991 年第 4 期。

2.沈庆霞、路兴花、庞林江等：《大米不同品质对水磨年糕品质特性及相关性分析》，《食品工业》2017 年第 10 期。

3.王静：《慈城年糕的文化记忆》，宁波出版社 2010 年版。

4.余方觉、邵竹筠：《水磨年糕能否回归原汁原味》，《宁波日报》2012 年 10 月 5 日。

5.姚颖超：《冯恒大：水磨年糕的守望与传承》，《宁波通讯》2020 年第 20 期。

七、玉成窑文人紫砂

　　玉成窑始创于清同治年间，原为奉化石林窑。后经慈城籍书法家梅调鼎之倡，并得沪甬两地名门资助，光绪年间建窑慈城，并由任伯年、胡公寿、虚谷、徐三庚、周存伯、黄山寿、陈山农等书画、金石名家领衔，制壶名手何心舟、王东石合力而成文人紫砂窑口。窑口烧造时间不长，出品有限，然品种颇多，除各式紫砂壶外，也涉及文房用品，如笔筒、水盂、笔洗之类。玉成窑制器以文人自用玩赏、相互交流为主，亦有依同好要求定制之器。多有"调鼎"落款，所刻词句切题、切器，隽永秀丽，神传文蕴，在中国紫砂发展史上占有特殊地位。

（一）玉成窑文人紫砂核心文化基因解析

1. 物质要素

（1）金石风格的刻绘

　　玉成窑装饰精美讲究，刻绘内容丰富多样，在紫砂器中别具一格，刻饰"集嘉、道、咸、同、光五朝之大成，或吉金或碑篆，或法帖或醒句，或诗文或花鸟人兽，或奇峰异石，凡此种种，有前朝之未有，能后世之未能"。玉成窑的装饰风格以古雅为尚，内容来源多与金石相关。乾嘉以来，大量古代金石遗存被发现，这些新发现的金石文字及图像被转化到紫砂装饰上，玉成窑制器较曼生壶对金石装饰的应用更甚，这与晚清金石学的浓厚的社会氛围是一致的。

玉成窑（江北区文化广电旅游局供图）

（2）紫砂文人团体

梅调鼎参加乡试时，因书法不合馆阁体而被取消考试资格。宁波向有开放之风，慈城风尚，亦儒亦商。梅调鼎自"考场事件"之后，放弃入仕为官，从慈溪来到上海，从商之余不忘书法，与紫砂匠人也多有往来。有研究者将有纪年落款的玉成窑紫砂器进行分类，梳理年份、尺寸、参与者、铭文、落款等相关信息，发现这批紫砂器至少拥有 40 年的时间跨度，从 1859 年始至 1900 年，相关的海派文人众多，有胡公寿、任伯年、徐三庚、陈山农等。这也可看出梅调鼎作为玉成窑倡导者和践行者的开放心态，他推动形成了一个集艺术与技术于一身的紫砂文人团体。

2. 精神要素

（1）高雅的艺术气质和浓厚的文人气息

文人紫砂是中国历代文人以紫砂创作的艺术结晶。文人是一个对社会有抱负、对文化有思想、对奢靡有品格、对淫威有气节的文化群体，在艺术创作中往往会融进读书人心胸旷达、志趣高雅、见识超群的品质，会将自身的文学修养、艺术审美和生活情趣，用代表他们身份的诗、书、画等形式展现出来，所谓无诗无以言志，无书无以寄情，无画无以致雅，他们将这些文化元素集于一体，精妙地与紫砂器的造型相结合，使紫砂茶壶具文人情怀和生活雅趣，明个性、富韵味、生秀气、弃繁俗，并达到"切器、切意、切茶"和"可用、可赏、可玩"的艺术境界。

（2）高超的鉴赏能力和严谨的摹古精神

玉成窑虽是中国紫砂艺术的巅峰，但长期以来由于缺乏对其的传承与研究，有关玉成窑文人紫砂历史的文献资料数量较少，传世的实物珍品也并不多，多种隽美的造型和令人难以望其项背的诗、书、画镌刻技法实际上已是后继乏人，了解和鉴赏过玉成窑的人更是少数。创作现代文人紫砂，必先揣摩清代文人的创作思想，然后反复临摹他们的传世作品，而这样的临摹研习，往往可能是要贯穿紫砂创作者的一生。通过摹仿玉成窑的形制、铭文书画和镌刻，可以更准确更深入地了解玉成窑的高雅品质，了解文人紫砂艰辛的创作过程。摹古的根本是要对玉成窑古器有一定的理解与鉴赏能力，因此摹仿玉成窑文人古器时，需要不断反复上手才能悟得其真谛，才能彻底理解其造型的真实意义。摹古的最高境界是摹习古贤的美德和艺术气质，观察其外在的气韵和内在的气质，深入文人墨客的审美角度，感受传世作品中流露出的文化内涵，这样的摹古自然不是依样画瓢，而是包含对古器的尊重，对古贤的尊敬。由此看来，收藏、品赏和研究玉成窑遗存作品显得尤为重要。挖掘那一段已经失却的人文历史，能让后人更多更全面地了解曾被掩埋100多年的玉成窑的文化力量。

3. 语言与符号要素

（1）玉成窑产品的器型

传承玉成窑首先需要延续和摸索紫砂器的造型设计，尤其是外形细微处线条变化的处理，转换节奏的掌握，各部件的比例关系等，这些体现工匠精神和陶制文化的技法值得敬仰和学习。玉成窑汉铎壶、石瓢壶、钟式壶、椰瓢壶、柱础壶、花盆、赏瓶、水盂等经典器型的造型都是必须摹学的。要完整娴熟掌握这些器型的造型技法诚属不易，以古为师是传承玉成窑器型的唯一方式。

（2）玉成窑产品的摹"形"

摹习玉成窑古器的外形是摹古中的第一步，也是摹古的基本过程。所谓摹"形"就是探索古人制壶造型的技法，按原作一比一或缩小比例、减少容量进行摹制，具体步骤分为：首先画好紫砂壶制作图纸，定型后再制作配用工具；然后采用传统打身筒成型方式，即将泥料练打切成长方形泥条，经拍打泥片、裁身筒片、拍底口片、裁底口片、围接身筒等工艺，用手指从里抵住泥片，用木拍子先下后上，从外将圆形身筒拍成上收下敛的空心壶身，在此过程中先后镶上圆底线片和上口线片（满片）；最后粘接上壶嘴、壶把、壶盖等，经精细的明针加工，制成壶坯，待自然晾干到所需程度，再考虑书法布局和镌刻。为了使摹古作品的造型、书法、镌刻尽可能接近原作，需要一遍又一遍反复地调整和制作，在此基础上学以致用，推陈出新，并有所发展。从传世的各种壶器的造型设计创意、各部件比例的精准度、点线面三者的机巧结合、泥料的配制、窑烧的气氛等方面来看，现代摹古者是较难全部掌握的。不断反复摹仿古人的制作技法和表现形式至关重要，现代许多紫砂大师的创作灵感都是在长期摹习中积累产生的。

（3）玉成窑产品的摹"韵"

摹制古器分为摹"形"和摹"韵"两部分，而摹"韵"的难度更甚于摹"形"。摹仿玉成窑古器的文气雅韵和透射出的金石古韵，也就是所谓的"书卷气"，是摹古中的第二步，也是最值得学习吸收的部分。从传世古器上的诗、书、画、刻来看，诗文中写景、写人、写物、写事，均具有丰富的艺文内涵和闲适情趣，既切题又切意；书法的字体、字体的大小、书写的位置与壶器造型结合得相得益彰，交相生辉；绘画架构简约，意境空灵高逸；镌刻不见刀痕唯见笔墨书韵。要摹学这些传统艺术元素，使摹古作品"形""韵"相随，是要依赖摹古者自身的文化积淀和真诚的处世态度的，因此对古器的品赏探讨和领悟研究是摹古中一个十分重要的阶段，不是一蹴而就的。

4. 规范要素

（1）玉成窑文人紫砂制作技艺

玉成窑文人紫砂制作技艺简单流程分为设计壶型、制作壶体、撰写铭文、铭文书法草稿布局、在生坯上绘制书法题铭、使用玉成窑独有双刀挑砂法镌刻、等晾干后入窑烧成。在制作壶体的打身筒和篦身筒等成型流程中，要十分注重"泥门"的掌握。泥门是指壶身泥料颗粒分布的致密度或者说松紧度，泥门松紧以自然为佳，俗话说要把泥料拍"活"了。壶坯整体成型后，壶坯表面用明针压光，让坯体表面均匀光整，让砂质颗粒清晰、自然、饱满而有层次感。紫砂壶、器的表面大多有各种弧度及斜度，平面布局相对较难。创作时书体的选择、字体的大小、字体的疏密排列、镌刻的位置、整体布局等，均要与壶型自然合配协调，整体一气贯通，尤其要注意加强铭文镌刻的立体表现力。

（2）玉成窑镌刻技法

玉成窑文人紫砂镌刻与传统篆刻艺术有所不同，采用的刀具也不同。篆刻一般使用平口刀具，二面开刃，而紫砂镌刻使用的是陶刻三角斜刃尖刀，故两者所表现的艺术效果同中有异。镌刻者运用娴熟老辣的刀法，着重还原紫砂器上题写的书法和绘画原作所具备的笔意墨韵、金石意味等形神风貌，刻刀随着书画线条节奏的变化而变化，刀中有笔，笔中有刀，刀笔相融、淡笔浅刻、浓笔深刻，将每一点的细节表现包括每一根细小的书法牵丝都细致入微地表现出来，却不留刀刻的刚硬痕迹，保持原作的笔墨韵味和书画的线条变化。镌刻技法在前人常用的双刀等技法上有所变化，铭文书法基本采用双刀挑砂、双刀清底相兼等镌刻技法。双刀挑砂法是采用双刀正入切出双边，用刀尖将多余泥料自然有序剔除，形成线条两边光洁明快的挑砂自然底；双刀清底刀法是两边用正刀切边起底，两边自然光洁形成自然底，是常用于边款和偏小字体的刀法。

紫砂壶器的表面大多有各种弧度及斜度，镌刻布局相对平面更有难度。细观赧翁铭各式砂壶，创作时对书体的选择、字体的大小、字体的疏密排列、整体布局等，均与壶型自然合配，浑然一体，尤其铭文书法镌刻的细微处变化多端，立体感表现力强。

玉成窑制壶造器基本是一气呵成，镌刻者对壶器泥坯的干湿程度掌握得十分精准，壶面抑印时湿度刚好，印文清晰平整，镌刻时不会因泥坯过湿而翻边、过干而崩边，字口双边光滑不糙。

常见的玉成窑壶器镌刻者以陈山农与何心舟为主，镌刻内容有徐三庚、虚谷、周闲、黄山寿等人的原创书画，或是摹刻前贤书画、钟鼎砖瓦金石文字等不同题材，他们镌刻的刀法都表现出情趣相得、精妙传神的陶刻特点。赧翁的壶铭是由陈山农镌刻完成，山农工篆刻又擅书法，见陶刻效果可知山农对赧翁书法特点了解相当透彻，他通过刀刻将赧翁壶铭书法的遒劲典雅、沉雄古拙、安静大气的风格准确地表达出来。又如徐三庚的壶铭书法，自然苍劲，高古浑穆，作为篆刻名家，徐三庚又精于金石文字，善篆隶等书体，目前他存世"开门"的作品有8件，其中"阳羡王东石制似鱼室主题木铎壶"上铭文，可使人品味到他书法笔意的宽挺爽辣和"吴带当风、姗姗有致"的气韵。

（3）玉成窑绘刻

玉成窑绘刻中最具个性、最有创意的是任伯年所作。他自绘自刻的作品有茗壶、各色文房用品、花瓶花盆等，题材有花卉、人物、赏石等。根据不同的画面题材，他采用各种刀法表现出造型准确、清新明快、雅俗共赏的个人画风。他的镌刻刀法自然多变，双边挑砂法、双边清底法、推刀法、拉刀法等刀法相兼，每件作品的刀法各有不同，从中可以感受到他的绘刻都是通过自身爱好和即兴随性表现出来的，而且特别讲究整体布局与线条的质感，画面中笔意、刀意一目了然。如"任颐刻款高士纳凉图浑方花盆"，画面构思布局简练，形象刻画生动，主题突出，高士身着布衣长衫，席地倚靠水坛而坐，撸着衣袖悠闲摇扇纳凉，表情安详清逸，气质温文尔雅，衣纹褶皱以典型的"钉头鼠尾"为主笔勾描，笔力遒劲爽朗，远处的山峦和头顶遮阴的古树采用简笔粗线条，寥寥数刀即笔意尽出。此画运刀舒展，线条旖旎，精准地突出了人物的发髻胡须、五官神态、摇扇的手臂、光脚丫子，人物形象惟妙惟肖，生动传神，镌刻出的粗细线条豪爽挥洒，转弯顿挫充满力度，是玉成窑中任伯年绘刻的经典代表作，也是紫砂书画铭刻中乃见笔墨不见刀痕的上品。

（4）玉成窑窑烧

玉成窑窑烧继承了宜兴紫砂业的传统工艺，采用小型馒头柴窑，以本地干燥后的松木山树等为燃料，窑温一般达到 1200—1300 摄氏度左右。烧成步骤为装窑、温窑、烧窑、冷却、出窑五项。

（二）玉成窑文人紫砂核心文化基因的提取与评价

玉成窑从金石书画圈生发而发展成种类齐全的紫砂艺术生态，将其置于曼生壶的衍生体系之中，可以清晰观察紫砂与文人互动过程中的变化，认识紫砂艺术的主流与支流、创造与继承生发的脉络。相较曼生壶，玉成窑更多地取法古代金石器物的形制，将紫砂装饰（书法、绘画、镌刻）和金文、碑碣书法、汉代画像等金石学成果相结合，这是紫砂与金石学互动的结果。玉成窑借助上海发达的经济基础、高雅的审美流行风潮，面对文房器物需求广阔的文人群体，名工与名家合作，设计巧妙、制作精美的紫砂器物，丰富了紫砂的艺术表达，拓宽了人们对紫砂的认知。玉成窑文人紫砂核心文化基因主要提取为高雅的艺术审美气质、浓厚的文人雅客气息和严谨的工匠劳动精神。

1. 生命力评价

曼生壶强化了人们对文人与工匠合作的认知，以至于后世所有的类似举动都被认为是对其的模仿，对于玉成窑的认知也是在此背景下生成的。作为曼生壶派生体系的一部分，玉成窑器物制作精美，文气十足，广受赞誉，进一步推高了曼生壶的经典地位，所以从这个视角来看，玉成窑是曼生壶名声的扩大器与传声筒。即便是玉成窑在器型、装饰、功用等方面已经做了拓展与改进，也无法改变这种认知。玉成窑丰富的紫砂艺术生态正是曼生壶在历史长河中形成的"时间的形状"，它为后世认知曼生壶提供了很好的途径和参照对象。

2. 凝聚力评价

在紫砂壶艺术史上，那些最为杰出的作品依然是由个人所创造的。时大彬、陈鸣远、杨彭年、陈曼生、邵大亨、梅调鼎、顾景舟等等，他们代表着一种艺术在一个时代的巅峰地位，也塑造着一个时代的艺术精神。在这样的历史中，紫砂工匠与文人的合作与互动成为一种趋势，最终开创并成就了这一具有独特"雅集"性质的"文人壶"艺术，但不应忘记的是，在这一艺术形式背后最为核心的价值依然是艺术家个体在其命运的波涛中形成的独特而伟大的艺术精神。王东石等匠人们与梅调鼎等艺术家们在紫砂壶领域的合作无疑也是这样的"雅集"，也成就了非凡的紫砂艺术杰作，这当然得益于他们在制壶技艺上或艺术精神上所具有的天赋与才能，而不是归因于某某窑这类并不具有个人特点的物质性因素。

3. 影响力评价

在当代紫砂壶界不乏一些对玉成窑作品颇有研究的优秀壶艺家，他们以自己的方式在汲取着艺术营养，徐青先生就是其中的一位。作为紫砂世家徐门第四代传人，徐青先生沉默低调的处世风格让人印象深刻。对玉成窑的壶艺作品，他不仅有着浓厚的兴趣，而且在理论上有所涉猎，尤其在其个人的壶艺创作中有所借鉴、创新。一款名为"玉成壶"的作品，直接地表达了他对历史上玉成窑作品的赞美之情。从造型、泥色、装饰到壶的整体趣味上，都不难看出其渊源影响所在。这款趣味十足的壶也不乏实用性，其壶把造型显然受任伯年题款的"石瓢"壶的影响，但已经根据壶艺家自己的感觉和壶式的需要而进行了变化处理，握起来与壶流的偏向一侧的独特造型相配合，使饮茶行为也会生出一番别具趣味的体验来。徐青先生对玉成窑风格的喜好，有时也如春雨无痕般蕴藏在一些传统紫砂壶式制作的细节上，但正如其为人一样，不造作不张扬。这种从壶艺角度对玉成窑风格的学习和推重，显然是合理对待历史上的传统作品所需的一种态度。

4. 发展力评价

中国紫砂文化 500 年来经久未衰，得益于一代代的传承与发扬，特别是清代末年文人群体以不同形式参与紫砂创作，成就了紫砂艺术的蓬勃发展。他们以坯作纸，以刀为笔，以文入器，为紫砂注入了高雅的艺术生命，提升和丰富了紫砂的品位和文化内涵。所谓"字随壶传，壶以字贵"，玉成窑文人紫砂器融入了文人墨客的诗、书、画、印、刻诸多文化元素后，已成为可集多种传统文化于一体的一个新的艺术门类。目前玉成窑当代作品与国内最大的两家茶企——天福茗茶（全国约 1200 家专卖店）、八马茶业（全国约 2300 家专卖店）——都有合作销售及文化推广。随着玉成窑文人紫砂文化的推广与传播，玉成窑文人紫砂制作技艺越来越得到紫砂行业、茶行业、收藏行业的认可。

（三）玉成窑文人紫砂核心文化基因的转化利用

玉成窑文人紫砂艺术要薪火相传，将玉成窑非物质文化遗产发扬光大，需不断挖掘玉成窑潜在的文化力量，精研和总结玉成窑的风格与特色。一是挖掘玉成窑文人紫砂文化内涵，加强学术研究；二是如法摹仿玉成窑传世真品，创新制作当代玉成窑精品；三是加大对晚清玉成窑古器的收藏与保护力度，建立玉成窑博物馆。

1. 挖掘玉成窑文人紫砂文化内涵，加强学术研究

玉成窑自近代以来，因战乱频发，传承濒危，窑址最终被夷为平地，用于建造其他工厂，而玉成窑文人紫砂作为一种传统技艺，向来以窑厂把控技术、师徒手工相传的方式经营、流传，研究文献较其他文化元素偏少，又因欣赏门槛较高，所以市场流转度和覆盖面不高。

继承发扬玉成窑文人紫砂文化的前提是深入挖掘其文化内涵，将文化融入现代市场经济，扩大市场知名度，提高经济效益。应建立研究中心，加强其文化学术研究，收集、整理晚清玉成窑文人创作者梅调鼎、任伯年、胡公寿、徐三庚、陈山农等及制壶高手何心舟、王东石等制器的历史背景、创作特色、泥料调配、造型特色、诗文书法、铭文镌刻、成型过程等规范资料，整理出版一批相关论著，如关于玉成窑文人雅集等，传播玉成窑文人紫砂诗书画刻与造型之美。并持续开展学术研究与探讨，转化学术成果，助力经济发展。

2. 如法摹仿玉成窑传世真品，创新制作当代玉成窑精品

玉成窑文人紫砂相关文字记录极少，故晚清玉成窑古器物的价值性不言而喻。传承人要积极发挥带头作用，恢复、传承并挖掘玉成窑文人紫砂制作技艺并培养具备创新设计、制壶、撰写书法铭文、镌刻、烧窑等技艺的学徒；有关部门和相关领域企事业单位要设立玉成窑专业现代学徒制度和职业技能培养鉴定系统，支持玉成窑技艺的传承与传播；设立艺术创作基地，加大设备设施、研发创新、铭刻器材、人员培训、生产销售等的资金投入，如法摹仿玉成窑传世真品并创新制作当代玉成窑精品，再进行批量生产；通过开讲座、直播、销售、定期召开玉成窑真品艺术展和现代文创产品展览会等方式进行传播，提高全国市场和海外市场的知名度。

创作当代玉成窑摹古文创作品，须精心研究、创新设计既富含玉成窑文人

紫砂传统美学和独有韵味，又符合大众现代审美的器型和装饰。在玉成窑的镌刻绘刻上，内容题材应增添符合市场需求的新内容、新风格；在玉成窑功用领域上，应丰富玉成窑使用品类。不仅要有契合艺术品市场需要的、观赏性强的艺术珍品，也要发展其他实用的日用品，进行批量生产，扩大生产规模，形成良好经济效益。让原本高雅难得的艺术作品，逐步深入大众生活，成为人人可欣赏的生活用具。

3. 加大对晚清玉成窑古器的收藏与保护力度，建立玉成窑博物馆

玉成窑于 2010 年 10 月列入江北区"三位一体"非物质文化遗产名录项目，又分别于 2014 年 6 月 21 日、2015 年 4 月 21 日、2015 年 7 月 14 日和 2015 年 8 月 28 日在国家工商行政总局成功注册四项"玉成窑"商标。自 2014 年 5 月至今，玉成窑古器的展陈主要依托宁波茶文化博物馆，缺失独立场馆。要加大对玉成窑文人紫砂的专项经费的投入，建立独立的玉成窑博物馆，真实地展示玉成窑辉煌的历史，陈列玉成窑古器和当代优秀精品。同时丰富展陈内容，添加展陈形式，设立制作等体验项目，给观众沉浸式体验感受。通过收藏、品赏和研究玉成窑遗存作品，挖掘那一段失却的人文历史，让后人更多更全面地了解曾被掩埋 100 多年的玉成窑的文化力量。

参考文献

1. 何岳：《"玉成"雅集：清末"玉成窑"紫砂艺术考略》，《创意与设计》2014 年第 1 期。

2. 毛成：《紫砂奇葩玉成窑》，《陶瓷科学与艺术》2011 年第 45 卷第 9 期。

3. 张春燕：《浙宁玉成窑器物造型研究》，中国美术学院 2016 年硕士学位论文。

4. 竺济法：《〈越窑青瓷与玉成窑研究文集〉出版》，《农业考古》2015 年第 5 期。

5. 竺济法、施由明：《越窑青瓷与玉成窑》，《农业考古》2016 年第 2 期。

八、半浦村

半浦村位于江北区慈城古县城西南6公里处，距离宁波市区18公里，三面环水，依江傍海，是宁波代表性的渡口古村。半浦村南邻姚江，古有"灌浦古渡"之说，有灌溉之意，又因田中有鹳而称"鹳浦"，在清代最终定名为"半浦"。半浦在平原上因水而成，多姓并居，村中古建筑群按姓氏布局，造就了半浦村从古代以来官、商、农三位一体的地缘和血缘混合的民居村落特色。半浦村历史底蕴深厚，古建筑、古渡口、名人名址相对比较集中，具有较高的历史文化和艺术价值，于2005年被列为首批市级历史文化名村，为宁波市十大历史文化名村之一。

（一）半浦村核心文化基因解析

1. 物质要素

（1）半浦古渡口

半浦渡古称"鹳浦古渡"，曾占据交通要冲，是浙东运河三大历史古渡之一，向南经大西坝入西塘河，由望京门入宁波府城；向东走姚江入城，再往东经甬江入海；向北经刹子港入慈江至慈城，继续向东经中大河至镇海入海。渡口是水上通衢要道，而半浦渡口连接着古镇慈城与姚江上下游商贸，凭借四通八达的运河，其触角延伸至浙东大地。当年姚江上游的客商往往携带货物在半浦渡口上岸，或就地经营，或赶大小集市，或转运其他城镇，热闹非凡。久而久之，古渡生发滋养了"半浦"这个渡口小村。小村倚水而生，因水而兴，依

半浦古渡（江北区文化广电旅游局供图）

半浦渡

水而盛。现古渡口设有渡亭一间，保留石柱天灯一座，右侧涉水下坡有 20 余级石阶。

（2）二老阁

浙东藏书之家中，除范氏天一阁外，郑氏二老阁也享有盛誉。二老阁建成于雍正元年（1723），曾经藏书五万余册，一度成为浙东文化中心。此阁是清朝浙东学派半浦籍人郑性（1665—1743）为承其父郑梁遗志、纪念祖父郑溱和黄宗羲这两位先生而建立的，故名二老阁。

郑梁，字禹梅，初号香眉，自呼香眉山主，继号瞩庵，后号寒村，拜黄宗羲为师。康熙二十七年（1688）登进士第，选庶士吉，后任文武会试同考官，出守高州。闻父逝，悲痛成病，半身残废，便改名风，字半人。其子郑性，字义门，号南溪，一生未曾做官，师南雷黄氏之学，表彰不遗余力。康熙五十九年（1720）选为岁贡生，他不受官，而漫游四方，用脚步丈量神州大地，自署五岳游人。郑梁临终前对儿子郑性说："秦川府君，吾身所自出也，而道则兼师也，不幸而体归山陵，魂归碧落，不得朝夕于其侧，吾心怅焉。梨洲先生，吾学所自出也，而情犹吾父也，其殁也，吾昼见诸想象，夜见于梦寐，无顷刻之闲。秦川府君在日，梨洲先生至辄喜，梨洲先生之于府君亦然。吾一日不见秦川府君与梨洲先生，则漠然无所向，怅怅焉失所依归。吾死，汝其建一阁，立二先生主，梨洲居左，秦川府君居右，而吾则侍于其侧，岁时致祭惟谨。""秦川先生"是郑梁之父郑溱的别号，"梨洲先生"即为黄宗羲。郑梁感念父亲和师父，嘱儿郑性建阁纪念。阁成，郑性即为首代阁主。

二老阁原为一座二层歇山式建筑，面阔三间，阁前有明堂，阁后有清池，围墙北面建有一亭，栽竹木花卉。二老阁楼上中间一间依嘱供奉着黄宗羲、郑溱和郑梁的神位，左右两间房贮藏黄宗羲遗书三万卷，楼下书柜收藏了郑氏遗书两万卷，两者共计五万余卷。据说郑性曾亲自到余姚黄竹浦，把黄宗羲著作用船载运到半浦。后来，四方学者纷纷来到半浦访求黄宗羲的著作，使二老阁在学术界享有盛誉。全祖望曾为之撰《二老阁藏书记》，影响甚远。乾隆三十八年（1773），官方修《四库全书》，二老阁进献图书达 121 种，收目 95 种。此外，郑氏一门雕版刻书长达 155 年，历经六代，薪火相传不绝，其间曾促成了黄宗羲《明夷待访录》及《明儒学案》、《宋元学案》（黄百家、全祖望续成）的付梓，其价值不可估量。

然自清末以来，政局动荡，二老阁也不免其难，于1943年后被郑姓后人拆除变卖。现二老阁残址仅留有一碑，令人唏嘘。

（3）半浦小学

半浦小学是半浦村现存唯一的一幢民国时期的公用建筑，其旧址坐落于慈城镇半浦村西南隅，始建于1921年（一说1926年），1927年10月竣工，由半浦孙家银行巨子孙衡甫捐助资金建造，先后费银币四万元。孙衡甫，曾为四明商业储蓄银行总经理，四明商业储蓄银行、四明保险公司董事长，四明储蓄会会长，中国通商银行、信孚商业储蓄银行、浙江商业储蓄银行、上海内地自来水公司、宁绍商轮公司、山海大理石厂、宁波电灯公司等董事，信裕安记钱庄股东，华商证券交易所理事等。孙衡甫为半浦著名乡贤，衣锦还乡后捐资修建了半浦至慈城的道路和半浦小学，使穷乡僻壤之处传出了童子们的琅琅书声。

半浦小学是一幢欧式风格的二层小楼，横开十间。现存建筑坐北朝南，为中西合璧建筑风格，建筑布局呈回字形，四周檐廊相连，总占地面积2795平方米。前进正中开置大门，通排为七开间，东西两侧均为教室用房，后进为五开间，硬山屋面砖混结构。楼房前置檐廊，二楼檐廊置木质护栏，整个建筑为青砖外墙面，外墙做出倚柱，门窗为拱券式，屋内梁架采用"人"字抬梁结构。半浦小学已于2016年改造为半樸园传统文化研学营地，其紧紧围绕传承中华传统文化的内涵，是以地域文化和人文文化为活体教材，以开展国学礼仪、非遗手作、农耕体验、姚江毅行等课程为教学载体的研学基地。

（4）周家祠堂

周家祠堂是半浦村祠堂中保存最好的一个，其坐北朝南，由门楼正厅、后进、西偏房组成，青砖、灰瓦、马头墙，处处透露着古色古香的韵味。周氏族人有著名京剧大师周信芳。修缮一新后的周家祠堂被用作文化礼堂，成为一个承载着传统文明、铭刻着难忘乡愁的精神家园。该礼堂内设有文化长廊、慈湖讲堂、文化活动中心，外部为一个文化广场，是村民重要的文化阵地。在这里，村民可以参加"夕阳红"敬老献爱心公益活动、慈孝礼仪活动、蒙学礼仪活动、新人礼等传统活动。文化广场不仅是娱乐的好地方，也是了解半浦村悠久历史、村庄变迁的好地方。

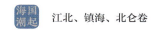

2. 精神要素

（1）兴文崇教，耕读传家

半浦虽只是一个小小临水村庄，但有着深厚的人文积淀，是世家大族聚居之地，兴文崇教，名人辈出，仕官不断。"中国茶叶出国考察第一人"郑世璜与"京剧四大家之麒麟童"周信芳均是半浦人，"民族英雄"林则徐则是半浦村女婿。半浦佑启堂郑氏的一世祖为状元副宰相郑性之（1172—1255），光绪十八年（1892）《半浦郑氏宗谱》记载：相传性之公"在致仕后迁慈或第二世迁慈"。据清光绪《慈溪县志》记载，明清二朝，有郑姓传记传主共56人，其中半浦郑氏竟达45人。有人因此把半浦戏称为官浦。郑氏世家同宁波历史名人、浙东学派的创始人及其传人黄宗羲、万斯同、全祖望都有密切交往。

（2）反哺家乡、报效桑梓

郑氏大族耕读传家的同时，也以实际行动参与村庄建设。清道光至同治年间，郑氏家族陆续捐田造渡，捐资以备义渡开支。咸丰元年（1851），郑氏打造了三艘渡船，雇工分撑，昼夜轮流以利行商往来，并重筑埠头、船夫住屋和引渡夜航的天灯。近代有著名银行家孙衡甫捐资建造半浦小学，修建半浦道路，兴建宁波灵桥及修桥、铺路等。乡贤们捐资助学、修桥铺路等善举体现了反哺家乡、报效桑梓的浓浓爱乡爱民之情。

3. 规范要素

（1）地缘和血缘混合民居

半浦村和宁波很多传统村落一样，均属于地缘、血缘混合的产物。作为一个较为典型的传统古村落，半浦在平原上因水而成，多姓并居，且村中的古建筑群也明显按姓氏布局，这造就了半浦村成为官、商、农三位一体的地缘和血缘混合民居的村落。这集中表现在半浦村血脉相传的中华传统宗族文化以及严格的由高墙、天井、檐廊和青石板地面几个部分组成的半浦民宅中。

（2）"天井院"式民居

半浦村住宅是宁波传统民居的典范，基本保留了晚清时期的街巷格局和传统风貌，民居的典型形态即是高墙窄巷。半浦村因地处江南地区，为亚热带季风气候，夏季炎热潮湿，为了通风和降温，半浦村的住宅平面形式为"天井院"式。住宅对内以天井院的形式开敞，对外以高低错落的山墙呈现封闭姿态。山墙有的呈错落的阶梯形，即马头墙；有的顺着屋面坡度呈人字形并变化为曲线轮廓，即观音兜。这些都统称为封火山墙。封火山墙不仅能防止火灾蔓延，也限定了巷道空间。村落的主干道较窄，为3—4米左右，可以容两辆人力货车通行。民居之间巷弄间距更小，一般仅可让两人并排穿行。一个个天井院民居紧挨相靠，"门当户对"，开门的形式和位置都是对应的，可以从一家直接进入另一家，方便快捷又不受风雨的困扰。

（3）青砖石板的用料方式

作为宁波传统民居，半浦村住宅的围护山墙用青砖砌筑，山墙下部用当地的红石板或青石板作墙基。住宅主体建筑为木构架，包括梁架、柱子（有少数檐柱用石料）、楼梯、楼板等，大多选用当地常见的杉木。室内中堂地面用条石、砖铺墁或三合土夯筑，并划斜方格，仿砖地面形式。天井地面用石板、卵石铺砌，并做出排水沟。卵石常排列成钱纹、海棠纹或动物形象等吉祥图案。

（二）半浦村核心文化基因的提取与评价

半浦村耕读传家，宗族文化强大，养育了许多出类拔萃的人物，人文内涵丰富。半浦村始终保持着建村时的勤恳淳朴、自强不息的民风，在发展过程中维持着相当稳定的状态。半浦村核心文化基因主要提取为血脉相传的中华传统宗族文化，兴文崇教、耕读传家的人文精神和反哺家乡、报效桑梓的爱乡爱民精神。

1. 生命力评价

半浦古村自宋以来历经800多年历史，且其文化至今未曾明显中断，文化基因形态保持稳定。半浦人始终坚守着血脉相传的中华传统精神。面对着现代的城市改造，半浦村仍然顶住压力，保住了半浦古村落的核心，将村中最核心的祠堂与古建筑保留了下来。百余年以来，凡是功成名就的半浦人都继承了半浦勤勤恳恳、自强不息的精神。

2. 凝聚力评价

半浦村血脉相传的中华传统宗族文化能够广泛凝聚起区域群体的力量，推动社会经济发展。作为一个地缘、血缘混合的传统古村落，半浦依姓而居、官商兴盛，且村民捐资参与村庄文化和公共基础设施建设，代代相传未有停息，足可见其精神凝聚力强，内核稳定。半浦村经过长期文化积淀，拥有丰厚历史底蕴，村中被公布的区级文保点就有24个。古村规划保护有助于保存历史根脉，传承古村文化基因，凝聚起强大的精神力量。

3. 影响力评价

元代，郑毓隐居此地，自号安仁居士。郑毓是宋嘉定元年（1208）状元郑自诚的裔孙，其后人也不同凡响，数百年来科第连续，郑氏蔚为半浦望族。正如郑溁诗云："望江楼倚渡亭边，在昔文英武秀贤。"黄宗羲后代将图书转交郑氏保管，全祖望在这里读黄宗羲遗作《宋元学案》，并立志补全。古村养育了许多出类拔萃的人物，书香相继，是这些人物丰富了古村的人文内涵。

4. 发展力评价

半浦村血脉相传的中华传统宗族文化与当代精神追求和价值观念部分契合，能够部分转化、弘扬和发展。家族、宗族文化是中华文化的根本。以儒家为主的中华传统文化始终将家政与国政密切联系在一起。然而在家庭与国家之间又有着一个中间环节，这就是家族、宗族。宗亲文化是中国人的信仰，发扬宗族文化，有助于发扬传统文化。如今的半浦村充分利用半浦小学原址，创建了半樸园传统文化研学营地，紧紧围绕传承中华传统文化的内涵，推动教育事业发展。

（三）半浦村核心文化基因的转化利用

创新载体，转化利用"血脉相传的中华传统宗族文化"核心文化基因效应，优化资源，提升品牌，打造具有观赏功能的文旅实景、提供生活体验的民俗风情、传播传统文化的思想教育、可玩可宿的休闲品牌以及文旅艺术产品和其他的点缀装饰等，充分利用古渡口、古民居、古村落等元素。一是加强学术研究，领会半浦传统文化；二是保护与利用村落民居，重现半浦历史辉煌；三是设计旅游项目，加强半浦传统文化体验。

1. 加强学术研究，领会半浦传统文化

近年来，诸多专家学者纷纷发表学术研究论文，主要有许广通、何依、胡海艳合作撰写的《基于乡村养老和分时度假的传统村落复兴探索——以宁波市江北区半浦村为例》，殷楠的《基于产权关系的传统村落保护研究——以宁波市慈城镇半浦村为例》，陈醉和沈国峰合作撰写的《江北慈城半浦村古老的渡船和渡畔的村庄千百年来都与一脉浓浓的书香同在——古渡旁，"书箱"沉甸甸》，周叔扬的《半浦村：古渡书香谱新篇》，任甫才的《半浦周家祠堂琐

谈》，郑德炜的《半浦逸事撷零》，等等。近年来对半浦的传统文化研究与宣传力度比较大，专著、课题、论文常有，媒体宣传不断，对促进半浦传统文化的转化，推动当地经济文化的发展起了很大作用，让更多的人了解半浦、读懂半浦。可成立半浦文化研究会，开展定期的半浦文化研究论坛，延请研究传统宗族关系、传统民居建筑、传统村落保护、村落旅游开发等领域的专家学者交流会商，提高半浦文化知名度、美誉度，为半浦的保护和开发利用奠定理论基础，提升文化研究促进经济发展的效益性。

2. 保护与利用村落民居，重现半浦历史辉煌

血脉相传的中华传统宗族文化作为半浦村的核心基因，在半浦村得到了很好的保存。半浦村素有"三庙六祠堂，一庵一阁一义庄"之说，建筑遗存建造时间主要集中在清末民国时期，少量为清初，现存历史遗迹类型丰富。半浦村是官、商、农三位一体的村落，除占多数的民居外，还有宗祠、宗教建筑3处（周家大祠堂、郑家祠堂遗址、老安仁庙），文化建筑2处（半浦小学、二老阁遗址），商业建筑1处（茶栈），交通建筑1处（古渡码头），医疗卫生建筑1处（洋房）。这些建筑组成了完整的村落形态。其中位于村东部的有周家大祠堂，中部有茶栈、郑家祠堂、半浦小学、二老阁，南部有老安仁庙、古渡码头。此外还有解元第、中书第、陆善堂、花门头、八房弄、东井头、十六房、前八房、后八房、九房、大屋、朱轩门头、梅汝湖、孙家等。

对古村落的开发要保护和利用并重，政府要明确规定古村落、古民居保护范围，并设立标志说明。要杜绝在保护区内的随意建造，对村内有价值的古民居建筑、历史遗存进行评估，建立相应的文物档案，明确专人负责，对古村落的建设活动进行管理。另外可重建补修二老阁、郑家祠堂等，做到"修旧如旧"，保留建筑的原始韵味，以此为宣发契合点，吸引学者和历史名人后裔，加大旅游开发，招商引资，赋予这些传统建筑以新的活力，大幅度提高半浦古村的经济文化效益。

3. 设计旅游项目，加强半浦传统文化体验

设计旅游项目，制定半浦旅游路线，包括半浦小学、祠堂、半浦古渡、二老碑等特色景点。打造具多样特色的古镇民宿，如传统文化民宿、时尚风格民宿、江南水乡民宿。定制半浦特色伴手礼，如古村元素钥匙扣、古村元素明信片、古村元素环保帆布袋等。

同时重塑配套设施的设计，如制作古村落旅游标识，包括游览线路图、路牌、景点标识、景点介绍牌、景点介绍触摸屏。设计半浦村标识。做好半浦村的卫生设施建设，如设计景区厕所和景区分类垃圾桶。提供实地体验项目，开展"我与半浦的故事""半浦人物介绍朗读""半浦一日游"等短视频征集活动，进行古民居、祠堂、半浦小学等特色建筑鉴赏。

参考文献

1.何倩：《宁波集市型历史文化名村空间形态特征与保护策略研究》，华中科技大学2018年硕士学位论文。

2.李润姝、罗小龙、陆建城：《历史文化名村市场介入过程中的产权困境及其超越——以宁波市半浦村为例》，《现代城市研究》2021年第12期。

3.许广通、何依、胡海艳：《基于乡村养老和分时度假的传统村落复兴探索——以宁波市江北区半浦村为例》，中国城市规划学会《规划60年：成就与挑战——2016中国城市规划年会论文集》，中国建筑工业出版社2016年版。

4.许广通、何依、殷楠等：《发生学视角下运河古村的空间解析及保护策略——以浙东运河段半浦古村为例》，《现代城市研究》2018年第7期。

5.殷楠：《基于产权关系的传统村落保护研究——以宁波市慈城镇半浦村为例》，华中科技大学2016年硕士学位论文。

九、冯定纪念馆

　　冯定，1902 年出生于宁波慈城，1921 年走出浙江省立四师（今宁波中学）的校园，来到上海。考入上海商务印书馆编译所后，冯定开始接触马克思主义。此后，冯定把一生都奉献给了中国革命和文化教育工作。1926 年，冯定加入中国共产党，1927 年受组织指派前往武汉开展革命斗争，1927 年赴莫斯科中山大学学习，1930 年毕业回国后，在上海多本刊物上用"贝叶"的笔名发表了大量论述青年养成思想修养的文章。在当时，"青年自学丛书"收录了冯定的作品《青年应当怎样修养》，此书一版再版，在上海十分畅销。

　　在新中国成立前的战争岁月中，冯定主要从事的是文宣和教育工作。他在《抗敌》杂志、《抗敌报》上发表了许多论述党的政策和马列主义的理论文章。新中国成立前夕，冯定以精辟的哲学思考和平实的语言，写成了《平凡的真理》一书。作为一部哲学读本，它兼具通俗性与理论深度，深受青年读者欢迎。

　　新中国成立后，深耕于哲学社科战线的冯定同志注重实践，哲学的实际应用与中国革命的逻辑是其研究重点。《中国共产党怎样领导中国革命》《工人阶级的历史任务》两书，是其对中国革命经验的总结。他的后期著作还有《共产主义人生观》《人生漫谈》等。可以说冯定既是一位笔耕不辍、著作等身的理论家，又是将所思所想付诸实践的革命家。

　　冯定纪念馆位于第六批全国重点文物保护单位布政房建筑群内，这片占地约 500 平方米的古建筑曾是冯定的祖屋。纪念馆收集有冯定同志生前使用

冯定纪念馆（江北区文化广电旅游局供图）

冯定纪念馆（江北区文化广电旅游局供图）

的物品、手稿、珍贵照片、珍贵历史资料、多种版本的作品，以及中央电视台《冯定·1957》视频资料，从不同维度展示了冯定同志"进击的人生"。

（一）冯定纪念馆核心文化基因解析

1. 物质要素

冯定纪念馆项目的策划工作于 2019 年底启动，2020 年初完成了地址选择、方案设计等前期准备工作，3 月 17 日开工建设，4 月 27 日完成。占地约500 平方米的纪念馆内，"慈城人""革命家""教育家""理论家"四个展区和一个影音室讲述了冯定的"进击的人生"。牌匾"冯定纪念馆"为北京大学原常务副校长郝斌所题。纪念馆还收集了冯定生前使用的物品、手稿、珍贵照片 30 余件，老一辈领导人陈毅、陈云、陆定一的珍贵历史资料，多种版本的《平凡的真理》《人生漫谈》等著作共 50 余册，以及中央电视台摄制的《冯定·1957》等视频资料。

冯定纪念馆位于布政房建筑群西进。布政房是冯定生长的地方。慈城布政房是明代湖广布政使冯叔吉的宅第，为明晚期至清中期建筑，建筑面积 2800平方米。2006 年 5 月，布政房作为慈城古建筑群的一部分，被国务院公布为第六批全国重点文物保护单位。冯叔吉是冯定的十一世祖，冯定小时候就居住在此。冯定的童年、少年时代就在布政房前宅穿堂旁的一间房子中度过。纪念馆内包括冯定故居，真实展现了冯定同志曾经生活的环境。之所以把冯定纪念馆建于此地，很大程度上也考虑到了中华民族"叶落归根"的传统思想。这种渗透在骨子里的安土重迁的归乡情结，是后人对冯定的纪念，更是慈城人民对冯定成就深感自豪和充分肯定的表现。

2. 精神要素

（1）"人生就是进击"的坚定信念

冯定在《平凡的真理》前言中这样写道："我出生在二十世纪的初期，经历了中国政治制度最反动、最黑暗的年代；中国共产党在俄国十月社会主义革命一声炮响之后不久诞生了，它象指路明灯一样照亮了中国人民前进的方向，也照亮了我的出路。"冯定的二儿子冯宋彻这样总结冯定的一生："父亲的一生，主要的时间和精力都是从事马克思主义的理论宣传工作和教育工作。他毕生的生活目的，都是为了执着地追求真理。逆境总是有的，人生就是进击，是父亲经常喜欢说的一句话。"尽管环境艰难，但是凭着"人生就是进击"的信念，冯定一直在勇挑逆境。

在冯定的一生中，他受到了很多良师益友的帮助。其中，最重要的就是其族兄弟冯君木的影响。在中学担任教师的冯君木，在五四运动爆发时，立刻奋力投入这一伟大的反帝爱国运动，积极联络各校，成立了"宁波学生联合会"，并发动商署成立"宁波商学联合会"。他还带领学生上街抵制日货、游行、演讲，日夜不辍。不难看出，冯君木是中国早期思想觉醒较早的知识分子。他的先进思想对冯定影响深远。并且，当时求学条件艰苦，冯定受冯君木资助才得以继续上学，使布政公的嫡系后代得以继续传承。每当他有什么困难，冯君木都会尽心相助。他受冯君木的影响，还结识了几位良师益友，其中有著名书法家沙孟海、著名书法家钱罕、历史教师洪佛矢等。在这样的环境下，冯定接受了很多进步思想，并在学习中不断深入。

（2）"不求谋政于朝"的高尚情操

冯定在大革命时期就已经加入了中国共产党。在战争年代，冯定同志在党的文教宣传战线上担任了多种领导职务。新中国成立后，被定为六级干部、担任华东局宣传部副部长的冯定，被调到北京大学担任哲学教授。

冯定去北京大学是毛泽东同志点名的。当时，唯物主义和唯心主义在北京大学互相争鸣，如此一来青年学生方能明白何谓唯物主义、何谓唯心主义，何为真理、何为谬误。越辩越明之际，青年学生才能从内心深处感受马克思主义哲学的魅力，从而接受它、运用它。

冯定同志对此欣然接受，践行了他"不求谋政于朝，但愿论道于世"的高尚情操。

（3）"坚持站在真理一边"的崇高思想

"真理"两个字是和冯定一生画等号的，冯定同志的人生始终贯穿着坚持马克思主义真理信念，始终站在马克思主义真理一边。

中华人民共和国成立初期，国民经济亟待恢复。根据实际情况，中国共产党采取支持国家资本主义发展、支持民族资产阶级发展经济、为新中国建设做贡献的政策。但是，一些不法资本家在贪欲支配下，对于合法合理利润不满足，社会上频频出现向领导干部行贿、偷税漏税、偷工减料、盗窃国家资产、盗窃国家情报的违法行为。真可谓"五毒俱全"。"五毒行为"不仅破坏了新中国刚恢复的经济秩序，而且威胁新中国的国家安全。如此恶劣行径，引起了人民的公愤。于是在 1952 年，党中央发起了"五反"运动。这一运动本来是针对不法资本家而开展的，但是在发展过程中产生了否定民族资产阶级存在两面性的"左"的倾向。偏激和脱离实际的错误认识忽视了民族资产阶级对国民经济恢复的积极方面，对党团结、教育和改造民族资产阶级产生了负面影响，伤害了大多数兢兢业业配合政府工作的民族资本的利益。值此关键之际，冯定坚持真理，实事求是，在《解放日报》发表了《关于掌握中国资产阶级的性格并和中国资产阶级的错误思想进行斗争的问题》一文，详细介绍了民族资产阶级在中国革命发展各个阶段的历史，准确分析了民族资产阶级的经济地位与政治态度。在文中，冯定提出要采取正确的方针政策，团结教育民族资产阶级，他们仍然会拥护共同纲领、拥护共产党和工人阶级的领导，秉公守法，为新中国的建设做出积极的贡献的观点。毛泽东同志看了此文，非常赞赏，并亲自做了修改，批发全党高级干部学习，纠正了"五反"运动中"左"的错误。

冯定同志不随波逐流、人云亦云，坚持站在真理一边，坚持实事求是地看问题，坚持从共和国建设的角度出发，发现矛盾、分析矛盾、解决矛盾。

（4）"不愿做检讨的英雄"的不屈节操

冯定同志的一生中，曾被国民党反动派抓到监狱，他在监狱中宁死不屈，体现了共产党人的风骨。

新中国成立后，冯定同志也曾遭遇过两次风波。1964 年夏天，当时中共中央高级党校校长杨献珍同志因提出了"合二而一"的哲学观点，而受到诬陷。康生指定冯定撰写文章批判杨献珍，冯定同志断然拒绝，从而得罪了风头正盛的康生。当有人劝说他做个检讨，冯定同志毅然说："我不愿做检讨的英雄。"

"文革"期间，遭受错误批判的冯定同志从未抛弃对真理与马克思主义的信仰，并且在风雨中愈加坚定。党的十一届三中全会后，冯定同志重新走上讲台，担任北大哲学系主任。在"实践是检验真理的唯一标准"大讨论中，冯定同志以 76 岁高龄积极参加，为拨乱反正，恢复"实事求是"的思想路线做出了重要贡献。"我不愿做检讨的英雄"，这一句掷地有声的话语体现着对真理的执着，体现着共产党人坚持真理的严肃态度和宁折不弯的崇高风范。

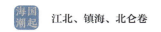

3. 语言与符号要素

（1）《平凡的真理》：马克思主义哲学的通俗化与大众化

冯定一生笔耕不辍，留下来许多优秀的作品，其中《平凡的真理》是他的代表作。《平凡的真理》一书体现了冯定对马克思主义哲学体系传播与表述方式的思考，并且没有受到苏联模式教科书体系框架的束缚。该书从第一篇到第四篇，都是以"真理"为主题展开阐述，冯定对真理观的努力探讨有重要的意义。

《平凡的真理》一书在我国知识界和理论界产生了广泛而有力的影响，它有力地推动了马克思主义哲学在中国的普及和发展。这本书被誉为"一本宣传马克思主义哲学的好书"。在当时那个社会，冯定能够坚定地选择一条正确的路、坚持一个正确的思想是非常难能可贵的。它对马克思主义中国化、通俗化、大众化做出了很突出的贡献。可以说在 20 世纪 50 年代、60 年代，对青年、干部、学生、群众都起到了很好的启发作用，培养了一代甚至几代的青年马克思主义者。

（2）《青年应当怎样修养》：重视青年的道德修养

接受师范教育期间，冯定接受了进步思想，并作为宁波学生联合会的师范代表，主编过学生联合会的报纸。1919 年五四运动爆发后，冯定在医院进行募捐，推动附近的小学教员们发起游行，做街头演讲，并组织剧团在城乡演出。冯定认为青年时期是一个人世界观定型的关键时期，彷徨、苦闷中的青年需要通过哲学解除思想上的困惑。青年时期的思想修养对冯定的人生方向有着重要指导作用，他曾写下《青年应当怎样修养》一书，认为培养大批拥有坚定理想信念的马克思主义者是推进马克思主义哲学在中国传播的一个关键。

4. 规范要素

冯定坚持"实践是检验真理的唯一标准"。理论联系实际是其平生学行的主线，也是冯定纪念馆核心文化基因的规范要素。1978 年 8 月，冯定重新回到北大后，做了《实践是检验真理的唯一标准》的学术报告，"点起了解放思想的火炬"。《冯定文集》第一卷中也提出过思想必须包括实践，真实的思想是包括一切行动的过程的，思想的正确与否只有在行动中才能逐渐获得证明。冯定是一名坚定的马克思主义者，主张理论联系实际。

冯定在《哲学工作者的历史使命》一文中提出，我们也要以实事求是的精神和科学的态度加强对其他社会主义国家的研究，而不是照搬照抄，只有将理论与实际结合，在马克思主义理论基础上，结合中国实际国情，通过实践的检验后，才能够得出最适合中国的方案，那样的马克思主义中国化才是有意义的。

（二）冯定纪念馆核心文化基因的提取与评价

冯定作为中国革命史上具有理论家与革命家双重身份的哲学大家，是宁波人的杰出代表。冯定具有极其丰富的人生经历，一生中有编辑、军队宣传干部、高校领导、学者等多个身份。但是这诸多的身份都围绕着一个共同的主题，那就是马克思主义。基于对冯定的人生轨迹、生前事迹等有关资料全面而深入的分析，可以看到冯定身上凝聚着"人生就是进击"的坚定信念、"不求谋政于朝"的高尚情操、"坚持站在真理一边"的崇高思想和"不愿做检讨的英雄"的不屈节操。因此，冯定纪念馆是宁波一张红色的新名片，是爱国主义教育的新阵地。

1. 生命力评价

冯定纪念馆虽然落成不久，但其依托慈城古镇深厚的文化地理条件及布政房的建筑空间，逐渐发展成浙东红色教育的新阵地。2021年"党史学习教育"活动开展以来，活跃在抗日战争、解放战争及建设时期的冯定，自然而然成为侧面观照中国共产党历史的一面镜子。不少党支部慕名而来，开展活动。冯定纪念馆静静地从冯定个人的人生经历出发，诉说着马克思主义救中国的故事。

2. 凝聚力评价

冯定作为一名宁波籍的马克思主义哲学研究者，是宁波城市的一张红色名片。建设冯定纪念馆，能够让宁波人民深切感受到中国红色革命中的宁波因素，听见在马克思主义传播中的宁波声音，从而增进宁波人的家乡自豪与热爱之情。

在战火纷飞的革命岁月与朝气蓬勃的发展潮头的相互映照下，强大的凝聚力得以体现，重温昨日之中国是为了激励今日之中国愈发昌盛富强，展现今日之中国昂然屹立是为了慰藉昨日之中国的抛头颅洒热血的先烈们。冯定纪念馆因此在红色文化教育中也愈发具有活力和凝聚力。

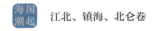

3. 影响力评价

冯定是中国著名的马克思主义哲学家和教育家。冯定纪念馆位于慈城古镇布政房建筑群内，馆内珍藏了冯定同志的手稿、著作、珍贵照片和生前使用的物品等，从多个维度展示了冯定同志为党的革命事业和理论教育不懈奋斗的一生。

纪念馆珍藏有大量冯定生前物品、手稿、照片等一手资料，结合讲述冯定同志对马克思主义中国化、大众化和时代化的贡献，能够令人对冯定的事迹有一定的了解。党史学习教育的深入开展，进一步凸显了冯定在马克思主义哲学传播中起到的不可或缺的作用。

4. 发展力评价

江北区委相关领导指出："区委、区政府历来重视干部培养，既要让干部在工作和实践中进步，也要让干部坚定文化自信，树立理想信念，不断接受民族文化、哲学思维的滋养，实现快速成长、全面发展。"在党的干部培养过程中，马克思主义理论的学习至关重要。此外，纪念馆对让党的创新理论"飞入寻常百姓家"也起着关键作用，可以让不同群体在冯定的生平中汲取不同的力量。打造冯定纪念馆的目的，是让广大年轻干部感受马克思主义哲学的魅力，学习冯定，做马克思主义坚定的信仰者，树立正确的人生观、价值观，走好自己的人生路。在党和政府的大力支持下，冯定纪念馆将来一定会借势发展，成为宁波红色新名片。

（三）冯定纪念馆核心文化基因的转化利用

1. 以党史明真理，打造红色名片

从四明山中的浙东革命根据地到镇海口海防历史纪念馆再到北仑张人亚纪念馆，宁波的爱国主义教育资源不可谓不丰富。但是从党史的角度来看，冯定纪念馆的建立弥补了纵贯抗日战争时期、解放战争时期、建设时期和改革开放时期的综合性总体教育阵地的缺失。

恰逢党中央号召广大党员同志，巩固深化"不忘初心、牢记使命"主题教育成果，并且指出在一百年的持续奋斗中，党领导人民创造了伟大历史，铸就了伟大精神，形成了宝贵经验，使中华民族迎来了从站起来、富起来到强起来的伟大飞跃，创造了中华民族发展史、人类社会进步史上的伟大奇迹。中国

共产党作为世界上长期执政的最大政党，最有资格也最有底气向世人讲清楚党的过去、现在、未来，引导干部群众把党的历史学习好、总结好、传承好、发扬好。

学史明理，"理"就是伟大而又平凡的马克思主义真理；学史增信，就是增强共产主义的信仰；学史崇德，就是要学习共产党人的高尚品质；学史力行，就是践行马克思主义真理。冯定一生是一个不知疲倦论道于世而不计名利于朝的杰出的马克思主义理论家。谈到冯定"不求谋政于朝，但愿论道于世"的立言，不禁使人想起中国古代著名的哲学家张载的"横渠四句"，即"为天地立心，为生民立命，为往圣继绝学，为万世开太平"。

为万世开太平，为实现共产主义理想而奋斗，这是冯定一生的追求，也体现了他作为马克思主义者不计较个人得失的高尚品德。而冯定作为一个党史中具有代表性的人物，对其思想的传播能够在党史学习教育的大潮中，回答好"马克思主义为什么能救中国"和"共产党为什么能救中国"这两个核心问题，打造宁波的红色阵地。

2. 增添宁波元素，拓展访客来源

慈城现有的文化旅游资源与冯定纪念馆的风格融合得不够完善。对于冯定纪念馆的宣传力度不够大，冯定纪念馆在宁波的知名度不够高，仅限于党团日活动组织游览参观。应该大力宣传慈城布政房景区，整合慈城这一响亮的文化名片，新增专门的冯定童年时期的宁波记忆、老物什和传记等相关物品，与慈城文化资源联动，提升参访者的体验感与共鸣感。

同时，也应开设"宁波北部红色文化交流旅游专线"，将江北、镇海、余姚和慈溪等地已经发展多年、有一定影响力的红色教育基地融入其中，以期尽快提高冯定纪念馆的知名度。这不仅方便外地游客了解宁波红色的革命文化，同时也可以作为带动宁波市民了解家乡红色文化的推手。党员教育示范基地连点成线、变盆景为风景，实现全域"一片红"，目前已经建成的环云湖区域新时代党建引领乡村振兴综合体，已成为江北区乃至全市展示党员教育管理成果的一个亮点。

江北区乃至宁波市也可以不断扩容党员教育红色矩阵，扩大影响力，通过摄制专题视频、挖掘相关案例、用好示范基地，开展好党员教育和管理工作，在学习强国、宁波晚报及其他融媒体平台上积极宣传冯定的人生轨迹、哲学思

想和红色故事，结合中小学生社会实践活动、团日活动等渠道，进一步拓宽访客来源，扩大受众群体。冯定纪念馆将被打造为立足宁波、辐射浙江、面向全国的党员培训基地、干部党性教育基地、马克思主义哲学基地以及青少年红色教育基地，展现宁波的红色特征，发出宁波的红色声音。

3. 融合马哲教育，提升青年修养

冯定最为世人熟知的身份是哲学学者。他对马克思主义在中国广大群众中的传播做了大量的工作。他以朴实平凡的话语，在报纸和杂志中讲述马克思主义的本质以及青年的修养问题，时至今日这也并非过时的问题。以实践为基础的认识论贯穿冯定的哲学思想，他把辩证唯物主义自然观、辩证唯物主义历史观视为一体。"实践"观念的形成在青年的"三观"塑造上，有着不可或缺的作用。

青年是一个国家和民族的希望，1937年，冯定出版了《青年应当如何修养》一书，书中运用马克思主义哲学的观点阐释了人的道德情操修养。不同于传统上强调内心的修养，冯定修养观的主要特色是结合了实践，对青年的世界观、人生观、价值观、道德观产生了重要的影响。其中，冯定认为提高青年道德修养的关键在于密切联系生活实际。

道德修养决定着一个人的行为举止，而青年又代表着国家的未来，所以注重培养青年的道德修养是非常重要的。冯定能够透过现象看本质，发现最根本的问题所在，鼓励青年不断学习，加强自身的道德修养。他一方面主张将哲学原理转化为认识世界和改造世界的方法，另一方面强调将哲学原理转化为人生修养，转化为人的品德。

当下，"躺平"成为社会上的热点话题。部分青年采取主动降低自身欲望从而缓解生存压力、获得"内卷式"奋斗之外的别样形式"幸福"的生活哲学。对于"躺平"这个新时代的问题，正可以通过冯定在革命年代所提出的"逆境总是有的，人生就是进击"观点来看待。哲学作为形而上的学问，能够令人以更加广阔的视角来思考问题，这也是冯定的精神能够超越时代禁锢的原因。当今时代应进一步挖掘冯定人生轨迹和哲学作品中具有共性的观念，从前人的视角，审视当下的问题。

打出党史学习教育名片的同时，更要加大宣传力度，将学习冯定融入地方课程、思政课堂或者各类阅读活动中。阅读冯定相关著作，联系新时代中国特

色社会主义的新发展，体悟阐发思考，将对青年塑造正确的世界观、人生观、价值观起到重要的作用。

参考文献

1.冯宋彻、冯宁宁：《冯定——讲真话是传播马克思主义的基本原则》，马克思主义传播与大众化研究中心《马克思主义传播研究（第二辑）》，中国传媒大学出版社 2016 年版。

2.闵维方：《既为经师 更为人师——学习冯定同志高尚的精神品格》，《求是》2002 年第 24 期。

3.彭佳学：《守好红色根脉 扛起历史使命 书写中华民族伟大复兴的宁波篇章》，《宁波通讯》2021 年第 15 期。

4.王伟光：《马克思主义哲学是伟大而平凡的真理——在宁波江北慈城冯定故居"探寻真理之行 展现真理力量"活动上的讲话》，《马克思主义哲学》2021 年第 2 期。

5.习近平：《在党史学习教育动员大会上的讲话》，人民出版社 2021 年版。

宁波文创港

十、宁波文创港

　　宁波文创港位于甬江北岸，这里曾是宁波近代工业的发祥地，是宁波港航运和工业经济的中心，比较完整地保存了宁波市最早的港区（码头）遗存和20世纪50年代以来大量的工业遗存，拥有鲜明的港口工业经济特征和港口文化独特记忆。这里见证了宁波港从内河港到河口港再到海港的三级跳。如今，宁波文创港是甬江科创大走廊的重要组成部分，成为宁波城市建设的新地标、创新研发的新平台、都市经济的新引擎、百姓生活的新社区。"打造世界级滨水岸线，让世界听见文创港潮声"的壮美蓝图正在甬江北岸一步步变成实景。

（一）宁波文创港核心文化基因解析

　　文创港，甬江浪。烙刻着时代印迹的火车北站、宁波海洋渔业公司、白沙粮库、宁波粮油食品加工公司等都在这里汇聚，承载着宁波开埠的岁月峥嵘。然时代流转，这一繁盛止步于20世纪末。倾颓废弃的破厂房、荒草丛生的老铁路、锈迹斑驳的旧机器……甬江北岸渐渐褪去了昔日的荣光，散落于一片被遗忘的"铁锈地带"。随着长三角一体化发展上升为国家战略，浙江省拉开了大湾区建设的序幕，宁波"六争攻坚、三年攀高"深入推进，甬江北岸也再次走入人们的视野，开始了从工业老区向宁波文创港的华丽转身。为了"让甬江北岸重现昔日繁华，让宁波百姓乐享亲水生活"，一场"六争攻坚"的加速跑在甬江北岸开启。通过打造"资本聚集地、智力创新地、精神传承地"，这条曾经的城市"工业锈带"，既保留了工业遗存、留住了城市记忆，又布局好产业，正打造世界级滨江水岸。如今，宁波文创港"一年出形象、两年见成效"目标已全面完成，"三年成规模"高位起步。乘着宁波加快建设现代化滨海大都市的东风，宁波文创港正破浪前行。

1. 物质要素

（1）推动科创的甬江科创大走廊

甬江科创大走廊位于宁波市中心城区东部，包括甬江两岸地带、东钱湖及其周边地域，涵盖宁波北高教园区、中官路双创大街、宁波国家高新区、东钱湖区域等主要功能板块，是浙江大湾区规划三大走廊之一，是湾区经济的核心载体。建设甬江科创大走廊，是推动宁波融入全球创新网络、提升在全球城市体系中发展能级的重大举措，对提升宁波应用研究和科技成果转化能力、培育"246"高端产业生态圈、打造促进动能升级的核心引擎具有重大意义。在甬江科创大走廊区域内，科创基础设施、前沿引领性科创产业、科创策源能力、产业技术服务功能、人才队伍等，都将达到最优配置。这无疑为作为甬江科创大走廊重要组成部分的文创港的科创发展提供了强有力的保障。

（2）引领发展的宁波文创港核心区

宁波文创港核心区，是宁波文创港的核心价值、产业集聚的示范先导区，北至江北区大庆北路，南至甬江，西至人民路，东至江北大河，总规划面积约1平方公里，由省海港集团和江北区共同开发建设，项目总投资约38.8亿元。整个核心区共分为三个组团。第一组团叫"筑巢引凤"，由政府和海港集团合作，成立合资公司来开发建设，打造宁波文创港的样板，展现宁波文创港今后的模样。第二组团规划运河以东区块，这个区块是文创港核心区最重要的一个组成部分，是今后宁波文创港的中央活力区，也是将来整个片区中对于城市价值提升最核心、最有力的一个支撑。第三组团，就是在宁波文创港的"引爆客厅"，这里就好比是一个楼盘的售楼处。在宁波文创港核心区开发的前期，它主要有引领和展示这两大功能，集聚一些科创类和文创类的企业，起到先导作用和示范引领的作用。

（3）为发展奠定基础的工业遗存

①火车北站

火车北站曾经是浙东沿海最重要的货运集散地，有着举足轻重的历史地位。20世纪80年代，处于鼎盛时期的北站货场，在宁波大市的水路转运、公铁联运方面发挥着无可替代的重要作用。它在当时已经成为宁波现代工业文明的发源地，是宁波经济发展的发动机，也是数十家大企业物资来往的生命线。宁波的经济，曾经深度依赖炼钢厂、发电厂等重工业。因此，每天运到宁波的煤和焦炭、黄沙等生产物资，数以万吨计。那时，汽车公路运输远不像现在这样发达，所以这些重要物资全部要靠火车运进运出，而全宁波的火车货运核心，就在北站。更重要的是，北站当时连接着宁波地区各地物流交通。除了国内的货物，还有数不胜数的国外进出口物资，都通过北站进行运输。这使北站的江北货物运输枢纽地位在很长一段时间里都无可取代。社会发展，时代变迁，交通运输网开始不断完善和改革，更为先进的运输系统出现，也注定了铁路货运时代的没落。虽然最好的时代已然过去，但老北站的责任和使命，还在继续着，随着文创港的到来，老北站也随之蜕变，换了一种形式，继续它的责任和使命。

②宁波海洋渔业公司

宁波海洋渔业公司（简称宁渔），成立于1956年，成长于20世纪60年代。当时宁渔的技术，在全国都是走在前列的。1969年，宁渔技术员利用双曲线定位仪数据，绘制出了全国第一张"双曲线定位仪海图"，大大缩小了定位鱼群的误差。而后这张图推广到了全国。技术上的日益创新，让宁渔有了飞跃式的发展。80年代初，宁渔开始规划布局外海和远洋捕捞。1987年首航伊朗参加合作捕鱼。之后几年又先后派出了6艘次渔轮，分赴伊朗、澳大利亚、索马里等国进行合作捕鱼。进入90年代后，远洋渔业真正得以发展。1995年前后，宁渔购置了"宁渔802""宁渔803"两艘船，远赴阿根廷外海钓鱿鱼。后分别建造"天祥"号和"天顺"号。两艘船在短短6个月的时间内，就获得了800多万元的利润。2002年，随着公司改制，以及渔业产量的减少，宁波海洋渔业公司逐渐退出了历史舞台。

③白沙粮库

白沙粮库成立于1954年，至今已有60多年的历史，是全国闻名的粮食枢纽。由于其面朝甬江，背靠铁路，区域内还有河道穿过，交通极为便捷，可以依靠铁路接收来自东北、江苏、安徽等地的粮食，再通过甬江、姚江等水路转运出去。凭借着当时独有的区位优势，白沙粮库被誉为甬台温舟的"粮袋子"。从建成到20世纪90年代中后期，是白沙粮库的"黄金年代"。其闻名全国的一张名片就是"白沙粮库13道口"。曾经，每月有源源不断的大米、小麦、玉米、饲料粉等各种粮食，通过白沙粮库13道口运输。高峰时每月有200—300车皮，每车皮粮食多达60吨，一年有1万到2万吨粮食。但随着甬江口船运业务减少，火车北站拆迁，白沙粮库仓库老旧、设备老化、仓储能力不足等问题日渐显现，最大的中转业务逐渐弱化。随着文创港开发建设的推进，白沙粮库也迎来了华丽转身。不论历经多少风雨变迁，"粮人"和白沙粮库仍会一直默默地站在那里，就像国家划定的18亿亩耕地红线一样，守住中国人的饭碗，守住每个老百姓的命脉。所有"粮人"心中都有一根弦："中国人的饭碗要牢牢掌握在自己手里。"

（4）为发展打造更优人才生态圈的人才之家

宁波人才之家坐落于甬江科创大走廊的桥头堡——"宁波文创港"客厅核心区，建筑面积约1800平方米，分为上下两层；采用"政府引导、企业参与、市场运营、专业高效"模式，为人才企业提供专业化、定制化、精准化服务。在这里，无论是基础性人才还是高端人才，都能获得精准、高效的服务。宁波人才之家能提供项目孵化、创业辅导、路演展示、融资对接、科技转化、人力资源、人才管家等10大类126项全要素、全周期、闭环式服务，推进人才链、创新链、产业链、政策链、资金链深度融合。

此外，市场化参与和培育是宁波人才之家的一大亮点。在社会资源整合方面，统筹对接名校名所、海外智囊等多方优势资源，打造"进家"平台多元参与的服务格局，推动人才回归、资金回流、智力回哺。在市场机构导入方面，已先后与全国创业服务领域首家A股上市的"创业黑马学院"、科技部及国家知识产权总局国家级平台运营主体"中部知光"、工信部中小企业领军平台唯一合作的人力资源机构"然诺科技"等几十家服务机构建立合作关系，为人才企业提供标准化、体系化的专业服务。

宁波人才之家把和人才相关的点式服务变成链式服务，把零散的服务变成常态的服务，把小众的服务变成普惠的服务，不仅仅是人才服务配套的"物理集合"，更是通过创新要素的化学反应，为宁波的发展培植更优的人才生态圈，打造宁波人才创业创新的"服务之家、云上之家、集成之家、匠心之家、圆梦之家"。

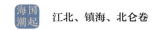

2. 精神要素

（1）敢闯敢试、敢为人先的改革基因

2019年新春过后，一场没有硝烟的全员战役在甬江北岸打响。江北举全区之力，抢抓宁波文创港开发的历史性机遇。第一时间成立文创港开发建设指挥部，为文创港建设出谋划策，勾画蓝图。领导议政策，部门盯规划、筹资金，拆迁"啃骨头"，建设抢进度，招商争"凤凰"……广大党员干部，以梦想启程，与时间赛跑，创造了令人羡慕的"文创港速度"和"文创港模式"。2个月完成了规划文本初稿，3个月完成了江北征拆史上最大体量的港埠三区地块征迁和挂牌出让，56天建成了首个项目——原火车北站站长楼，57天提前完成文创港核心区块旧城区改建项目100%签约，不到半年建成文创港客厅……宁波文创港克服了诸多难题，切实将劣势转化为优势，将宁波市的港埠文化、工业文化通过场所景观营造等方式进行传承和再发扬。这一切都离不开江北党员干部们面对困难和挑战、坚定接续奋斗的改革定力，弘扬敢闯敢试、敢为人先的改革基因。

（2）攻坚克难、创新突破的"无极限"精神

文创港的建设，是一个破旧立新的浩大工程，碰到的矛盾和问题之多之复杂可想而知。但文创港各项工作推进速度快、效率高、成效显著，关键还是来源于攻坚克难、创新突破的"无极限"精神。紧盯着目标，倒排节点，攻克了一个又一个的堡垒，探索了很多创新突破的做法。拆迁进度突破、审批模式突破、建设模式突破、决策突破：从拆迁到环评，从控规调整到土地出让，从勘察设计到工程招标，所有环节一个都不能省，但可以"提前做"，可以"齐步走"，可以"空缺预审"，可以"并联推进"，可以"联合作业"；为了加快项目建设，可以模拟审批，可以EPC审批，可以前置条件审批，可以带方案出让，可以带产业出让……敢于解放思想、敢于打破常规、勇于克难攻坚，把不可能变为可能。

3. 语言和符号要素

（1）工业文化符号

北岸基地按生产单位集群特征，形成三大段，西段为铁路货站区，中段为码头堆场区，东段为冷冻仓库区，分别代表宁波市的铁路物流业、码头运输业和海洋渔业。依据片区遗产空间各自特点，采取最小干预原则，形成三个区

域。根据场地情况，由于中段的堆场基本没有保留价值，以拆除重建为主，规划重点选择一东一西两个单元作为特色街区进行重构。西段主题为"1957·时光站场"：通过将20世纪50年代铁路站场中极具行业特色的仓库与站台转换为现代商业服务设施，形成新旧结合的时空穿越感，建立起怀旧的历史氛围，兼具商业和旅游价值。东段主题为"1954·冻藏岁月"：在冷库片区遴选5座最具行业特色的冷冻仓库，结合城市功能对主体建筑进行适度改造，并完整保留"铁路卸货平台—冷库—运冰道—渔船码头"这一生产过程的硬件，将宁波市50年的渔业形态进行"冷冻"，并通过艺术化加工"解冻"，成为一组特色商务空间。

（2）生产文化符号

城市发展和用地变更使基地中的工业设施失去了功能，当烟囱不再冒烟、吊机不再卸货时，这些生产要素成了一个个象征性符号。按照单体要素的景观价值，保留部分工业建筑和设施作为历史纪念物，以节点空间的形式延续历史，是工业用地更新过程中普遍采用的方法。在这一模式中，构成整体性的方式是连续性，即将历史要素在城市空间中有规律地布局，不断出现的历史信息，在知觉层面上将遗产空间重构为相互关联的一个整体。相对线性空间和片区空间，节点空间是一个零散化的形式，但只要历史纪念物的形态标识性强，空间限定度高，仍然能够成为城市景观的核心。在甬江港北岸工业基地中，这类特色建筑包括东段的大型冷库、卸货台，西段的异形仓库，滨水的码头吊机等。因此，重构方案保留若干工业建筑和设施，通过象征性手法和场所环境的景观化改造，使之转化为历史纪念物，并成为未来城市空间的节点。

4. 规范要素

（1）宁波甬江科创大走廊发展规划

宁波文创港是甬江科创大走廊的核心部分且处于走廊的核心地带，同时也是大走廊的先行启动区域。为此，2021年，宁波市政府、省发展和改革委、省科技厅联合发布的《宁波甬江科创大走廊发展规划》（以下简称《发展规划》），既为宁波甬江科创大走廊建设明确了"路线图"，同时也是当前及未来一段时间内指导宁波文创港发展建设的纲领性文件。

《发展规划》的规划期至2025年，远期展望至2035年，明确了大走廊未来发展的空间格局、目标定位、发展路径、发展指标。甬江科创大走廊的总体定位是"长三角地区具有全球影响力的引领性科创策源地"。在这一总体定位之下，未来甬江科创大走廊将全力打造"一区三高地"，即：长三角创新创业生态最优区，全球新材料科创高地、全国工业互联网科创高地、全国关键核心基础件科创高地。《发展规划》提出"五双五动"发展路径，即坚持科技创新与制度创新"双轮驱动"、产业链与创新链"双链互动"、内部组团创新网络与外部合作创新网络"双网带动"、人才资源和资本要素"双源撬动"、自主创新示范区与自由贸易试验区"双自联动"。《发展规划》谋划制订5大类共25项科创发展指标，到2025年，力争大走廊人才总数达到58万人、高新技术企业达到1000家、R&D经费支出占GDP比重达到4.2%等。至2035年，科技进步贡献率进一步提高、R&D经费支出占GDP比重超过5%。

（2）宁波文创港空间规划方案

根据"城市创享平台"定位，文创港将在空间上形成"一廊、六波、十二节点"和"五组团、六层级"的格局。从滨江岸线向北，公共岸线、滨江公共设施、上盖开放空间、跌落式商业综合体、点状商务建筑、高层景观住宅六个层级的多维立体城市界面渐次展现，建筑平面平行于水岸自然波动，建筑高度逐级抬升，最大化扩展观景界面。同时，文创港还将对接宁波产业转型需求，顺应产业回归都市发展趋势，突出文创先导、科创主导，结合全市五大新兴产业发展战略布局和甬江科创大走廊的整体产业规划，研究形成数字创意创新、空天信息、工业互联网三大产业方向。

（二）宁波文创港核心文化基因的提取与评价

宁波文创港，一个有着历史记忆和现代文化基因的地方，勾起了一代人的回忆，更激起了几代人共同的期待。它与历史相接，曾留下厚重记忆；它与江海相伴，曾经受无数风浪。宁波文创港的核心文化基因，就如同它的名字：文——传承宁波文化的精神长廊；创——未来创新产业集聚的平台和高地；港——世界级的滨水岸线。以海的宽广纳百川，汇各方之力筑梦担当；以浪的闯劲勇向前，把不可能拼成现实；以江的灵动触未来；让世界听见文创港潮声，从而发出了"打造世界级滨水岸线，让世界听见文创港浪潮"宣言。这里的未来"无极限"。

1. 生命力评价

宁波文创港，是一个老旧区块的焕新亮相。它与历史相接，流淌着绵长悠远的城市记忆。港埠三区、火车北站、海洋渔业公司，一个个烙刻着时代印迹的老地名，背后是丝丝缕缕的乡愁。它与江海相伴，经受过无数风浪的席卷，横卧着一道触目惊心的城市"伤疤"：倾颓废弃的破厂房、荒草丛生的老铁路、锈迹斑驳的旧机器，散落于一片被遗忘的"铁锈地带"。2019 年 1 月 5 日，在宁波市委主要领导的推动下，文创港开发建设工作正式拉开序幕。以"让甬江北岸重现昔日繁华，让宁波百姓乐享亲水生活"为目标，通过打造"资本聚集地、智力创新地、精神传承地"，实现中心城区滨江区块产业人文回归和高效综合利用，发出了"打造世界级滨水岸线，让世界听见文创港浪潮"的宣言。而文创港"∞"的标志，寓意着这块区域的无限可能，也彰显着这里所拥有的无限生命力。

2. 凝聚力评价

宁波文创港整合市内外文化资源，发挥了产业空间集聚效应，既集中城市的一批有实力的文化企业，为培育新型文创产业提供良好的成长环境，又吸引人才、资金等资源，通过规模集聚效应加速城市丰富的文化资源的产业化转化，从而辐射带动整个城市的文创产业发展。如文创港建立文化产业发展平台服务体系，集聚了一大批文创科创企业；创建宁波首个人才服务综合体——宁波人才之家；构建智创产业服务链；借助阿里云宁波市工业互联网中心落户，为宁波产业迭代和城市升级助力赋能；校企联合，宁波工程学院与南璟文创（文创港客厅投资运营商）、众信人力校企战略合作签约授牌；打造宁波市区网红建筑风景点，开发文旅项目等。宁波文创港是集居住、商务、休闲、文娱于一体的超级城市综合体，实现着"让甬江北岸重现昔日繁华，让宁波百姓乐享亲水生活"的目标。

3. 影响力评价

2019 年文创港一经面世，按照"一年出形象、两年见成效、三年成规模"部署，建造推进速度极快。同时，以打造"资本聚集地、智力创新地、精神传承地"为目标，以科创和文创这两大类为主，尤其着重引入一些具有知名度的数字经济和互联网、物联网方面有先期引导效应的企业，把"创"字的文章做好，做到科创、文创并举。比如腾讯、颐高、滴滴，这些战略合作企业优先入驻园区。颐高计划在这里打造一个数字文创投资运营平台，滴滴会在这里成立一个分时租赁的结算中心。引入文创类的企业，如故宫文创。文创港吸引外来优质产业落址宁波，之后的科创大走廊的建设也将吸引更多产业和人才入驻甬江北岸。未来规划将会聚集宁波中心城区 40% 的科技资源和 1/3 的院士工作站、博士后工作站。随着文创港的各项建设的落地，各类公司都有意向或者签约落址于此。随着企业的入驻，产业的兴起，必然会有更多的人选择在文创港工作或居住。这里将集聚高端人才，发展新兴产业，打破江北往东发展的阻隔，带动甬江北岸城市化的整体发展。

4. 发展力评价

宁波文创港所在区域是宁波三江六岸的第六岸，也是唯一可以整体打造的岸线。通过文创港建设，让这条曾经的城市"工业锈带"，既保留工业遗存，留住城市记忆，又布局好产业，打造世界级滨江水岸。在明确开发与保护等重大原则性问题的基础上，结合全市产业发展战略布局和甬江科创大走廊的整体产业规划。放眼世界、对标全球先进案例，委托两家国内知名团队，并行规划、取长补短。学习借鉴上海西岸等滨水区块的建设理念和思路，在未来的开发建设过程中，将贯穿传承历史、展示未来的理念，以港口文化展示为特色，以宁波城市发展为立足点，塑造地标、营造人气、创造价值，打造城市品质发展的示范工程。如今，宁波文创港"一年出形象、两年见成效"全面完成，"三年成规模"高位起步，壮美的蓝图正在甬江北岸一步步变成实景。随着宁波加快建设现代化滨海大都市，文创港将借势发展。不久的未来，这里将再现辉煌。

（三）宁波文创港核心文化基因的转化利用

文创港聚集了宁波的城市记忆和智慧，既体现了老工业文化，又融入了当代元素，在文旅融合领域，有着很大的潜力。

1. 发展工业遗产旅游

宁波文创港有着厚重的历史积淀，这里曾是宁波近代工业的发祥地，是宁波港航运输和工业经济的中心，宁波最早的港区（码头）遗存和工业遗存保存完整，留有宁波人共同的记忆和乡愁。在这里开发工业遗产旅游，有着先天的优势。

工业遗产旅游，区别于其他旅游形式，具有较强的专业性与技术性，因此相关工业知识的普及和宣传是推进工业遗产旅游的首要保障。就知识普及而言，可借助网络，普及工业遗产相关知识；可建立宁波工业遗产资源库，供公众查阅了解；可通过"工业遗产进校园"，以讲座、沙龙、论坛等形式，开展知识普及，或引导校企合作建立实践基地、研学基地、志愿服务基地，加强深入融合；可与在甬高校共建工业文化研究中心等。就宣传而言，通过大型会展或展览，进行宣传；设置工业文化长廊，集聚人气；打造"网红"打卡点、音乐基地、摄影基地和影视文化基地，提高知名度；运用如微信、微博、抖音、快手等新媒体平台进行营销，厚植地方依恋和地方认同的情感。

工业遗产旅游，过程体验很重要，为此，可区分场景层、服务层和品牌层，对应不同的旅游服务策略。对于场景层而言，策划不同的主题参观线路；空间规划中除了参观空间、体验空间、休息空间、消费空间外，设置专用的工业遗产旅游参观区，以满足游客的自由行需求；出于安全性等因素考虑还可增设体验互动区、低龄休闲区等空间；提高视觉系统主题化设计水平，增强游客沉浸式体验。就服务层而言，更新参观形式，提高讲解人员整体素质；结合遗产内容，策划体验活动；优化游客体验，增强服务的延展性。就品牌层而言，树立与文创港工业遗产区文化基因相符的品牌形象；提炼主题文化，增强品牌识别性；挖掘工业遗产文化特色，保证衍生品的独特性，优化产品的记忆点与游客的口碑。

2. 打造世界级滨水岸线

文创港所处位置优势明显，位于甬江北岸，距三江口约2公里，盘踞城市核心，西接老外滩，东联北高教园区，南北则与时尚东外滩、高新区、姚江新城组团形成联动，水、路、桥、隧、轨交通网络完善。作为宁波重点发展的城市综合体，将水与城融合，将文化传承与现代基因结合，打造世界级滨水岸线。可利用河流水系的生态、景观、人文方面的多元价值，结合新时代人民对美好生活的需求，在传统的水环境、水治理中融入共享理念，强调安全、生态、景观和游憩功能的复合，促进水、产、城共治，构建河流、廊道、社会、生态耦合的复合系统。如融入工业文化、港渡文化等文化节点，打造滨江水岸文化长廊；将河道治理与滨水空间提升相融合，构建生态化、景观化的防汛堤岸，打造多维、生态、安全的世界级滨水公共空间等。从水文、生态、功能和文旅四大方面，打造多维度滨江公园带和文旅综合体，为市民提供休闲游憩的去处，为动植物提供良好的生境，同时也将形成区域新的增长点，为宁波的发展带来生机与活力。

参考文献

1.孙山：《曹妃甸工业区工业旅游服务设计》，北京化工大学 2021 年硕士学位论文。

2.谭俊鸿、陈强、王俊：《基于碧道理念的城市滨水公共空间营建——以祥茂河生态环境工程为例》，《现代园艺》2022 年第 13 期。

3.谢霞、姚颖超、钟鑫等：《栽下梧桐树　引得凤来栖》，《宁波通讯》2020 年第 19 期。

4.卓璇、方鹏辉：《宁波文创港蝶变之路》，《宁波通讯》2021 年第 10 期。

第二章

镇海区重点文化元素
基因解码及转化利用

宁波
文化基因解码

镇海位于中国大陆海岸线中段，长江三角洲南翼，东屏舟山群岛，西连宁绍平原，南接北仑港，北濒杭州湾，与上海一衣带水。镇海古称浃口，从唐朝到清朝陆续改名为望海、静海、定海、镇海，始终没有离开过"海"字，即所谓"海濡之地"。

浩渺的东海沉淀了深厚的海洋历史文化底蕴。九龙湖镇古遗址群的发现，证明了早在6500年前这里已有人类活动。宋代发展对外贸易，这里是华夏海上丝绸之路的起碇港。"浙东门户"独特的地理位置，使这座海天雄镇经历了抗倭、抗英、抗法、抗日等反侵略战争，留有大量海防历史遗迹，镇海口海防遗址被列为全国重点文物保护单位和全国爱国主义教育示范基地。

镇海是"宁波帮"的主要发源地，船王包玉刚、影视巨擘邵逸夫、五金大王叶澄衷等一批批镇海人从这里走向世界，使近代中国创业精神名扬四海；镇海是中国的院士之乡，有30余位镇海籍两院院士；镇海是"人文梓荫"，百年学府浙江省镇海中学让无数学子心驰神往……

为忠实践行"八八战略"，奋力打造"重要窗口"，镇海文旅紧紧围绕区委、区政府"港口强区、品质之城"的奋斗目标，贯彻落实新发展理念，坚持文化和旅游融合发展，构建全域旅游新格局，以优化产品结构、提升旅游品质、拓展旅游市场、扩大旅游消费为重点，培育发展乡村休闲旅游，推动旅游产业转型升级。截至2022年底，镇海区共有国家级景区8家（4A级4家，3A级4家），省级旅游度假区1家（九龙湖度假区），拥有国家级景区数居全市前列；星（花）级酒店15家（五星1家、四星5家），金鼎级特色文化主题酒店1家（十七房开元度假村）；旅行社及分支机构33家（旅行社7家、分社4家，服务网点22家）。同时，镇海区景区村庄建设卓有成效，共有A级景区村庄23个（3A级7个），A级景区村庄比例稳居全市第一；各类果蔬采摘基地88家（省级果蔬采摘基地5家），农家乐53家，民宿23家。九龙湖镇创建成为宁波乡村全域旅游示范区，宁波植物园获评宁波市首届十佳旅游产业基地，宁和园成功创建成为宁波市植物观赏基地，开元艇酷皮艇球基地成功创建为宁波市水上运动休闲旅游基地。

本章展示的是镇海区10个重点文化元素基因解码及转化利用情况，其中优秀传统文化7个，革命文化1个，社会主义先进文化2个。

一、镇海后海塘

镇海后海塘，是镇海古代大型水利与国防设施，兼具防洪与抗敌等功能，位于镇海区，东起巾子山，西至嘉燮亭，全长 4800 米，塘面宽 3 米余，塘高 9.9—10.6 米。镇海后海塘，自唐昭宗乾宁四年（897）始筑，至当代仍不断增修、加固，拥有着 1000 多年的修造与使用历史。其形制雄伟壮观，其工艺科学精湛，是浙东海疆亮丽的风景线，有着"天下第一城塘"之誉，为中国古代海防重要物质文化遗产、浙江省级文物保护单位、浙东海洋文化重要遗产、宁波市爱国主义教育基地。

（一）镇海后海塘核心文化基因解析

1. 物质要素

（1）后海塘

镇海后海塘作为物质文化遗产，自巾子山迄嘉燮亭绵亘近十里，十里海塘便是镇海后海塘首要的物质要素。在过去，后海塘规模比今日还大，南宋淳熙十六年（1189）明州知州林栗的《后海塘记》称，镇海后海塘"自候涛山（即招宝山）迤逦以抵于伏龙山（今慈溪市境内），东西横亘数十里"。在千年的漫长历史里，后海塘构筑方式经历了土塘、简易石塘、单层石塘、夹层石塘、城塘合一五个阶段。现所保存的 4800 米后海塘分为两个部分：西端的嘉燮亭至西城角段的建城碑亭段长 3500 米，为条石垒筑的石塘建筑，其中次要部位为单层石塘，重要部位为堵缝镶榫结构的夹层石塘；建城碑亭向东至巾子山长

镇海后海塘巾子山

后海塘风光（宁建军摄）

1300 米，为"城塘合一"形制，其结构即塘在下（塘为双层石塘）、城在上，蜿蜒如长龙，有"海上长城"之誉。

（2）巾子山

巾子山为镇海后海塘最重要的一座山，位于招宝山西 50 米，因形如巾帻，故名巾子山。巾子山在镇海水利史、建城史、军事史上均占有重要地位。镇海建塘先于建县，镇海后海塘及县城均以巾子山麓为起点，凭借山基巩固塘、城。明初，定海扩建城池，即以巾子山巅为古城东北守口，时称"瞭贼嘴"，设置戍所，现仍存遗址。巾子山、招宝山雄踞东海，互为犄角，"为潮水出入之障蔽"，也是军事防卫的重镇，南宋爱国名将张世杰、明代爱国名将戚继光曾在此抗敌。明嘉靖间，镇海士民在巾子山巅建有"太傅祠"纪念张世杰。清初大儒全祖望先生《张太傅祠堂》称："太傅之所以鼓三军之气，而扶九鼎之丝者，莫过于巾子山之一磔。"将巾子山的历史意义与崖山并称。

（3）望海楼

"望海"是镇海最早的建置名称，镇海在建置史上，历经了从"望海镇"到"望海县"，再到"定海县"，最后到"镇海县"几个阶段。明代初年，为抗击倭寇，定海县后海塘初步形成"城塘合一"格局，即"后海塘城"。至明嘉靖三十三年（1554），定海知县宋继祖在后海塘城上建望海楼防敌。2002年，镇海地方政府在考古发掘发现的明代望海楼遗址重建望海楼，使其恢复海东锁钥的历史面貌。

（4）凉亭

镇海后海塘现有五座凉亭，自东向西分别为：沧桑亭、安澜亭、建城碑亭、鸿福亭、嘉燮亭。沧桑亭位于镇海后海塘起点巾子山，一名巾子亭。沧桑亭重建于巾子山八面楼原址，仿明双檐歇山顶结构，中置"宋太傅越国公张世杰纪念碑"，纪念"宋末三杰"之一的张世杰在镇海抗元，碑阴刻有清代文史大家全祖望撰的《张太傅祠堂碑记》。安澜亭，建于民国十二年（1923），钢筋水泥结构。因浙江海关税务司主管安德生（英国人）和宁绍道尹黄澜生在当时对重修后海塘做出重要贡献，便各取其名一字，曰"安澜亭"。建城碑亭，建于明万历二年（1574），为石制四方亭，单檐歇山顶，内置《定海县增筑内城碑记》记述建城始末，兵部尚书张时彻撰。鸿福亭，建于民国十三年（1924），为钢筋混凝土结构，亭内西墙嵌碑刻《重修镇海后海塘记》。当时重修镇海后海塘，盛鸿涛、甘福履出资最多，故各选其名一字，将亭命名为"鸿福"。嘉燮亭，建于民国二十三年（1934），钢筋混凝土结构，位于后海塘收尾处，中立石碑刻《续修镇海后海塘记》。因俞佐庭、袁履登捐资修塘而从他们父亲俞嘉言、袁燮原名中各取一字，命亭曰"嘉燮"。

2. 精神要素

（1）与自然相抗衡的奋斗精神

镇海后海塘首先体现了与自然相抗衡的奋斗精神。镇海地处中国东部海岸线中点，唐中期时今境内沿海地域尚为海域或滩涂，至唐元和四年（809）始置望海镇。吴越国时期，吴越王钱镠大力开辟海疆，后梁开平三年（909）于望海镇筑城，建望海县。在望海县建立之前的唐昭宗乾宁四年（897），即已开始修筑镇海后海塘。之所以修筑镇海后海塘，在于镇海地域两面滨海、三面环水，极易受台风、海潮侵袭，如果要在镇海设立高级别行政单位，则必须改造恶劣的自然环境。所谓"城负塘而筑，塘不固，城亦不立"，故镇海有"先有后海塘，再有镇海县"之说。据相关统计，自南宋淳熙四年（1177）至今的800多年间，镇海地区遭受因风潮造成的人畜死亡、田禾无收的严重灾害就有25次之多。在古代滨海地区，预防台风、海潮最为有效的方法就是修筑大型海塘。因而，自唐末以降，为确保一方平安，历代治镇者都发动大量人力物力开展修塘工作。镇海人民不畏艰辛、勇创海塘的行为正是与自然相抗衡的乐观奋斗精神的最佳体现。

（2）因地造塘的科学创新精神

镇海后海塘的创筑与增修、加固历史体现了中国古代水利工程技术的发展进步，体现了时人因地造塘的科学创新精神。镇海后海塘在唐末创筑之初为土塘，沿着镇海巾子山至伏龙山（今慈溪市境内）绵延数十里，塘基为土木结构。土木质海塘抵御不了大型海溢，"常有冲决之虞"。故在南宋淳熙十六年（1189）改作传统简易石塘，但仍抵御不了台风暴浪的冲击，多次溃塌。后来，历代治镇海者不断改进筑塘工艺，将传统石塘改进为单层石塘、夹层石塘（即双层石塘）。清乾隆十三年（1748）改筑的夹层石塘，采用夹层堵缝镶榫技术，避免了海水从石缝中渗入将石板后面泥土抽空、导致海塘裂缝决口等灾情发生，体现了建筑者的传统工匠精神。至清中晚期，镇海后海塘最终实现"城塘合一"。"城塘合一"的海塘形制，不但提升了海塘的牢度、高度，而且加强了镇海地区的军事防卫能力。

（3）施政者勤政廉洁爱民精神

水利设施特别是滨海大型海塘的创筑和改建需要大量人力、物力，没有施政者的积极介入，如此伟大的工程是很难完成的。而水利设施的创设、督造和维护，则需要一代代地方官员接力完成。可以说，镇海后海塘创设、督造和维护的历史，较好地反映了历代施政者勤政廉洁及爱民的精神。如清乾隆十三年（1748）镇海知县王梦弼视察后海塘后，认为要抗风潮侵袭，必须重筑，于是具状上呈，请朝廷拨帑修塘。王梦弼经过广泛调查，认为"单石薄土奚能永固"，也就是说原有的单层石塘不能很好地防御风暴。复经博采众议，王梦弼最终敲定了新方案，即于风涛顶处改建夹层石塘576.5丈（1丈约等于3.33米），次要地段修石塘396丈，新建石塘51丈，修北面坍城表里810丈。他亲临工地指挥，历经三年，才把旧石塘改筑成新砌石塘。最终，镇海后海塘形成滨海巨障。其夹层石塘设计之精良、工程之浩大，为东部沿海所罕见，此后近百年未曾大修。可以说，镇海知县王梦弼的修塘行为就是其勤政廉洁爱民精神的最好体现。

（4）抵御外敌的爱国主义精神

镇海后海塘既是浙东大型水利工程，也是军事防御设施，自创筑以来同时发挥着军事功能，特别是在明清和民国时期。可以说，镇海后海塘很好地体现了宁波儿女抵御外敌的爱国主义精神。明时，日本流浪武士与中国沿海奸商、匪徒联合侵犯海疆，史称"倭患"。镇海即为"倭患"重灾地。正是在镇海，依托于镇海后海塘等海防设施，戚继光、俞大猷等击退了敌人，最终海东晏安。晚清时期，镇海发生了中英镇海口之战、中法镇海口之战等一系列海战，两江总督裕谦、浙江提督欧阳利见等爱国名将誓死反击，铸造了铁血抗敌的爱国魂。近年来，学界在镇海后海塘发现一批明清军事设施遗存：明代望海楼遗址1处、警铺遗址12所、瞭贼嘴1处、古炮遗址25处，城上车马道遗址3条、石砌阶梯2条、雉垛遗址298堵，以及一批"雉垛石顶"、刻有"道光十一年"的城砖，等等。民国时期，镇海又成为浙江省抵御日军侵略的海岸前线，中日戚家山之战中，英雄陈德法率部死守阵地，与日军血战五天，肉搏冲锋十多次，阵地七易其手，最终击毙日军近400人，伤近700人。这是中国人民抗战史上海防战役中第一次战胜日军，被誉为"浙东台儿庄战役"。至今，镇海后海塘还遗存有抗日碉堡 4 座。可以说，镇海后海塘明清及民国军事设施遗存正是宁波儿女抵御外敌的爱国主义精神的最佳物质呈现。

3. 语言与符号要素

（1）后海塘历代名士诗词

历代名士所撰与后海塘有关的诗词是镇海后海塘重要的语言与符号要素。其代表为清前中期浙东大儒全祖望先生诗歌《巾子山歌吊宋故太傅枢使越国张公祠》。全祖望先生在诗序中称："太傅磔降臣卞彪于是山，始浮海入瓯闽，故是山有太傅祠，厓山三大忠臣祠反出吾乡之后。"将巾子山在南宋末年抗击外敌的意义大书特书。全诗共 46 句，详细叙述了南宋末年张世杰在巾子山抗击元军的壮举。如"庆元都府亦雄藩，孟传昌元那足恃。空馀巾子山头一片石，聊驻残军麾赤帜"，讲的是当时庆元府（今宁波）制置大使宗室赵孟传与谢昌元拟将庆元献元，怎料张世杰代表南宋政府在巾子山誓死抵抗一节。全祖望称赞张世杰"只有孤忠一腔血，天亦无能夺我志"，歌颂了以张氏为代表的志士的伟大的爱国主义精神。

（2）宣扬爱国主义的民间故事

镇海后海塘自唐末建筑以来，陆续上演着人与自然、人与人、国与国等之间的各类故事。至今，镇海区仍然流传着宣扬爱国主义的民间传说故事。比如南宋爱国将领张世杰在镇海抗元的故事就广为流传。张世杰，涿州范阳人，与文天祥、陆秀夫并称"宋末三杰"。宋德祐二年（1276），元军迫近临安，张世杰请皇帝、皇后、太后三宫航海转移。其后，张世杰率兵驻守定海巾子山，石国英遣都统卞彪劝降，张世杰开始以为卞彪前来助阵，专门杀牛款待，但他酒酣耳热竟然说出劝降内容。张世杰大怒，杀之。后来，张世杰在世界军事史著名战役"崖山海战"中兵败，在获知陆秀夫抱幼帝赵昺跳海而亡后，也赴海溺亡。此外，鄞州区瞻岐镇还流传着张世杰孀妻携子隐姓埋名流亡于当地的传说。镇海地方还流传"揭赃"的故事，讲的是镇海知县奏报朝廷，谎称要造铜柱铁夹石砌塘，结果朝廷款项下发后却用木桩代替铜桩、毛竹夹代替铁夹，乐涵让长工偷锯木桩而使得知县丑事败露。此外，"后海塘与戚家军""后海塘与妈祖"等民间故事在镇海一带也广为流传。

4. 规范要素

（1）历代坚持修缮的工程维护制度

自唐昭宗乾宁四年（897）创筑镇海后海塘迄今，为了保护地方百姓的生产生活和国家的军事防卫安全，历代英彦始终坚持着无形的工程维护制度。据统计，从唐乾宁四年（897）至1964年，镇海后海塘共修筑21次。如南宋淳熙十六年（1189），定海知县唐叔翰组织民工维修改建。南宋嘉定十五年（1222），定海知县施廷臣和水军统制陈文又率工役继续修筑。明洪武二十年（1387），为防倭寇侵犯，在拓建卫城时将北面1300米城墙与石塘相连，负塘而筑。万历元年（1573）再修缮。入清以后，乾隆十二年（1747）、道光二十八年（1848）前后两次大修。民国时期，1918年、1923年相继再次大修。

（2）不断改进的工程技术革新制度

镇海后海塘又称石塘，其实一开始并非石质，而是土木混合结构。自晚唐时期镇海后海塘创筑以来，当地便一直坚守着顺时而进的工程技术革新制度。南宋淳熙十六年（1189），定海知县唐叔翰首次将土塘改建为传统简易石塘，即简单的土石混合结构，在一定程度上增强了塘基抵御海溢等自然灾害的能力。明洪武二十年（1387），负塘而筑城墙，初步实现了"城塘合一"，增强了后海塘的军事防卫功能。万历元年（1573），在新建已毁的北面城墙时，除加固石塘外，又将新建城墙紧贴石塘南面，进一步使城塘并联。清乾隆十二年（1747），镇海知县王梦弼又大规模重修后海塘，将过去的单层石塘技术改为夹层石塘技术。

（3）浙东特色的"城塘合一"建筑法

深具浙东特色的"城塘合一"建筑法，也是镇海后海塘的规范要素。"城塘合一"建筑法始创于明洪武年间，旨在防倭入侵。最终于清乾隆年间，由镇海知县王梦弼完成"城塘合一"的历史任务。"城塘合一"建筑方法分为上中下三截，分段施工。下截先于塘后植土，涤三尺八寸（约1.27米），插梅花桩，密布塘基，桩间筑以块石。再以厚石板铺盖，上用丁顺条石包镶，再用块石高垿塘面以固城基，于城塘连接之处砌护城龙骨一道，内外扣槽，联合城塘，以堵缝水。后又以丁铺大石四层，间砌丁颐大石六层，夹成三仓为中截，计高六尺（约2米），以抵浪潮。上截因水势已轻，仍以小条石增为一丁一顺双向包砌至顶，俾得插入里土以资互相牵制。城上另筑块石道路三条。城下铺散水石板以减弱巨浪冲击。上筑雉堞，覆以石顶，不虑震撼。上下一致，坚如铁石，气势雄伟。

（二）镇海后海塘核心文化基因的提取与评价

镇海后海塘作为浙东大型水利与国防设施，在中国水利史、军事史以及浙东城市史、文化史上具有重要的意义。镇海现存之十里后海塘、海东名山巾子山、望海楼等，均是镇海后海塘核心文化基因重要物质元素。而与自然相抗衡的奋斗精神、因地造塘的科学创新精神、施政者勤政廉洁爱民精神、抵御外敌的爱国主义精神，作为镇海后海塘核心文化基因的精神元素，仍然值得我们研究与继承。总之，镇海后海塘不仅是一座可供后人凭吊的海疆石塘，更是镇海先民馈赠给后人的精神文化财富，其蕴含的爱国主义、科学精神等具有较强的生命力、凝聚力、影响力及发展力。

1. 生命力评价

镇海后海塘核心文化基因自产生起延续至今，未曾明显中断，具有较强的生命力。如从不断改进的工程技术革新制度来说，镇海后海塘从诞生起，经历了土塘、传统石塘、单层石塘、夹层石塘、"城塘合一"等若干水利形制的演变，技术越来越先进，防御功能愈加有效。新中国成立后，地方政府仍然不断改造后海塘，利用新型技术，提高防汛能力。而流传至今的如张世杰巾子山抗元、戚继光后海塘抗日等历史或传说故事，则与遗存至今的巾子山、后海塘城以及复建的望海楼等物质文化遗存一道继续在宁波儿女心间播植爱国主义的种子。

现今后海塘外，经过围海造地，已辟为后海塘工业区。后海塘工业区东连甬江入海口，南濒镇海老城区，总面积约10.5平方公里。以钢材、煤炭、液化品为主要进出港货种的宁波舟山港集团镇海港埠分公司即位于此地，是宁波打造"国家重要的区域性资源配置中心"的重要区域，也是新时代宁波海上丝绸之路的重要工业基地。近年来，镇海区政府还将后海塘塘区打造为城市湿地公园、古海塘公园，一方面保护后海塘历史文脉，另一方面以城市绿肺的崭新形象获得市民的青睐。至此，后海塘的防汛、御外作用已逐渐成为历史，但它至今仍如巨龙横亘于后海塘工业区与生活区之间，与招宝山等一道作为镇海口中国海防历史文化重要史迹与人民群众的日常休闲场所。

2. 凝聚力评价

镇海后海塘核心文化基因曾广泛凝聚起区域群体的力量，显著推动过社会经济文化的发展，具有较强的凝聚力。首先，"先有后海塘，再有镇海县"是镇海建城的史实，后海塘可谓镇海之"源"。其次，后海塘的发展与镇海县的发展是相互促进的，修塘而筑城，城建推动塘建。很明显，后海塘在历代的增筑与改进无疑推动着镇海经济与社会生活的发展。最后，兼为国防军事设施的镇海后海塘又在大型战役如宋末之宋元之战、明代之中日之战、晚清之抗英与抗法之战以及民国抗日之战等等中发挥了极为重要的作用。镇海后海塘与招宝山等一道，为宁波滨海地区海防文化重要遗产，是自古以来宁波儿女继承与彰显爱国主义的重要物质文化依凭。总之，千年以来，镇海后海塘挡台风、拦恶浪、保田地、御外敌，深深造福于民，文化凝聚力较强。

3. 影响力评价

镇海后海塘核心文化基因具有东亚世界区域性影响力。如从技术层面来看，镇海后海塘不断创新的筑塘技术不仅在中国东部沿海，而且在东亚世界范围都具有典型的意义。早在明代戚继光在镇海抗倭之日，后海塘已经拥有了初步的"城塘合一"形制，建有望海楼，警铺、雉堞比比皆是，具有较强的军事防卫力与威慑力。犯我边疆的倭寇、奸细等，即使不望城而退却，亦必近城而心畏。直至清代中期，"城塘合一"的海塘形制最终确立，不但提升了海塘的牢度、高度，而且加强了军事防御能力。这在中国水利史上、海防史上较为罕见，对研究中国东南沿海地区海陆变迁、水利与军事技术革新等具有较高的研究价值。

4. 发展力评价

镇海后海塘核心文化基因与当代精神追求和价值观念相契合，已得到一定程度的创造性转化、创新性发展。爱国主义与工匠精神始终是中华民族的传统精神文化，这在镇海后海塘核心文化基因中体现得十分明显。1000多年的镇海后海塘筑修使用史，就是1000多年的镇海人民爱国抗敌与技术革新史。现在，镇海地区拥有着全球高端科研教学机构东方理工高等研究院、中华名校镇海中学等知名学校、科研院所，并以科技新城的面貌重新展露于世人面前。同时，镇海儿女始终秉承爱国主义信念，为国争光，取得了一项又一项突破性科学技术与经济建设成就。可以说，这是对镇海后海塘技术革新精神和爱国主义精神的最好继承。

（三）镇海后海塘核心文化基因的转化利用

镇海后海塘是宁波先民抗击自然灾害、发展民生经济的重要创举，复经历代维修、技术改进，迄今已成为宁波市重要物质文化遗产。镇海后海塘核心文化基因中无论是以十里海塘为代表的物质要素，还是以爱国主义为代表的精神要素，抑或是语言与符号要素、规范要素皆与当代社会价值观和社会发展潮流相符合。特别是以勇立潮头、敢为人先、顽强拼搏、团结协作为内核的"海塘文化"更是中华优秀传统文化的重要组成部分，是宁波精神、海洋文化的重要组成部分。应当创新载体、创新表现形式，促成后海塘核心文化基因转化利用。

1. 开展文物保护工作，夯实转化利用基础

中华人民共和国成立后，后海塘仍是镇海、江北地区的重点防洪设施。1949 年和 1956 年，两次强台风袭击镇海，海潮过塘，城关大街漫水，但台风过后，后海塘除偶有石块松动外，仍安然无恙。后于 1957 年、1964 年两次修葺。到 20 世纪 80 年代，因城区发展建设需要，政府在后海塘外又筑"镇北"和"灰库"两条新塘。至此，这一投工百万、利民千年的石砌"巨龙"才完成了其捍城防汛的历史使命。

改革开放以来，宁波地方政府致力于保护与传承镇海后海塘的核心文化基因。1981 年 7 月，镇海后海塘被列为镇海县级文物保护单位。1989 年 12 月 12 日，镇海后海塘被公布为浙江省级文物保护单位。1991 年，地方政府对后海塘"城塘合一"的北城墙进行整修，雉堞仿古重建，全长 1340 米。2002 年，重建古后海塘城中的望海楼。望海楼工程辟建了古城塘通道，有双孔拱门，以固楼基。望海楼建筑面积 345 平方米，系木结构仿清风格，两层五开间，双檐歇山顶，朱椽筒瓦，镂花窗棂，庄严古朴。南额"望海楼"，祝遂之教授题写；北额"镇海关"，中央军委原副主席张万年将军书。望海楼今为镇海古城标志性建筑之一，"招宝山画院""蛟川印社"于此开展创作活动，是镇海区向外展示滨海古城文化的艺术窗口。后海塘上建于明万历二年（1574）的定海县建城碑亭，1982 年列为镇海县级文物保护单位，1989 年列为省级文物保护单位。原碑亭因年代久远，石质风化剥蚀严重，分别于 1990 年、2013 年落架重修。

2. 推进后海塘景区升级改造工程

针对后海塘景区进行改造升级，增强后海塘景区的标识度与吸引力。一方面，维修后海塘城，消除安全隐患，提升文化底蕴和游览价值。翻修后海塘望海楼东侧风化外凸、老化破损的墙体，加固维修古塘上的钩金楼、鸿福亭及警铺等景观设施。同时整治城墙两侧绿地环境，清理城墙杂生植物。另一方面，推进后海塘景区美化及亮化工程。设计标识效果明显的后海塘景区标识与指路牌，修缮城墙台阶、步道、马道、照明、花坛、坐凳等设施，形成以展示海防文化、海塘文化为主题的旅游观光景观带。将古海塘文化符号融入照明设计理念，增强建筑物主体灯光的亮度和效果以凸显海塘主题，塑造富有历史文化感染力的景区独特夜景，提升后海塘景区的视觉美感。

3. 建设后海塘历史博物馆

后海塘历史博物馆作为镇海区博物馆分馆，主要展示以海塘文化为主体的后海塘历史文脉。坚持开放性、体验式、智慧化等理念，将文化遗产保护、考古发掘与文化传承结合起来，与浙东文化相汇聚，与人文精神相辉映，与乡愁记忆相融合。后海塘历史博物馆可初步设置四个展厅：一为海塘遗址厅，实景呈现千年后海塘风貌；二为海塘文化厅，以动画形式讲述海塘历史演变和堤塘修筑技术革新历程；三为海塘人物厅，介绍与后海塘相关的历史人物及其文物、事迹；四为海塘生活厅，以场景复原形式展出后海塘人民的滨海型传统生活文化，让游客产生沉浸式体验感知。后海塘历史博物馆将全面展示千年海塘文化，成为集收藏、研究、体验、教育于一体的遗址类专题博物馆。

4. 建设与后海塘相关的文旅项目

一是建设后海塘城墙文化展示长廊。在城墙沿线竖立以海防名人为素材的雕塑，在城墙内（南侧）利用望海楼前广场、沿城墙（海塘）上下区域设置展示、宣传海塘文化的标识牌。利用后海塘城墙内外的城河水域布置喷泉、灯光和激光，进行表演，营造文化展示休闲走廊，使后海塘城墙区域活化。一是定期举办海塘文化节，不断提升海塘文化的知名度和美誉度。海塘文化节活动包括征集海塘文艺作品（文学、历史演义、书画、音乐、微电影、纪录片等）、举办海鲜音乐节等丰富形式，前者遴选并展示海塘文艺精品，后者使得民众以味觉、听觉等多元感官亲身参与，以此有效扩大后海塘文化的影响力和传播力。

5. 建设招宝山全民健身中心项目

现后海塘湿地公园内将建设招宝山全民健身中心项目。该项目拟深度挖掘镇海后海塘文化特质，利用"延塘""观塘""耀塘"等设计理念，通过现代手法还原演绎古城塘肌理。招宝山全民健身中心项目将依托游泳馆及球类馆等各类设施，实现大众健身的目的，并为体育训练以及休闲和文化教育活动创造良好的条件。该项目致力于促使人文和自然景观与体育设施融合为新型公园休闲系统，形成镇海重要公共活动中心，使人与人、人与自然、人与社会之间的关系更趋和谐。总之，招宝山全民健身中心项目既是镇海市民体育休闲的新城市客厅，更是弘扬镇海海塘文化、海防文化的重要平台。

参考文献

1.鲍贤昌、陆良华：《四明风韵》，宁波出版社 2015 年版。

2.陈君静、刘丹：《镇海后海塘的修筑及其影响》，《宁波大学学报（人文科学版）》2010 年第 5 期。

3.［清］徐兆昺：《四明谈助》，宁波出版社 2003 年版。

郑氏十七房旗杆巷道马头墙（朱晓峰摄）

郑氏十七房景区入口

二、郑氏十七房

郑氏十七房，"宁波帮"最早的经商家族集团郑氏十七房财团发祥地，现存规模最大且保存最为完整的清代古建筑村落之一，位于镇海区澥浦镇十七房村。郑氏十七房始祖郑宗道（靖侯），南宋初自荥阳迁居明州澥浦灵绪乡，传六世而分居为十七房，聚族而居之处即今十七房村。郑氏十七房迄今已有约800年历史，其悠久的家族人文底蕴与经商传统，使之诞生了无数英杰，其中如茂昌蛋品公司创办者郑方正、"老凤祥"银楼创办人郑熙、英雄墨水前身民生墨水厂创办人郑尊法、上海市文史馆馆员郑达甫、中国工程院院士郑颖人、美英石油公司国际贸易副总裁暨北京阿英科东方炼油公司总裁郑毓明等皆为代表。经历史的洗礼，郑氏十七房现存古建面积4万多平方米，大多为清乾隆至光绪年间建造，其代表性建筑有恒德房、恒祥房、三房堂房、大祖堂房、后堂楼房、立房、新房、四份头、老陆家、大弄、东弄、后新屋、河跟沿等"四水归堂"的单进和多进住宅大院10余幢。规模最大的"后堂楼"是十七房最典型、最完整的建筑群体，共由八幢大院组成，四处大门南北对峙。此外，现存始迁祖南宋郑靖侯墓、郑氏大宗祠通德堂（仅存遗址）、女祠洽礼堂、娣姒双节坊（仅存蟠龙圣旨石牌）、灯盏漕、恒德漕、黄公祠等历史遗存，也是郑氏十七房宗族文化的重要物质文化遗产。郑氏十七房规模宏大、布局别致、雕饰繁华，对清代建筑史研究具有重要价值，可谓中国封建社会民居建筑的最后一个高潮，现为国家4A级旅游景区。

（一）郑氏十七房核心文化基因解析

1.物质要素

（1）秩序谨严的清代浙东古村布局

作为清中晚期建筑群，郑氏十七房拥有着秩序谨严的清代浙东古村布局。郑氏十七房总体布局犹如棋盘形式，既有北方常见的中轴线，更具江南滨海风味。郑氏十七房古村环以溪河，接连江海，东西、南北大路则把全宅分为四大区块。四周有桥，家家有埠，宅中有街，街中有市，市中有店、有铺、有坊、有消防。一幢挨一幢，紧密相连，有分有合，过廊设亭，屋后设园。主要建筑有路沿郑中央房、东房、西房，庙基头全盛郑房，郑家村三房堂房、大祖堂房、小九房、恒德房、恒祥房、后堂楼房、新房、栈房、源茂房、立房、鼎丰房、典当房、郑氏宗祠等，多为"四水归堂"式单进或多进深宅大院，两层砖木结构。大门前都有影壁长廊。郑氏十七房中，无论厅门、明堂的大小，马头墙的高低，还是楼房、厢房、石鼓、旗杆等，都按等级、权力分设，层次分明，气势宏伟，体现了我国传统社会严格的空间秩序关系。

（2）郑氏十七房始迁祖南宋靖侯墓

郑靖侯，一名郑宗道，郑氏十七房迁宁波始祖。南宋初，郑靖侯携家自北方荥阳迁居明州瀹浦灵绪乡择山之阳塘路沿（即今路沿郑），殁后葬中央房后河嘴宅地"金钩钓月"半岛园内。后河嘴，又名月亮河，河形两头尖、中间宽，弯弯的河道，清澈的水面，形如一轮明亮的下弦月。河湾内形成一个半岛园，如同"金钩钓月"，被郑氏族人视为风水宝地。坊间传有"始祖太公坟，做在月亮中，乘月上天庭，子孙代代兴"之言。在20世纪50年代土改时，郑氏祖坟大多遭到清理，唯始迁祖郑靖侯墓在全村族人保护下方得以幸免。目前，郑氏族人已对古墓进行了保护性修缮，以便参观与祭祀。可以说，郑靖侯墓既是郑氏十七房子孙拜祖祭先的重地，更是两宋之际士人家族南渡浙海的历史见证。

（3）郑氏十七房大宗祠通德堂

郑氏十七房大宗祠，名曰"通德堂"，由郑氏十七房商帮早期代表人郑光礽（一名郑国桢）发起创建。郑光礽认为，家族之兴旺在于家族之团结，家族欲团结非建造宗祠不可，建宗祠、妥先灵，将进一步发扬郑氏家族文化。郑光初发起此议后，出资一千数百金，族弟郑之玠（一名郑亦吴）则捐三亩三分田为祠基，具体施工则由族弟郑光祥负责。郑氏十七房大宗祠前后计三幢，分别为前堂、正堂、后堂，分隔以前、中、后三个天井。前堂天井内两根旗杆高高矗立，串堂走廊影壁生辉，后天井内建有花坛。宗祠前堂，大门上悬"郑氏宗祠"匾额。前堂东为迪光祠，奉祀族中之以功名、德望而荣光宗族者；西为贻谷祠，奉祀以田、谷佐助宗族者。左右为东西廊，中间为穿堂，直通正堂通德堂。正堂五间，为木结构歇山顶建筑，东西两旁为厢房，中间三间，是郑氏宗族议事决策的场所。昔日正厅通德堂内悬挂先祖遗像、匾额和对联，蔚为壮观。匾额有十二方，凸显了"郑氏巾卷不绝，代有闻人"，分别为"贡元""进士""经元""父子司训""兄弟明经""父子登科"各一方，"文魁"两方，"登科"四方。大宗祠正堂和后堂屋顶，高耸屋脊，花格梁砖，上有双龙抢珠、双凤夺冠雕塑，造型精湛，五彩绘画，雍容大气。总的来说，郑氏十七房大宗祠规模宏大、设计精致，不愧为甬上著名宗祠。

（4）郑氏十七房女祠洽礼堂

郑氏十七房女祠洽礼堂为郑氏十七房家族特殊的文化符号，设在郑氏大宗祠内。所谓"女祠"，即专门供奉女性族人的祠堂。"礼"为中国古代伦理的核心秩序体现，"洽礼"即遵循儒家礼教而成为典范之意。在中国古代祠堂空间中，女性姓氏是附属于男性姓氏之后的。郑氏十七房女祠可谓奇观，国内外极罕见。事实上，郑氏十七房族人中男性多出门经商，女人则负责护家。郑氏商帮的辉煌业绩，可以说有家中妇女的一半功劳，她们为郑氏十七房事业兴旺做出了很多贡献。这是女祠出现的主要背景。女祠洽礼堂创建于光绪七年（1881），主要发起人为戴恭人（1814—1888）。戴恭人，庙基头三房十四世郑开成（1816—1866）的妻子，16岁嫁到郑家，结婚后，丈夫就告别妻子远赴苏州、南京、开封一带经商。不久，年迈的公公也离开人世，戴恭人一人撑起门户，料理家事。她悉心服侍婆婆，抚育孩子，三代人其乐融融。好景不长，婆婆和丈夫不幸先后去世，后儿子又离她而去，只留下她们婆媳、孙女三人。彼时虽有万贯家产，可戴恭人视之为身外之物。她看到本族的大宗祠中只有男祠，便提出了一个冲破世俗的设想——出资兴建一座女祠，专为祭祀族中女先辈之用。因为村中类似处境的同族不少，她的想法得到支持。光绪七年（1881），戴恭人委托郑传澜承办，在宗祠后院空地建造郑氏女祠洽礼堂及厢房若干楹，并设助祀田若干亩。可以说，郑氏十七房女祠的出现反映了晚清时期商业家族妇女社会地位的提高。

（5）郑氏十七房娣姒双节坊"圣旨"匾

郑氏十七房原有娣姒双节坊一座，位于郑氏大宗祠通德堂东首，是清咸丰三年（1853）谕旨表彰郑德权原配张氏（1781—1850）、郑德楹原配周氏（1786—1864）忠孝守节、勤俭持家而建。该牌坊高近10米，四柱三间，双面浮雕，现已不存。今唯存蟠龙石刻"圣旨"匾额一块。石刻"圣旨"匾额，以"圣旨"两字为中心，刻有升龙、金蟾、鲤鱼、莲花、浪涛、祥云等图案。主体图案中的龙是皇家及权力的象征；金蟾代表月，是对女子纯洁的赞美；鲤鱼即鱼跃龙门之意，寄寓着对郑氏人才辈出的期望；莲花、浪涛、祥云等意味着四海和天下太平。"圣旨"匾额图案整体表达出郑氏宗族深受皇恩、昌盛发达的深刻寓意，具有独特的政治文化意蕴。

此外，灯盏漕、恒德漕、黄公祠、成亲王题"淇水烟波半含春色"木刻手迹等历史遗存，也是郑氏十七房核心文化基因物质要素的有机组成部分。总的来说，郑氏十七房建筑群历史悠久，规模宏大，是清代浙东宗族性村落建筑典型，具有一定的历史、艺术、科学价值，其整体是郑氏十七房核心文化基因的物质要素。

2. 精神要素

（1）善于经营、敢于创新的创业精神

郑氏十七房核心文化基因首要精神要素为善于经营、敢于创新的创业精神。宁波人自古以来开山斩海，长久积蓄起勇敢、大胆同时又沉着、审慎的性格气质，这在郑氏十七房家族中体现得淋漓尽致。宁波商帮萌芽时期最早的一批商人的代表，即郑氏十七房郑世昌（1664—1728）。郑世昌于清康熙年间即远赴北京创业，他善于经营、敢于创新，不久便在东四大街开设有四恒银号（恒兴、恒利、恒和、恒源），历久不衰，影响全国。光绪二十六年（1900）八国联军侵华战争爆发时，时任顺天府尹陈夔龙称"东四牌楼著名钱铺四恒首先歇业，开设京都已200余年，信用最著，流通亦广。一旦歇业，关系京城数十万人财产生计，举国惶惶"。慈禧太后紧急下令拨库银100万两接济四恒。乾隆年间，郑光礽、郑维嘉、郑德标等人极富经商智慧，"蓄积余羡"，"屡获倍息"，令世人皆知郑氏为"蛟川巨室"。此后，郑氏十七房商界精英辈出。上海开埠后,十七房郑氏在上海发展钱庄业等。与镇海小港李氏家族相比,镇海郑氏十七房家族经商时间更早,人数之众、势力之大,可谓各有特点。

（2）团结互助、自强不息的宗族精神

郑氏十七房核心文化基因精神要素还体现为团结互助、自强不息的宗族精神。郑氏十七房家族自始祖郑靖侯迁居镇海后,开枝散叶,传六世而分居为十七房,至今人口众多。郑氏十七房子孙聚族而居,十分团结。在家族建筑上,十七房建筑交通互连,同声呼应,又修有始祖墓、大宗祠、女祠这样的宗族公共文化空间;在宗族制度上,十七房立有《宗约》和《宗祠规条》,对祖宗祭祀、婚丧嫁娶礼仪、宗族管理、宗长和房长的职权和义务、人员分工、财产分配、妇规、社交和睦邻关系以及司法规章等诸方面都做了详细规定;在事业发展上,十七房族人互通消息,互补优长,前辈提携后辈,如从康熙到光绪中期,郑氏族人互相提携,共有6支经商集团,计40余人,形成了一支庞大的商帮队伍。

（3）报本思源、反哺家乡的慈善精神

郑氏十七房核心文化基因精神要素还体现为报本思源、反哺家乡的慈善精神。郑氏十七房不仅精通商贾之道,也热爱造福桑梓,其家族之绵延、名声之佳美与他们热心家族内外慈善事业有很大的关系。一方面,郑氏十七房重视教育,兴办若干义学,这些义学不收取族人费用,甚至他姓乡邻也可享受,无疑对于当地教育水平的提高有很大的帮助。另一方面,郑氏十七房还在灾荒之年积极参与赈灾,如乾隆十六年（1751）宁波大饥,郑光初第一个"出粟赈贫民"。再一方面,郑氏十七房积极参与修筑公共设施,如为方便慈溪、镇海两县居民出入,出资建林家桥、周家桥、吴家桥三桥;还捐资修建化纸闸,建成后截流了姚江,使镇海、慈溪等地几十万亩农田得以灌溉。郑氏十七房这一系列报本思源、反哺家乡的慈善义举多非临时性动议,而是形成了一个有效的慈善机制,往往通过集体议定,按固有规矩办理,从而形成持续发展的慈善事业。

3. 语言与符号要素

（1）代代尊奉的郑氏十七房十六字家规家训

郑氏十七房全族尊奉先祖郑东沧（约1550—约1627）定下的十六字家规

家训："崇商尊儒，明礼诚信，乐善好施，慈孝睦邻。"这则家训最早记载于《瀣浦郑氏宗谱》。可以说，郑氏十七房之所以能闻名华夏，与这郑氏独有的"崇商尊儒"的家规家训有很大关系。郑东沧，名鍂，字东沧，排行第十七。因塘路沿旧宅不敷居处，郑东沧乃于旧宅西北隅别营新宅，人以其行十七，遂名其宅为"十七房"。郑东沧生性诚朴，持躬俭约，与人交往宽厚大度。郑氏十七房进士、举人以及富商巨贾多数为郑东沧后裔。在郑东沧立下的十七房十六字家规家训影响下，诞生了郑氏第一位进士郑谦（1766—1840）。郑谦，一名光烈，字虚谷，号益斋，后堂楼创始者。曾任福建归化县、南平县知县，浙江嘉兴府学教授，敕授文林郎。郑谦为官期间，清廉持身，真诚笃实，深受当地百姓的拥护和爱戴。经过身教言传，十六字家规家训至今刻印在郑氏十七房族人的心中，成为他们做人做事的准则。每年冬至，十七房郑氏在祭祖仪式上也会重温家训，不断激励后人。

（2）十七房"三宝"：旗杆、护城河、马头墙

郑氏十七房的旗杆、护城河、马头墙被当地土著归为"三宝"，俚语称：十七房有三宝。旗杆最多、最高，宁波都能看到；十七房三年不下雨，河水不会涸；十七房马头墙最多，一级要比一级高，台风吹不到。旗杆，是中国古代社会标举家族地位的象征。一般来说，族中有考取功名及出仕者，方可在家门卓立旗杆，杆上会载记表彰者的出身、官位及姓名。郑氏十七房历代人才辈出，科第蝉联，因此建有大量起表彰作用的旗杆。十七房里，郑氏大宗祠附近小弄内旗杆最多、最高，遂名"旗杆格弄"。郑氏十七房旗杆因数量众多，在宁波府城也能看见。位处滨海的郑氏十七房有着完善的护城河体系，护城河既与东海相通，又通过错综复杂的水系与浙东大运河相互通连，同时，村中家家户户都建有埠头。如此巧妙的人工水系，一方面使得十七房交通便利，通江达海，自家门口即可乘船赴杭赴京；另一方面使得十七房"无雨不干，大雨不涝"，更不用担心村中火情，实是最为典型的浙东水乡符号。马头墙的级数越多，代表门第也越高。郑氏十七房马头墙多为四级，也有五级，高于浙东村落的平均级数。郑氏十七房马头墙檐角上还有"下山虎"等各种动物造型，精巧别致。可以说，郑氏十七房马头墙极具视觉冲击力，也是郑氏十七房的象征。

（3）寓意吉祥、造型丰富的门窗装饰艺术

寓意吉祥、造型丰富的门窗装饰艺术也是郑氏十七房核心文化基因的典

型语言与符号要素。在郑氏十七房，不同材质的门窗有着不同的图案。如木制门窗，以几何纹样为主，包括圆锦纹、回纹、万字纹、冰裂纹、菱花纹等；石雕窗、砖雕窗多以镂雕为主，其中，石雕窗装饰图案有"天女散花""和合神仙""仙姑戏鹿"等，砖雕窗装饰图案有"金钱连贯""蝙蝠祥云"等；琉璃窗则多以绿色陶瓷为原材料，配以"梅花常开""菱格叠翠"等图案。除去门窗主图案外，还有若干配角图案，如果品、鱼类、狮、象、珍草等。这些主、配图案、纹样均寄寓了平安、幸福、富贵、和睦等居住生活理想，如"蝙蝠"寓意"福到"，"石榴"寓意多子。十七房门窗附件的装饰艺术也颇值得留意，如栓斗、栓墩、插栓上均雕有吉祥图案，或瑞花珍草，或圣贤哲人等。总之，郑氏十七房门窗装饰艺术展现着郑氏十七房族人独到的审美意趣，还从侧面还原了清中晚期浙东艺术风格与人文内蕴。

4. 规范要素

（1）封建礼法与浙东传统影响下的建筑规范

在我国古代封建礼法影响下，建筑布局与设计严格遵循等级秩序观念。郑氏十七房在建筑设计上，一方面遵循封建礼法，另一方面也深受浙东传统影响。郑氏十七房聚族而居，村中无旁姓建筑。在总体布局上，建筑空间以长500米的道路为南北中轴线，周围环以十几幢规模庞大的宅院（包含小九房、大祖堂房、立房、恒祥房、后堂楼、鼎丰房、三房堂房、恒德房、典当房、后新屋、全盛房、东房、西房、中央房、宗祠等），村落的四周又围以五六米宽的护城河。长方形的滨江村落形态是浙东水乡聚落的典型，保证了每家每户拥有便利的出行交通，出门即可通江达海，入仕经商。在大宅院内部格局设计上，巧妙地强化了浙东"四水归堂"式方案。这些大宅院由多重院落组成，以堂前为轴心，横向延展成并列的五至六进庭院，纵向扩展成前中后四至五个天井，呈现出恢宏的家族气象。同时，大宅院之间各幢房屋既通过高大的风火墙独立成一单体，又通过栅栏门、小石桥、小弄堂等东西贯通、南北呼应，以此形成一个彼此紧密联结的宗族建筑群体。需要注意的是，十七房中建于明代的"大夫第""进士第"在建筑空间上颇有辐射统括的意义。除去居住空间外，郑氏十七房内部还形成了专门的商业空间。十七房河边有一条南北走向的传统街市，全长约210米、宽5米，尚保存有明清民国时期遗存下来的石作坊、典当行、邮政代办所、水龙会、保卫团、柴草牙行、染坊、酒楼、米店、酒作

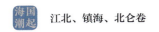

坊、栈房等。可以说，受封建礼法与浙东传统影响下的十七房建筑规范体现了郑氏"崇商尊儒"的家族传统。

（2）宗族观念与滨海风俗影响下的节庆仪式

宗族观念与滨海风俗影响下的节庆仪式也是郑氏十七房核心文化基因中的重要规范要素。在我国古代，传统节庆仪式构成了凝聚人心、稳定秩序的礼制空间，内蕴极为丰富。在郑氏十七房，"灯节"是正月里一个重要的节日，主要内容是拜灯、祭祖、娱神。时间上，一般每年的正月十三称"上灯"，正月十七为"落灯"。也有采用其他"上灯"时间的，如大祖堂定为正月十五夜，三房堂定为正月十六夜。每到"灯节"，十七房各房分别在各自堂前举行仪式。各房堂前设有长供桌数张，上供神灵，桌上摆放的祭品有五牲（猪头、全羊、肚肺蛋、公鸡、鹅等）、五素（水果、干果、馒头、葱卷等），外加酒水。此为"祭神"。堂下摆两桌祖宗羹饭，必备十二大盘菜，外加酒水、馒头、糕点、果品等，是为"祭祖"。祭祖菜品往往比较考究，体现了族人对先祖的尊崇与追思。此外，"灯节"期间，郑氏家族还要共同举行"娱神"活动。"娱神"活动由十七房族人每年轮值组织，费用则从祠堂公田收入中支出。一般请两班吹行班，每班三到四个人，上下分列吹打，十分热闹。也有唱五天五夜的蛟川走书以"娱神"的，近来更有组织大规模澥浦船鼓"娱神"的。可以说，以"灯节"为代表的郑氏十七房节庆仪式既体现了传统宗族观念，也是滨海风俗互相影响的结果。

（二）郑氏十七房核心文化基因的提取与评价

郑氏十七房一方面以其规模宏大的清代建筑群落成为珍稀宝贵的物质文化遗产，另一方面更以其建筑群落中饱含的人文底蕴展现了非物质文化遗产的魅力。无论是其代代尊奉的郑氏十七房十六字家规家训、十七房"三宝"、寓意吉祥造型丰富的门窗装饰艺术等语言与符号要素，还是封建礼法与浙东传统影响下的建筑规范、宗族观念与滨海风俗影响下的节庆仪式等规范要素，抑或是善于经营、敢于创新的创业精神，团结互助、自强不息的宗族精神，报本思源、反哺家乡的慈善精神等精神要素，都是宁波文化、浙东文化的重要组成部分与典型体现。而郑氏十七房"崇商尊儒，明礼诚信，乐善好施，慈孝睦邻"的道商型家训，可以说正是宁波商帮共同具有的人文基因。

1. 生命力评价

郑氏十七房核心文化基因具有强大的生命力。据郑氏十七房宗谱记载，早在郑氏十七房始迁祖郑靖侯自荥阳迁居明州之初，此处就受到了宋高宗的青睐，接待了逃难至浙东澥浦的高宗一行。无论事实上接待与否，这一记录可以表明郑氏作为中原世家，在浙东开基之初便拥有较为丰厚的物质与文化资源。十七房郑氏定居宁波后，一边经商一边读书，同时尊崇商道与儒学，最终在明中后期由郑东沧定下了"崇商尊儒，明礼诚信，乐善好施，慈孝睦邻"的家规家训。进入清代，郑世昌在康熙年间即远赴北京创业，在东四大街开设有四恒银号，直到晚清，郑氏都是北京的银钱业大佬，举足甚至影响国势。晚清至民国时期，还诞育了郑景丰（国内民信局之首全盛源记民信局创办者）、郑方正（国内蛋业之首及冷藏业之始茂昌蛋品公司创办者）、郑尊法（中国民族墨水工业开拓者）等重要领域的民族企业家。在现当代，还有郑达甫（上海市文史馆馆员）、郑百平（美国万利轮船公司经理）、郑家骏（美国堪萨斯大学癌症研究院院长）、郑基英（江汉石油学院教授、荆州市人大常委会副主任）、郑颖人（中国工程院院士）、郑毓明（美英石油公司国际贸易副总裁）等各领域英杰。郑氏十七房自始迁祖郑靖侯定居宁波迄今，已经诞育了并正在源源不断地诞育着各行各业众多精英豪杰，这正是郑氏十七房核心文化基因强大生命力的最好体现。

2. 凝聚力评价

郑氏十七房核心文化基因曾广泛凝聚起区域群体的力量，显著推动过社会经济文化的发展。郑氏十七房自南渡以来，一直致力于商道，同时以儒学为内养，"崇商尊儒"之学贯穿于十七房郑氏家族发展的始终。以清朝为例，康熙年间郑世昌承父命外出经商，在北京东四大街开设四恒银号这项重大创业，就是在郑氏家族的共同努力下推进的。从康熙到光绪中期，郑氏共有6支经商集团，这些经商集团之间信息交流机制便捷，共享家族发展成果。又如在上海开创旅沪"宁波帮"最早钱庄业的郑勋，也并非单打独斗，其背后是郑氏十七房家族数百年来的文化基因熏陶以及族人通力团结的结果。直至今日，郑氏十七房后裔依然互帮互助，形成了一个较为紧密的庞大家族财富集团，是延续至今的宁波商帮典型。而郑氏十七房建筑本身，则是郑氏家族紧密凝聚的物化表征。从另外一方面来说，十七房郑氏作为最早的"宁波帮"，对宁波其他商帮家族起到了较为积极的引领作用。明代正德年间十七房郑冲经商致富捐粮，比宁波人孙春阳在苏州开设南货铺早半个多世纪。而郑世昌父亲康熙初年即在北京经商，此后130年才有镇海方亨宁在嘉庆元年（1796）于上海经营糖行和丝号，此后160年才有镇海李也亭在上海南码头当学徒。可以说，郑氏十七房蕴含的核心文化基因对宁波商帮走向全国、走向世界助益良多。

3. 影响力评价

郑氏十七房以代代相传的家族财团为核心，以宗亲、同乡为纽带。一方面，十七房郑氏通过联姻，在弱肉强食、对手如林的商海中抱成一团，宗亲助宗亲，姻亲帮姻亲。一方面，十七房郑氏以地缘为纽带，同乡助同乡，互为照应，风雨同舟。这种同族、同乡的结合，群体互助意识的建立，对内具有强大的凝聚力，管理富有人情味，对外则具有抵御风险的能力，富有竞争力，初步形成了"宁波帮"的雏形，影响甚为深远。然而作为坐落于镇海澥浦的古村落，郑氏十七房又十分低调，虽然在"宁波帮"内影响不小，对"宁波帮"发展贡献很大，但在外界长期不受人瞩目。直到1995年2月，新华社播发《宁波发现全国最大明清民宅》，同年4月，郑氏十七房被公布为镇海区级文物保护点。其后，《人民日报》《文汇报》《中国文物报》《浙江日报》以及香港《文汇报》等众多媒体竞相报道，十七房才真正意义上在全国乃至全世界声誉鹊起，来参观、研究的海内外各界人士络绎不绝。1997年6月，中央电视台来到郑氏十七房拍摄了专题片《尘封的家族史》。2011年，郑氏十七房更是成功创建国家4A级景区，加快了保护性开发的进程，以中华优秀传统文化的内蕴及最早宁波商帮家族的文化景观吸引着全世界的目光。同年，由中共镇海区委、镇海区人民政府主创，以近代郑氏十七房为题材的25集电视连续剧《郑氏十七房》完成拍摄，2013年正式于中央电视台电视剧频道上映。该剧以郑氏十七房景区为主场景，讲述了1911年到1941年30年间十七房后代郑博海从闯荡上海滩到保卫镇海城的波澜壮阔的史诗。电视剧《郑氏十七房》引起广大观众的强烈反响，进一步扩大了郑氏十七房的社会知名度。近年来，郑氏十七房先后被授予"中华传统文化节庆传承基地""长三角世博主题体验旅游示范点""中国美术学院采风写生基地"等，成为多家机构的实践或创作基地。

4. 发展力评价

郑氏十七房核心文化基因与当代精神追求和价值观念契合，能够得到创造性转化、创新性发展。一方面，郑氏十七房家族善于经营、敢于创新的创业精神，团结互助、自强不息的宗族精神，报本思源、反哺家乡的慈善精神至今仍是天下"宁波帮"的共同核心文化基因，教导着一代代宁波人发奋、向上、图强、创新。另一方面，作为世界现存规模最大且保存最为完整的清代古建筑村落之一，那些至今仍保留着的封建礼法与浙东传统影响下的建筑规范、宗族观念与滨海风俗影响下的节庆仪式，无疑具有较好的文旅开发潜力。目前，郑氏十七房正在进行深入开发，融合农、旅、文、学四大产业要素，延伸明清街、创意集市等业态，拓展乡村旅游板块、民俗文化商业街区，将形成一个集休闲度假、文化旅游、购物餐饮、婚庆娱乐、农业观光等多功能于一体的体验型新景区。此外，郑氏十七房当今族人代表也沿袭家族传统，报本思源、反哺家乡，推动着家乡宁波现代化滨海大都市的建设。

（三）郑氏十七房核心文化基因的转化利用

郑氏十七房一方面保存有较好的物质文化形态，也是宁波文化的物质载体；另一方面自南宋迄今，十七房郑氏秉承着"崇商尊儒"的家训，以儒为核，坚持商道，是宁波商帮最早的家族财团。郑氏十七房核心文化基因的转化利用，应以郑氏十七房核心文化基因中精神要素为核心，以物质要素、语言与符号要素为载体，以规范要素为突破，一方面加强郑氏十七房家族及建筑研究，加强联络全世界十七房郑氏后裔反哺家乡，另一方面集纳甬商文化、浙东文化、海洋文化诸特色，通过传统村落的现代化保护性改造，策划能够体现历史文化街区"文旅融合"发展的旅游休闲项目、文化活动、研学教育等。

1. 加强郑氏十七房家族及建筑研究

加强郑氏十七房家族及建筑研究是郑氏十七房核心文化基因转化利用的前提。郑氏十七房自始祖郑靖侯南宋初迁居明州澥浦灵绪乡以来，以商为道，成为宁波地区最早的家族性商帮集团；其聚族而居的生活形态，又形成了世界现存规模最大且保存最为完整的清代古建筑村落之一。如今，原郑家、路沿郑、庙后三个自然村合并成十七房村。更多的十七房郑氏族人则分布在上海、北京以及欧美等地创业，十七房家族企业可谓布局全球。在物质与非物质文化遗产保护与传承方面，在 1995 年郑氏十七房引起轰动前后，相关学术力量就开展了不少学术研究。郑建军 2003 年发表的论文《十七房郑氏与"宁波帮"》

正式提出了十七房郑氏是"宁波帮"中绵延时间最长、势力最大的商业家族。2009年，黄胜涛、郭学勤主编的《走进郑氏十七房》由宁波出版社出版。2012年，郑祥岳主编的《镇海十七房村志》出版。2018年，郭学勤著作《镇海十七房郑氏宗族》由浙江大学出版社出版。这一系列论著，都是对郑氏十七房的研究成果，对于转化利用郑氏十七房核心文化基因无疑具有重要价值。此外，十七房村目前还积极开展中华优秀传统文化及郑氏十七房核心文化基因的传承活动，如在村文化礼堂举行优良家风家训的展览，展出的不仅有郑氏十七房家族特有的十六字家规家训，还有具有浙东海洋特色的澥浦农民画。这些文化基因传承活动收效明显。

今后应继续举办"宁波帮"文化论坛，以连续举办论坛的形式，召集专家学者，挖掘"宁波帮"文化，提炼"宁波帮"精神，推动"宁波帮"文化发展，其中重点选题可设置为郑氏十七房研究。成立郑氏十七房文化研究中心，专门进行郑氏十七房家族及建筑研究，整理出版一批相关论著，特别是资助一批硕士、博士开展以郑氏十七房为主题的学术研究。

2. 提质打造郑氏十七房景区

郑氏十七房景区目前是郑氏十七房核心文化基因传承转化最重要的物质载体，应提升十七房景区现有建筑遗迹的文化内涵展示效果，通过优化空间布局、业态开发等形式提升景区吸引力。具体言之，一方面，以博物馆展示郑氏文化，以九个主要建筑单体中的后堂楼、洽礼堂、典当房三个单体作为博物馆形式的展馆。后堂楼作为"望族博物馆"重点开发，展示十七房的发展历史、甬商之源等；洽礼堂设立"望族女性博物馆"，围绕女性教育，体现女性文化；典当房设立典当行业展馆，通过模拟当铺、钱庄的内部场景来重现历史发展及行业概况。另一方面，在各大景区建筑中融合古代与现代，全力打造不一样的古村落。如在栈房设立传统小吃作坊"DIY"一条街，运用传统手段和技术当场制作小吃，再现当年街市场景；栈房北面还有一个小戏台，可以上演一些独具地方风味的戏曲等节目；立房将设立嘉年华娱乐一条街，集休闲和娱乐于一身；源茂房设财神殿和民间绝活表演，给游客不一样的感受；兴房则设独具特色的十七房私家菜馆；等等。

3. 开发浙东特色旅游线路系列产品

首先，面向现代"宁波帮"及其他商界人士，打造"儒商寻根游"，路线为：包玉刚故居—邵逸夫旧居—叶氏义庄—宁波帮博物馆—郑氏十七房—海上丝绸之路起碇港—招宝山。其次，面向一般游客，打造"古城夜游"，以郑氏十七房古村落为主体，设计以巷弄、水系为线路的灯光秀项目。最后，面向大、中、小学生，打造"甬商文化研学游"，打造"宁波帮"文化重点教育培训基地，开展研学旅行。

4. 打造一批艺术推广作品和文创产品

在音乐、美术方面，举办音乐、美术或摄影创作大赛，以艺术方式提炼郑氏十七房文化基因，扩大影响力。在动漫、游戏方面，挖掘郑氏十七房名人传说故事，针对儿童群体创作动漫作品。在古村时尚（旗袍）秀方面，将郑氏十七房文化基因作为舞台上的时尚（旗袍）秀主体，将音乐、服装、舞蹈等融合开发。重点打造情景剧《梦回十七房》，通过音乐、舞蹈、华服、奇幻实景等多种形式，展现"宁波帮"先驱们艰苦创业的历史故事。《梦回十七房》以老凤祥创始人郑熙为主角原型，展现"宁波帮"先驱艰苦创业的故事，实现"人在戏中，戏在人中"，让观众感受"宁波帮"精神和传统文化之美。在郑氏十七房文创产品方面，恢复并制作郑氏十七房传统糕点等食品、手工艺品，展示十七房古村的文化基因。同时，以郑氏十七房为主题，制作一系列含古建筑、老照片、民俗在内的风物明信片。

参考文献

1.郭学勤：《镇海十七房郑氏宗族》，浙江大学出版社 2018 年版。

2.黄胜涛、郭学勤：《走进郑氏十七房》，宁波出版社 2009 年版。

3.郑毓岚：《蛟川杂记》，宁波出版社 2017 年版。

叶澄衷铜像（镇海区中兴中学供图）

叶氏义庄大门（镇海区文保所供图）

三、叶氏义庄

叶氏义庄，又称忠孝堂义庄，近代中国著名教育史迹，近代"宁波帮"重要文化遗产，位于镇海区庄市街道叶家村。叶氏义庄由晚清"宁波帮"领袖人物"五金大王"叶澄衷先生（1840—1899）发起并出资，叶澄衷弟叶成孝赞助，叶澄衷族叔叶志铭主持建成于清光绪二十九年（1903）。叶氏义庄以"敦宗睦族，兴学救灾"为宗旨，内设叶氏义塾和赈灾用的粮仓、牛痘局、水龙会等。叶氏义塾光绪三十二年（1906）更名为叶氏中兴学堂，民国五年（1916）改为私立中兴学校，1987年重建并更名为中兴中学。叶氏义塾因其首屈一指的教育理念与办学成就领先于时代，素有"江南第一学堂"之誉。同时，叶氏义庄既为"宁波帮"先驱叶澄衷筹建，又培养出世界船王包玉刚、影视巨擘邵逸夫、香港建筑业巨子叶庚年、著名实业家包从兴和赵安中等一大批"宁波帮"工商巨子与各界精英，故又有"宁波帮摇篮"之称。2007年，叶氏义庄设立叶澄衷史迹陈列馆，对外开放。2017年，叶氏义庄被列入浙江省级文物保护单位。

（一）叶氏义庄核心文化基因解析

1. 物质要素

叶氏义庄核心文化基因的物质要素主要为晚清浙东风格义庄建筑。叶氏义庄是具有典型晚清浙东风格的义庄建筑。叶氏义庄占地面积2800平方米，建筑面积1045平方米，石块地坪。整体坐北朝南，呈"H"形分布。叶氏义庄建筑系硬山顶砖木平面层结构，由厅堂、东西厢房组成三合院，内设教室、礼堂等。厅堂，即忠孝堂，单层，面阔三间，进深五柱七檩，有前廊，象鼻牛腿雕刻如意、花草、人物等图案。厅堂正中竖立叶澄衷先生铜像一尊。上挂匾额三方，从右至左为："乐善好施""忠孝堂""勇于为善"。明间双梁抬柱，设前、后两厅。东、西厢房，单层，各面阔十二间两弄，进深四柱六檩，有前廊。东厢房内陈列叶澄衷先生史迹，即叶澄衷史迹陈列馆。围墙南边正中设中式门头，匾额题写"叶氏义庄"四字。叶氏义庄办学突出、人才辈出，加之又为晚清浙东风格义庄建筑，修造严格、雕刻精致，对研究近代中国教育史、"宁波帮"历史、浙东建筑史均有较高的价值，2000年被公布为镇海区级文物保护单位，2017年被列入浙江省级文物保护单位。

2. 精神要素

（1）因时直上、敢为人先的开拓创业精神

叶氏义庄核心文化基因精神要素首先体现为因时直上、敢为人先的开拓创业精神。叶氏义庄开创者叶澄衷先生，原名成忠，镇海庄市人，生于第一次鸦片战争爆发之际的1840年。叶澄衷6岁丧父，家境十分贫寒。11岁进油坊当学徒。14岁赴上海谋生，在一家杂货铺当学徒。那时候，上海开埠不久，新事物不断涌现。不甘做小学徒的他，17岁又去黄浦江摇舢舨谋生。后因拾金不昧，诚信为人，且头脑活络、做事干练，赢得了中外豪商重视，获英国领事馆准许，上外轮买卖船用小五金，生意日益兴隆。几年后的同治元年（1862），叶澄衷便在百老汇路（今大名路）开设顺记洋杂货号。叶澄衷抓住新上海的商机，不久又在白渡桥北堍（今北苏州路乍浦路东）开设可炽铁号，在北京路增设新顺记五金店，在汉口和苏州开设燮昌火柴厂，时称"五金大王"。赚得大量收入后，叶澄衷进一步投资银行业、房地产等产业。在他光绪二十五年（1899）去世时，其商业帝国已涉及五金、火油、金融等九大领域，在全国各地设立分号38家，联号达200多家。因此可以说，叶澄衷不仅是近代宁波商帮的先驱和领袖，更是海上首屈一指的巨贾，是近代中国第一批民族资本家代表。

（2）开创学校、培植人才的教育救国精神

叶澄衷出生于第一次鸦片战争爆发之时，去世于八国联军侵华战争前夕，可以说，他的一生经历与晚清动荡的国内外局势密不可分。叶澄衷虽然与当时

旅华的外国人有不少商业上的合作，也因此获得不少利益，但他始终心系中华民族的命运。他曾说过："中国之积弱由于积贫，积贫由于无知，无知由于不学。兴天下之利，莫大于兴学。"在他去世之前夕，提议创建了两所对于近代中国而言甚为重要的学校，向后人展现了他开创学校、培植人才的教育救国精神与拳拳赤子之心。

他开创了上海史上第一所中国人主办的新式学堂——澄衷蒙学堂。光绪二十五年（1899），叶澄衷捐银 10 万两（后其长子叶贻鉴又追加 10 万两），在唐山路 457 号购地 30 亩，建起上海第一所中国人开办的新式学堂，即"澄衷蒙学堂"。澄衷蒙学堂光绪二十七年（1901）开学，总教习为蔡元培。光绪二十八年（1902）秋，第一任校长刘树屏出任安徽芜湖观察使，蔡元培代理校长。同年改设初等小学、高等小学，后又设中学。晚清至民国年间，澄衷蒙学堂培养出了丰子恺、胡适、李达三、李四光、钱君匋、夏衍、袁牧、竺可桢、倪征燠等一大批各界精英。至今，上海市澄衷高级中学依然继承着叶澄衷教育救国的精神，继续为祖国培养大量人才。

同时，他开创了近代宁波史上最为典型的义庄与义塾——叶氏义庄（塾）。光绪二十五年（1899）叶澄衷去世前立下遗嘱，其中给其族叔叶志铭（洪涛）的遗嘱称，他拟效法北宋范仲淹先生开创的"范氏义庄"，在宁波设立"叶氏义庄"，以"敦宗睦族，兴学救灾"为宗旨，用于接济"贫、穷、鳏、寡、孤、独"及"寒君子弟"。光绪二十八年（1902）叶氏义庄开建，光绪二十九年（1903）正式建成。光绪三十年（1904），设于叶氏义庄内的叶氏义塾招生。叶氏义塾开始只招叶氏子弟，光绪三十二年（1906）更名为叶氏中兴学堂，向外姓开放。民国五年（1916），更名为私立中兴学校。叶氏义塾创办后，培养了世界船王包玉刚、影视巨擘邵逸夫、香港建筑业巨子叶庚年、著名实业家包从兴和赵安中等一大批现当代宁波籍工商巨子与各界精英。至今，曾在叶氏义塾读书的"宁波帮"名士及其家族仍然为中国经济与文化做着巨大的贡献。

（3）扶救贫弱、服务社会的公益慈善精神

叶氏义庄创办者、继承者及其培养与影响的一代代人士都体现了扶救贫弱、服务社会的公益慈善精神。譬如叶氏义庄创办者叶澄衷先生，作为近代开埠后第一代宁波商帮代表，一生热心社会公益慈善事业。他在上海时襄建了崇义会、广益堂等公益慈善组织，还在光绪年间担任宁波旅沪最大公益组织四明

公所的董事。叶澄衷殁后，其后裔继其志向，将其在沪北所购地基用于建造四明公所北厂。叶澄衷还多次在灾荒之年出巨资赈济浙、鲁、豫、直等灾区，受到清廷嘉奖。光绪十四年（1888），清政府奖其"乐善好施""勇于为善"之匾。除上海外，他还出巨资为家乡社会办了不计其数的善事，受到人们的赞扬与爱戴。比如他发起创建的叶氏义庄，不仅有叶氏义塾，还有赈灾用的粮仓、牛痘局、水龙会等公益慈善机构。其中水龙会，即救火队，由叶氏义庄组织，当地青年自愿参加。叶氏义庄将水龙会设在义庄中，既使得义塾有校工，便于照看和管理学校和学生，又可利用水龙会培养学生的消防意识。

（4）造福桑梓、利泽同乡的爱乡敬梓精神

叶氏义庄核心文化基因还体现出造福桑梓、利泽同乡的爱乡敬梓精神。光绪二十五年（1899）叶澄衷去世前立下遗嘱，其中给其族叔叶志铭的遗嘱称："吾族集聚仅百家，而大半皆属贫、穷、鳏、寡、孤、独，最宜矜恤。间有老病废疾无力谋生，丧葬嫁娶无资措办，以及寒君子弟艰于读书诸憾事，均属情有可悯。吾心欲仿范氏之遗法者久矣！兹先划奉规元三万两，到祈察收，或先存庄，或竟置产。至建义庄，厘定章程，一切惟吾叔综其事，任举数人，以襄其成。务求妥为办理，期于久远，实事求是，勿稍推诿。他日庄屋落成，即名其堂曰'忠孝堂'，盖取吾兄弟两人之名者。因成孝创造宗祠，广置祀产，与吾司一志也。"也就是说，叶澄衷在去世前念念不忘的还是关系家乡人民的公益慈善事业，他想仿效北宋范仲淹在家乡兴建义庄接济贫民。

所谓"义庄"，即中国古代社会一种公益慈善组织，往往由特定宗族人士出资筹建，用以赈济族内外贫民，并购置有田产（即"义田"）以作运营资金。义庄功能丰富多样，其中往往建有"义塾"，由义庄出资延请塾师，免费供族内子弟读书。叶氏义庄于光绪二十八年（1902）开建，光绪二十九年（1903）正式建成。光绪三十年（1904），设于叶氏义庄内的叶氏义塾招生。光绪三十二年（1906），叶氏义塾更名为叶氏中兴学堂，向外姓开放，试行初级四年、高级三年或七年一贯制。谢觐虞、金茂如相继担任校长。民国五年（1916），更名为私立中兴学校。民国十七年（1928），改为六年一贯制，初小四年，高小二年。叶氏义塾人才喷涌，包玉刚、邵逸夫、叶庚年、林连水等商界领袖曾就读于此，教育史称此为"中兴现象"。同时，叶氏义庄建造之初还购置田产1312亩，用作永久基金，每年收益用于义塾、牛痘局及社会慈善事业经费。

3. 语言与符号要素

（1）《澄衷蒙学堂字课图说》

光绪二十五年（1899），叶澄衷捐银 10 万两建起上海第一所中国人开办的新式学堂"澄衷蒙学堂"。澄衷蒙学堂校本教材《澄衷蒙学堂字课图说》在近代中国教育史上非常知名。该书初版于光绪二十七年（1901），其后迅速风靡全国，成为各地小学通行教材，被广泛使用。《澄衷蒙学堂字课图说》在晚清至民国年间产生数十个版本。翻印之多、流布之广，充分表明了其内容之富、质量之优。近代教育史研究学者认为，《澄衷蒙学堂字课图说》是中国近代以来第一部教科书，在中国教育史上有着划时代的意义，故誉其为"百年语文第一书"。曾就读于澄衷蒙学堂的胡适说过："中国自有学校以来，第一部教科书，就是《澄衷蒙学堂启蒙读本》（按：即《澄衷蒙学堂字课图说》），这一部读本在中国教育史上，有着历史性的价值。"叶氏义塾创办之初也采用了该启蒙教材，取得了良好的教学成果。因《澄衷蒙学堂字课图说》为叶澄衷先生办学成果，故也是叶氏义庄核心文化基因的重要语言与符号要素。

（2）叶氏义塾校训"勤朴肃睦"

叶氏义庄内叶氏义塾及其后之中兴学堂，均以先进的办学理念、前沿的授课内容著称。此外，该校延续至今的校训"勤朴肃睦"可谓叶氏义庄核心文化基因重要语言与符号要素。"勤朴肃睦"可以说是叶澄衷及其培育、影响的代代"宁波帮"的重要精神符号。所谓"勤"，指凡做事须勤奋刻苦，不得懒惰怠慢。人生知识与财富的获得皆在一"勤"字，学习勤则学习优，即使拙笨，勤也能补之；工作勤则容易受到领导奖赏、贵人提携，拥有更多的发家机会。所谓"朴"，指为人方面要勤俭朴素，即使家产万亿，也要以朴素聪明之法用之，以免毁家；待人方面要朴实真诚，只有如此，才能受到他人真正的信赖，获取更多的良机。所谓"肃"，并非一直死板着脸的意思，而是指于己须慎独，要设立目标并严格执行；待人接物态度方面须认真严肃，不得视承诺如儿戏。所谓"睦"，即和睦。真诚待人，与人为善，在家和睦家人，在外和睦他人，才能臻于至善至美。近代以来，代代"宁波帮"人士正是秉承着"勤朴肃睦"的精神内核，从成功走向成功。

4. 规范要素

（1）浙东文化中举行公益慈善的社会机制

叶氏义庄核心文化基因规范要素首要体现为浙东文化中举行公益慈善的社会机制。宁波自宋以来存在大量兴办慈善事业之举，如宋元时期史浩、汪大猷、沈焕及楼氏、余氏、应氏、董氏均建立有"义田"。晚清时期，宁波小港李容家族的宝善义庄、骆驼柏树方村方仁高的养正义庄，都是代表。而叶澄衷代表近代宁波商帮第一代，也继承与创新了延绵已久的浙东公益慈善社会机制。

叶澄衷一方面通过自己的摸爬滚打，逐渐在开埠不久的上海滩建立起自己的商业帝国，另外一方面，他也深感自己出身贫寒，对于同样处于贫寒境地的人民心怀悲悯。于是，他慷慨捐出巨资，分别在上海、宁波建立起新式学堂，聘用先进教师，编写先进材料，可以说，他对中国教育近代化做出了不可磨灭的贡献。他自撰学堂对联称："余以幼孤，旅寓申江，自伤老大无成，有类夜行思秉烛；今为童蒙，特开讲舍，所望髫年志学，一般努力惜分阴。""余以幼孤"是他刻骨铭心的经历，"努力惜分阴"是他对中国后继者们的训导。

当然，叶澄衷对他所建立的庞大财富集团的成员们也十分关切，光绪二十三年（1897）时就倡议建立"怀德堂"，以"联同人而恤孤嫠"。也就是说，凡叶氏企业及其分号的伙友，只要是遭遇个人及家庭变故的，怀德堂便有赈济帮扶的慈善救济责任。光绪二十六年（1900），怀德堂在澄衷蒙学堂东面开工，光绪二十七年（1901）落成，前后厅房、侧厢共20多间，所有工程用费都是叶澄衷出资。以叶澄衷为代表的近代"宁波帮"群体，在近代中国社会继承与创新着浙东地区公益慈善社会机制。叶澄衷由于事迹突出，早在当时就被广誉为"学人要学叶澄衷"。

（2）叶氏教育体系中视野宽广的办学理念

叶澄衷所筹建的上海澄衷蒙学堂、宁波叶氏义塾虽然在他死后才建成开学，但他无疑是这两所学校在物质与精神两方面的双重"父亲"。叶氏教育体系中视野宽广的办学理念，是叶氏义庄核心文化基因中重要的规范要素。胡适在《四十自述》一书中回忆了澄衷蒙学堂的学科设置、管理制度和部分教师等，他说："澄衷的好处在于管理的严肃，考试的认真。还有一个好处，就是学校的办事人真能注意到每个学生的功课和品行。"此条可以表明澄衷蒙学堂学风之严谨、管理之严格。澄衷蒙学堂创办之初很重视创新，重视研究儿童学习的规律特点，如该校第一任校长刘树屏认为，传统教科书"不责以日用行习之常，而反语以性与天道高远难行之旨"，不利于普及教育、发展智识。于是，他亲自编写《澄衷蒙学堂字课图说》，并由吴子城配图。《澄衷蒙学堂字课图说》图文并茂，内容详略得当，能够很好地帮助儿童看图识字，被后世誉为"百年语文第一书"。此外，晚清澄衷蒙学堂三分之一课程是"英语"，这也是该校为了适应社会发展需要做出的重大教育举措。此外，叶氏义庄中叶氏义塾作为新式学堂，在创立之初，其教育理念就一直走在时代的前列。至民国十七年（1928），中兴学校改为六年一贯制，除常规科目外，还增设英语、珠算等科目，到了高年级加设代数，后来还首次招收女生。从叶氏义塾到中兴学校，教师负责，学风新正，学生们纷纷怀着开阔的世界视野，奠定着未来辉煌事业的基石。

（二）叶氏义庄核心文化基因的提取与评价

光绪二十九年（1903）由近代第一代"宁波帮"领袖叶澄衷先生筹建的叶氏义庄建成，光绪三十年（1904）设于叶氏义庄内的叶氏义塾开始招生，这在宁波教育史、宁波商帮史上具有划时代的重要意义。叶氏义庄继承并创新了浙东文化中举办公益慈善的社会机制，确立了视野宽广的办学理念，使得义庄、义塾遥遥领先于时代。而"百年语文第一书"《澄衷蒙学堂字课图说》，以及叶氏义塾校训"勤朴肃睦"更是叶澄衷及其教育体系给中国人带来的近代新风。叶氏义庄核心文化基因中所蕴藏与彰显的因时直上、敢为人先的开拓创业精神，开创学校、培植人才的教育救国精神，扶救贫弱、服务社会的公益慈善精神，造福桑梓、利泽同乡的爱乡敬梓精神，在当代与未来都将发挥重要的建设性价值。可以说，叶氏义庄核心文化基因具有强劲的生命力、凝聚力、影响力及发展力。

1. 生命力评价

叶氏义庄本身是浙东文化中举办公益慈善的社会机制的成果，是叶澄衷先生自觉继承浙东文脉、创新浙东慈善的物质文化体现，创立伊始就体现出强劲的生命力。叶氏义塾无论是光绪三十二年（1906）更名为叶氏中兴学堂，还是民国五年（1916）改为私立中兴学校，始终秉承其开创者所确立的"勤朴肃睦"校训，熏染影响着一代代学子，使他们成为宁波商帮与浙东文化的优秀继承者。虽然1949至1987年间，叶氏义庄停止经营慈善公益事业，但受到其教育而成长为世界栋梁的新一代"宁波帮"却重新审视过去的历史，使得叶氏义庄再次以崭新的面貌重现于世。至今，无论是前去叶氏义庄研学旅行的游客，还是在中兴中学就读的学子们，都在继续发扬叶氏义庄核心文化基因，不断成就着"宁波帮"的辉煌。

2. 凝聚力评价

叶氏义庄核心文化基因曾广泛凝聚起区域群体的力量，显著推动过社会经济文化的发展。叶氏义庄虽为叶氏一家发起创建，但在其经营社会慈善事业的过程中，无疑得到了大量宁波善士的支持，起到了示范带头作用，使得一批批慈善机构接踵成立。同时，叶氏义庄更为重要的成就是培养了走向世界的包玉刚、邵逸夫等优秀"宁波帮"传人，他们继承了叶氏义庄的开拓创业精神、教育救国精神、公益慈善精神及爱乡敬梓精神，改革开放后，陆续回到祖国，为家乡捐建学校、医院等。以邵逸夫为例，这位被誉为"21世纪大慈善家"的叶氏义塾学子，平生共向内地捐赠约47亿港元，兴建了6000多个教育和医疗项目，其中80%以上为教育项目，受惠学校千余所，全国各地的逸夫楼见证着他的卓越贡献。此外，邵逸夫还热心捐助受自然灾害影响的地区，例如在2008年，向四川地震灾区捐款1亿港元。2008年，中华人民共和国民政部向邵逸夫颁授"中华慈善奖终身荣誉奖"，以表彰他长期致力于慈善事业的精神。

3. 影响力评价

叶氏义庄核心文化基因具有全国性、世界性的影响力。众所周知，镇海区庄市街道是著名侨乡，而叶氏义庄在侨乡形成过程中发挥着巨大的作用。自光绪二十九年（1903）至今，百年以来，叶氏义庄人才辈出，培养了"世界船王"包玉刚、香港最成功的十大企业家之一"邵氏集团"创建人邵逸夫、西非纺织业领袖包从兴等一批"宁波帮"工商界精英。此外，还培养出大量遍及各领域的专家、学者，如高级家具设计师兼画家阮维肇、著名医学家王尔功教授、著名教育家包启昌教授、著名翻译家吴衡康、北京大学包智星教授和福州大学庄熙英教授等等。目前，叶氏义庄正以其前所未有的开放姿态迎接全世界的游客，并通过众多优秀校友不断增强文化影响力。

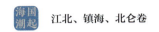

4. 发展力评价

叶氏义庄核心文化基因与当代精神追求和价值观念契合,得到了一定程度的创造性转化、创新性发展。叶氏义庄自晚清成立以后,便不断更新教育理念、创新教学方法,培养出了一代又一代"宁波帮"英杰。虽然新中国成立后近40年间,叶氏义庄籍籍无名,但它始终积淀着叶澄衷先生开创以来的文化精神。改革开放后,叶氏义庄成为侨居世界各地的"宁波帮"商人反哺家乡的重要基址,在某种程度上成了"宁波帮"再次凝聚再度发展的文化场。目前,叶氏义庄旧址成为江南第一学堂旅游区重要组成部分,承担着研学教育的作用,而继承了叶氏义塾的中兴中学则继续以"勤朴肃睦"为校训,发挥着培养新生代"宁波帮"的重要作用。

(三)叶氏义庄核心文化基因的转化利用

叶氏义庄核心文化基因处处都体现着近现代"宁波帮"的优秀制度与宝贵精神,与新时代中国特色社会主义精神文明建设要求高度契合,是宁波市建设社会主义现代化滨海大都市不可或缺的人文内蕴。理应通过更加多元的形式宣传与推广叶氏义庄,使叶氏义庄核心文化基因得到创造性转化、创新性发展。

1. 加强叶氏义庄旧址文物保护工作,夯实转化利用基础

光绪二十八年(1902),根据叶澄衷先生之遗嘱,其族叔叶志铭主持创建叶氏义庄,光绪二十九年(1903)建成。叶氏义庄内设叶氏义塾,光绪三十年(1904)招生。后相继改名为叶氏中兴学堂、叶氏中兴学校、叶氏中兴小学等。至1949年,义庄改制停办,改作粮库,但人们始终没有忘记叶澄衷创办义庄的初衷。1987年,中兴学校杰出校友包玉刚、邵逸夫、包从兴、叶庚年及公子叶茂彰、赵安中及公子赵亨文为纪念母校,筹资重修,并扩展为完全中学——中兴中学。1992年,又由包从兴、赵安中、楼志章、朱之信、朱之康等旅港、旅台学长再度捐资,扩建校舍。中兴中学(即庄市中心学校)毗邻宁波大学,目前是宁波高教园区北片内唯一的完全中学,占地面积103亩,总建筑面积28000余平方米。

而作为主体的叶氏义庄旧址及原建,2000年12月被公布为镇海区级文物保护单位。2007年,区政府在叶氏义庄内设立叶澄衷史迹陈列馆,对外开放。叶澄衷史迹陈列馆共分为"叶公兴学""百年中兴""商帮摇篮""情系教育"

四个部分。中间是小广场和忠孝堂（即"叶公纪念堂"）；东厢房内设置当时的谷仓、牛痘局、消防处；西厢房内设置教室和办公室；在忠孝堂前操场设立有叶氏义塾校友、"宁波帮"著名侨领包玉刚、王尔功、楼志章、阮维肇、朱之信、赵安中等的 7 尊全身铜像。

2. 创建宁波叶氏义庄研究中心，整理出版"叶氏义庄丛书"

目前，宁波市内外已有一些研究叶氏义庄的学术力量，但这些力量较为分散，没有一个较大的研究平台，导致与叶氏义庄有关的学术资源得不到有效集中。因此，应由宁波市社会科学院与宁波大学牵头，建立宁波叶氏义庄研究中心，凝聚全世界研究叶氏义庄的学术人才。叶氏义庄研究中心成立后，重点是整理出版"叶氏义庄丛书"。"叶氏义庄丛书"包含叶氏义庄历届各科自编教材，包含校友读书笔记、日记以及相关回忆文章。此外，由宁波叶氏义庄研究中心资助的叶氏义庄研究论著也应纳入"叶氏义庄丛书"出版计划。

3. 进一步打造"江南第一学堂"，通过各种媒介宣传推广

2009 年 10 月 21 日，经全面修缮，作为镇海区"宁波帮文化旅游区"的重要组成部分，叶氏义庄以"江南第一学堂"的名义重新开放并举行开笔礼。修缮后的叶氏义庄，以水榭园林和商帮文化景观为特色，建筑风格呈"三江汇源"之态，庄内还展示有包玉刚、邵逸夫等在此读书时的教学课本、教具、生活用品等。2017 年，叶氏义庄被公布为浙江省级文物保护单位。

为了更好地传承叶氏义庄核心文化基因，叶氏义庄除了对外开放、供人们游览学习之外，还不定期推出开笔礼、成人礼等一系列活动，让市民朋友在丰富有趣的活动中领略新时代的"宁波帮"精神，并将之传递给下一代，让更多人了解"宁波帮"事迹，学习"宁波帮"精神。2018 年，为纪念包玉刚、赵安中两位"宁波帮"侨领、中兴校友百年诞辰，镇海区政府特举办首届"宁波帮"文化节，对两位贤达的母校叶氏义塾进行了更大范围的宣传。

目前，叶氏义庄以"江南第一学堂"名义对外开放，接待了大量海内外游客，对叶氏办学精神与"宁波帮"文化有较好的宣传作用。但是，也要认识到，"江南第一学堂"在全世界的影响力还比较有限，就算是我国中西部地区民众也对这个景点基本不了解、不熟悉。因此，应由宁波市委宣传部牵头，将"书藏古今、港通天下"的宁波城市口号，进一步扩展为"书藏古今、港通天下，人文渊薮、世界侨都"。那么，在宣传天一阁等的同时，应当附加宣传

"江南第一学堂"。在相关旅游热区建立"宁波帮"旅游直通小巴，参观完鼓楼、月湖后就可以无缝对接"宁波帮"研学圈。

参考文献

1.［清］刘树屏：《澄衷蒙学堂字课图说》，清光绪三十年（1904）石印本。

2.李瑊：《叶澄衷慈善活动述略》，《宁波大学学报（人文科学版）》2010 年第 1 期。

3.马雪芹：《宁波帮的先驱叶澄衷》，中国社会科学出版社 2009 年版。

四、包玉刚故居

包玉刚故居，"世界船王"、商界巨擘包玉刚先生（1918—1991）出生地及少年时的居所，中国近现代重要商帮文化遗产，宁波市"宁波帮"文化重要标识，位于镇海区庄市街道钟包村东七房。包玉刚故居在建筑艺术上是清代浙东江南民居的典范，在人文历史上则是包氏家族及宁波商帮群体的初心守望地，在宁波乃至浙江文化上具有重要的传承意义。1996 年，包玉刚故居被公布为镇海区级文物保护单位；2017 年，公布为浙江省级文物保护单位。

（一）包玉刚故居核心文化基因解析

1. 物质要素

（1）清代浙东民居典范

包玉刚故居建于清代乾隆年间，占地面积 1026 平方米。故居坐北朝南，由正房、前左右厢房、后左右厢房组成，均为硬山顶砖木结构。正房面阔五间，有两弄两层，进深八柱八檩，有前廊；前左右厢房各面阔两间，单层，进深五柱五檩，有前廊；后左右厢房各面阔单间，单层，进深五柱六檩。包玉刚故居建筑格局及雕饰艺术堪称清代浙东民居典范。

（2）滨海宜人自然环境

包玉刚故居处在镇海滨海乡野之中，自然环境宜人。包玉刚祖先曾在村前横河上筑土为堰以蓄水，故古代称横河堰（即今钟包村）。包玉刚故居东首正门外是一望无际的田野，阡陌交错，河道纵横。当年，包玉刚及其先辈即从门

包玉刚故居（丁悠初摄）

外河道出发，或经商或求学，经浙东大运河往来于江南各地。

2. 精神要素

（1）敢为人先、百折不挠的奋斗创业精神

包玉刚故居核心文化基因首要精神要素是包玉刚敢为人先、百折不挠的奋斗创业精神。1918 年，包玉刚出生在镇海庄市一个小商人家庭，父亲包兆龙常年在汉口经商。13 岁，父亲送他到上海求学。到上海不久，包玉刚就一头扎进吴淞商船专科学校（今上海海事大学）学起了船舶。抗战全面爆发后，他辗转到了重庆。他并未按照父亲意见进大学深造，而是自作主张到一家银行上班。1938 年，在抗战最困难的时候，包玉刚辗转来到孤岛上海，在中央信托局保险部工作。凭着自己的努力和在银行里积累的经验，在短短的 7 年时间里，包玉刚就从普通职员升到了中国工矿银行衡阳分行副经理、中国工矿银行重庆分行经理、上海市银行业务部经理、上海市银行副总经理兼业务部经理。民国末年全社会通货膨胀，上海金融业极为混乱，在敏锐认识到时代即将发生巨大转变之时，包玉刚辞去了上海金融界一切职务，于 1949 年 3 月举家迁居香港。到香港后，包玉刚先是会同几位友人开设了一家华人行。1955 年转营航运业，在朋友的协助下，包玉刚筹集了 70 多万美元，专程到英国买回了一艘以烧煤为动力的旧货船，正是这艘名为"金安"的老旧货轮，成为包氏航运帝国的开始。包玉刚采取的赚钱策略，是将"金安"号转手长租给其他船舶公司，并收取比其他航运公司更低的租金。这种长期稳健型投资给包玉刚企业带来了持续性收入，抵抗住了一次次经济风波。1970 年，包玉刚成立环球航运集团股份有限公司，出任董事会主席。1975 年，包玉刚获得"世界船王"誉称。至 1978 年时，环球航运集团拥有大型、巨型的轮船 170 余艘，总吨位2100 万吨，居世界航运业之首。

（2）促进祖国和平统一的爱国主义精神

包玉刚先生虽然在上海解放前夕移居香港，但终其一生，他都在贯彻拥护并促进祖国和平统一的爱国主义精神，特别是在香港回归祖国的伟大历史进程中贡献了重要力量。1978 年，包玉刚应国务院侨务办公室主任廖承志邀请，以私人名义会见过廖承志、孔原、卢绪章等中央领导同志。1980 年 3 月，包玉刚又应六机部部长柴树藩邀请，商谈合作造船事宜。在此次访问中，包玉刚受到了时任中共中央主席、中央军委主席、国务院总理的华国锋和全国人大常

委会委员长叶剑英的接见。1981 年 7 月 6 日上午，包玉刚在北京人民大会堂福建厅与邓小平握手，两人亲切交谈了发展祖国造船业等问题。正是此次会见，令包玉刚感受到了邓小平超凡的人格魅力和中国改革开放的决心。正是在邓小平的支持下，包玉刚成为对改革开放后的中国而言的最早参与建设、最重要的香港华商之一，成为沟通香港和中共领导高层举足轻重的人物。而包玉刚也大力推动着香港回归祖国这一伟大事业。1984 年 12 月 19 日，中英两国政府在北京签署关于香港问题的联合声明，包玉刚应邀出席了这一历史性的场面。1985 年 6 月，包玉刚被全国人大任命为香港特别行政区基本法起草委员会副主任委员。虽然在 1991 年包玉刚就溘然长逝，但包玉刚及其家族所推动的促进祖国和平统一的事业仍在继续，他的爱国主义精神成为包氏家族的核心精神。

（3）关爱社会、建设家乡的公益慈善精神

包玉刚故居核心文化基因精神要素还体现为关爱社会、建设家乡的公益慈善精神。包玉刚在中国改革开放后，热情关注祖国经济文化发展动态，积极与中共高层领导联络，成为改革开放后"宁波帮"人士全力支持家乡建设的领头人。1984 年 8 月 1 日，邓小平在北戴河听取谷牧关于沿海开放城市和对外开放工作的汇报，在谈到宁波工作时他指示："把全世界的'宁波帮'都动员起来建设宁波。"在此精神的鼓舞下，1984 年 12 月，包玉刚决定捐资约 5000 万元人民币创办宁波大学。1985 年 9 月，邓小平为宁波大学题写校名。1985 年 10 月，宁波市政府举行宁波大学奠基典礼，包玉刚和国务院代总理万里等中央领导同志出席典礼。1985 年，由包玉刚投资 1000 万美元以纪念其父亲包兆龙的北京兆龙饭店正式开业，邓小平亲自为该饭店题写店名，并出席开业典礼。1985 年由包玉刚投资 1000 万美元的上海交通大学包兆龙图书馆、包玉刚图书馆竣工，叶剑英题写了馆名。1991 年 6 月，包玉刚宣布退休；7 月，他捐赠港币 1000 万元兴建宁波市第二医院住院大楼；8 月，捐赠港币 500 万元赈济浙江水灾灾民。改革开放后，包玉刚带头为祖国捐款，发动全世界"宁波帮"人士为家乡建设踊跃贡献，受到了邓小平的高度评价。1992 年 5 月，时任中共中央总书记江泽民为宁波大学本部校区包玉刚图书馆题词"爱国爱乡，造福桑梓"。"爱国爱乡，造福桑梓"可以说是包玉刚故居的核心文化基因。

3. 语言与符号要素

（1）《横河堰包氏宗谱》

《横河堰包氏宗谱》是包玉刚故居核心文化基因的重要语言与符号要素。《横河堰包氏宗谱》是包玉刚家族族谱，现藏宁波天一阁博物院。据《横河堰包氏宗谱》记载，包玉刚是北宋龙图阁直学士包拯的第 29 代孙。靖康之变后，包拯次子包绶六世孙包元吉随宋高宗南渡，官拜翰林院待制。包元吉孙包荣在元代任廉访使。包荣孙在元末任定海教谕，于是迁居庄市横河堰。《横河堰包氏宗谱》还记载了包玉刚太祖父包奎祉做木材生意起家后，在横河堰盖了五间二弄一堂的后新屋，此即包玉刚故居。《横河堰包氏宗谱》清晰地载明了包玉刚家族为包拯后裔，以及其历代家风故事，是包氏家族文化的历史结晶。

（2）包氏家族家风家训

包玉刚家族家风家训也是包玉刚故居核心文化基因的重要语言与符号要素。首先，"诚信"是庄市包氏重要家训。包玉刚太祖父包奎祉曾意外拾得五千两银票而归还原主，以拾金不昧起家。"诚信"家训为包玉刚及其后人所继承，并发扬光大，成为包氏集团不断强大的重要基因。其次是包玉刚父亲包兆龙十二字遗训："叶落归根，建设家乡，热爱祖国。"包兆龙十二字遗训体现了包氏家族诚挚的爱国赤子之心，为包氏后人所继承发扬。最后，包玉刚家训"艰苦奋斗、勤俭建业、持恒练身"也对包氏家族影响很大。此条家训要求包氏族人居安思危，保持警惕，依靠智慧与奋斗在新的时代创造新的功业。

4. 规范要素

包玉刚故居核心文化基因规范要素为源远流长的爱国与慈善传统。包玉刚父亲包兆龙素以爱国主义闻名于世，其遗训"叶落归根，建设家乡，热爱祖国"镌刻于包氏后人的心中。除包玉刚热衷公益慈善外，包玉刚胞兄包玉书也向来热衷公益，改革开放后，他先后为家乡捐建镇海龙赛医院、龙赛中学、兆龙小学、钟包路、龙赛体育中心、庄市老年娱乐中心、宁波大学教学楼等，荣获宁波市荣誉市民、浙江省"爱乡楷模"等称号。包玉刚后人里，长女包陪庆是继承爱国与慈善传统的典型。包陪庆在父亲去世后，2004 年捐资在浙江大学成立"包玉刚国际基金"，2007 年在上海创办包玉刚实验学校。此外，包陪庆还在香港创立伸手助人协会，照顾孤寡老人；创立肝寿基金，致力于肝脏医疗保健事业；创立香港汉基国际学校，建设普通话与英语并重的教学教育机构。她还担任香港康智儿童基金会主席、华夏基金会主席、上海宋庆龄福利基金会理事等职务，荣获浙江省"爱乡楷模"称号，当选"中华女性公益慈善典范"之十大女性公益人物。包玉刚筹建宁波大学后，包氏家族对宁波大学的发展更是予以长期的支持，包陪庆成为宁波大学荣誉校长。包玉刚病逝后，1994年，他的四个女儿包陪庆、包陪荣、包陪丽、包陪慧捐资 500 万元人民币，建造宁波大学 5 号教学楼。1998 年 4 月，包陪庆与包玉刚胞兄包玉书再次捐资 420 万元人民币，助建宁波大学 4 号教学楼。至此，包氏家族捐建的 6 栋教学楼成为宁波大学的标志性建筑。2021 年宁波大学建校 35 周年之际，包陪庆又捐赠 500 万元人民币修建包玉刚公园。

（二）包玉刚故居核心文化基因的提取与评价

作为"宁波帮"领袖、世界船王包玉刚先生故居，其蕴藏的敢为人先、百折不挠的奋斗创业精神，促进祖国和平统一的爱国主义精神，关爱社会、建设家乡的公益慈善精神在当代中国依然熠熠生辉。特别是包玉刚故居核心文化基因中源远流长的爱国与慈善传统，将哺育一代代宁波人民，从辉煌走向辉煌。因此说，包玉刚故居核心文化基因具有强大的生命力、凝聚力、影响力、发展力。

1. 生命力评价

包玉刚故居作为清代浙东民居典范或许在滨海宁波并不格外突出，但这座"宁波帮"领袖故居所蕴藏的"宁波帮"精神却托举了改革开放以来的整个时代。正是以包玉刚为代表的"宁波帮"群体，在改革开放后心系祖国、敢为人先，为内地现代化事业进行大量捐赠、投资，使改革开放政策得以有效施行。包玉刚不仅自己带头捐赠、投资，兴建了北京兆龙饭店、宁波大学等重量级设施、机构，还带动胞兄包玉书、长女包陪庆、外孙包文骏等家人参与祖国建设与慈善事业。如包陪庆长期以来担任宁波大学荣誉校长，每逢重大纪念日，均亲自莅临宁波大学参加活动，并带头为学校发展事业募捐，可以说，宁波大学从诞生到发展都离不开包氏集团的关心与支持。包玉刚外孙包文骏目前为政协第十六届宁波市委员会常务委员，正在为宁波现代化滨海大都市建设贡献力量。因此说，包玉刚故居核心文化基因具有强大的生命力。

2. 凝聚力评价

包玉刚在改革开放后，不仅自己积极热心投身祖国现代化建设事业，还影响了全球各地宁波商帮及其他华商，鼓励他们也参与伟大的改革开放。就以宁波大学的建设为例，宁波大学为包玉刚家族投资筹建，但在宁波大学建设的过程中，包玉刚及其亲人积极影响其他"宁波帮"人士如邵逸夫、赵安中等，使得他们也积极参与宁波大学的发展建设。目前，每逢宁波大学纪念节庆，往往都是由包玉刚长女、宁波大学荣誉校长包陪庆女士出面，带动其他校友积极为宁波大学捐款，共襄盛举。因此，包玉刚故居核心文化基因正是因为传承有序、生生不息的包氏家族永远走在践行包氏精神的路上，得以不断凝聚起各地"宁波帮"群体的力量，将中国特色社会主义现代化事业推向高潮。

3. 影响力评价

包玉刚作为曾经世界上拥有船只数量最多、吨位最高的船王，虽然长期身在香港，却始终心系家乡。改革开放以来，他先后10多次访问祖国内地，捐款建造公共设施，其中捐资约5000万元人民币兴建了宁波大学。他曾是香港特别行政区基本法起草委员会副主任委员、国务院宁波开发建设协调小组顾问，为香港和平回归祖国以及宁波对外开放事业做出了巨大的贡献。1991年包玉刚去世的时候，20个国家的元首给包玉刚送来了挽联。包玉刚故居正是因为包玉刚的存在，其核心文化基因方得以具有巨大的影响力。至今，包氏集团二代、三代除去活跃于商业帝国外，仍然热衷于公益慈善事业，继承了包玉刚故居核心文化基因中的精神要素，使得包玉刚故居核心文化基因的影响力得以保持延续。

4. 发展力评价

包玉刚故居核心文化基因与当代精神追求和价值观念十分契合。譬如敢为人先、百折不挠的奋斗创业精神，正与当下浙江省建设共同富裕先行示范区相契合。2022年2月，浙江省人力资源和社会保障厅称，为鼓励大学生创业，浙江大学生如果创业失败，贷款10万元以下的可由政府代偿。这是为鼓励浙江青年创业做出的制度保障，而包氏集团的创业精神则是浙江青年的精神动源之一。促进祖国和平统一的爱国主义精神在当代更是生生不息，两岸统一需要旅台宁波同乡的大力支持，而旅台宁波同乡无疑又是受包玉刚故居核心文化基因的辐射影响者。关爱社会、建设家乡的公益慈善精神与当代爱国主义、公益主义建设要求相符合，是先富带动后富的时代和制度需求，包氏家族也将进一步带动宁波商帮的公益慈善事业。因此说，包玉刚故居核心文化基因具有较强的发展力。

（三）包玉刚故居核心文化基因的转化利用

包玉刚故居作为全体宁波商帮的初心守望地，作为近现代中国工商家族文化的重要溯源地，其在中国近现代经济文化史上具有重要坐标性价值。实现包玉刚故居核心文化基因创造性转化、创新性发展，有利于加强以"爱国爱乡"为主旨的爱国主义教育，有利于宣扬"宁波帮"核心文化价值，有利于新时代中国特色社会主义经济建设与文化建设。

1. 加强包玉刚故居文物保护工作，夯实转化基础

新中国成立后，包玉刚故居先后分给私人与公家使用，建筑结构与风貌有幸得以保存。改革开放后，由于包玉刚先生回到祖国建设家乡，其家族故居得到了政府的有效保护。从 1984 年到 1989 年，包玉刚 6 次回到故里宁波，其故居后新屋亦曾两次修葺。1989 年，镇海区政府拨款收回西首正房及西侧厢房，重加整修，作为包玉刚故居陈列室，并于天井及南墙安置了包玉刚父亲包兆龙先生全身铜像和大理石碑文。故居陈列室里挂有邓小平、李鹏等党和国家领导人接见包氏的照片，以及包玉刚捐资兴建北京兆龙饭店、上海交通大学包兆龙图书馆和宁波大学等生平慈善事业相关照片。因包玉刚为世界著名船王，同时又爱国爱乡，是"宁波帮"的领袖人物，其故居具有较高的社会教育意义与纪念研究价值，1996 年 11 月，由宁波市政府公布为镇海区级文保单位。

2006 年，包玉刚故居被宁波市人民政府列入"宁波市十大名人故居"；2017 年，被浙江省人民政府公布为第七批省级文物保护单位。包玉刚故居由宁波帮博物馆策划专题性展示陈列和进行日常管理。2018 年，宁波市、镇海区人民政府对包玉刚故居再次进行整体性修缮、保护。2018 年 11 月 16 日，包玉刚故居修缮启用暨主题馆开馆仪式举行，包玉刚长女包陪庆及外孙包建雄等亲友参与。改造后的包玉刚故居不仅丰富了展陈内容，提升了人文内涵，故居展陈形式也更加多样化。2020 年，包玉刚故居获评国家 3A 级旅游景区。目前，包玉刚故居已经成为浙江省、宁波市爱国主义教育基地，更是宁波商帮文化的著名圣地，每逢周末、假期，均有大量青年学生及社会人士来馆参观，以

包玉刚为代表的包氏家族精神也得以进一步有效传承。

2. 进一步升级打造包玉刚故居，努力升格为全国重点文保单位

目前，包玉刚故居为浙江省级文物保护单位，在全国、全世界范围知名度还有很大的提高空间。应当进一步升级打造包玉刚故居，从交通规划、建筑格局、展陈设计、游客体验等入手，全面提高包玉刚故居的呈现水准，将包玉刚故居展陈改设为能够反映近代宁波商帮逐渐成长壮大的宏大展陈。同时，塑造庄市包氏家族代表人物群体塑像，设计包玉刚故居文化标识，提升故居视觉效果。在此基础上，将包玉刚故居努力升格为全国重点文保单位，从而实现根本性跨越式发展。

3. 加强包氏家族历史文化研究，出版"宁波包氏文库"

扎实的文献学、历史学研究是转化利用包玉刚故居核心文化基因的重要前提。可统筹宁波大学、宁波财经学院、宁波市社会科学院等宁波各大科研力量，系统整理宁波庄市包氏家族从包拯以来的历史文脉，重点放在以包玉刚为中心的前后几代包氏族人的研究上，研究成果可由宁波出版社陆续出版，组成"宁波包氏文库"。"宁波包氏文库"可包括宁波包氏族谱、金石碑刻、日记笔记、教材著述、工商业资料等等，全面记录宁波包氏的中华传统文脉与工商业精髓，以为后人学习研究。

4. 设计包玉刚故居文创产品，开发"宁波帮"研学旅行路线

在设计包玉刚故居文化标识的同时，进一步开发包玉刚故居文创产品。这些产品应当不限于生活与学习用品，在规格上可以采用金、银、玉等高端材质，以满足消费者的不同文化消费需求。同时，包玉刚故居应当与郑氏十七房、叶氏义庄等镇海区内"宁波帮"文化纪念场馆开展深度合作。无论在文创产品设计上，还是在研学旅行路线开发上，均可连成一气，与相关旅游公司及政府职能部门对接。

参考文献

1.包陪庆：《我的爸爸包玉刚》，上海交通大学出版社 2016 年版。

2.谷牧：《谷牧回忆录》，中央文献出版社 2009 年版。

3.宁波市政协文史委员会：《包玉刚与宁波开发开放》，中国文史出版社 2008 年版。

4.余贤群：《邓小平与包玉刚》，华文出版社 2000 年版。

张亚琴先生在 2010 年 11 月举行的张亚琴先生从艺 66 周年座谈会上演出
（镇海区非遗保护中心供图）

五、蛟川走书

　　蛟川走书，指流传于镇海区、北仑区一带的一种地方曲艺，是宁波传统曲艺"宁波走书"中颇具代表性的分支曲种，也是宁波最具江南滨海风味及中华民族特色的传统曲艺之一，是浙江省级非物质文化遗产。"走书"原为去信、来信之意，在这里"走"指走唱，"书"指文书，"走书"即走唱表演文书、剧本之意。蛟川走书始创于清光绪年间，创始人为镇海人谢阿树（即谢元鸿），因其表演"宁波走书"时唱做俱佳、风格独特，人们便以其居址附近镇海县城南墙之门"蛟川"命名其曲。表演形式上，蛟川走书主要由一名歌手以基本调及宁波方言负责演唱，辅以小扬琴、二胡、鼓板为主的伴奏及和唱。此外，蛟川走书伴奏者需在演员唱基本调最后一句时和唱"四上里工火"，所以唱蛟川走书又称唱"四工火"。作为镇海、北仑地区深具江南及民族特色的传统曲艺文化，蛟川走书至今活跃于镇海、北仑各类演出场所，是镇海、北仑人民日常艺术生活的重要组成部分。

（一）蛟川走书核心文化基因解析

1. 物质要素

（1）蛟川走书舞台设置与服装搭配

　　在过去，蛟川走书的舞台较小，一般长3—4米、宽2—3米即可。在农村走书时，一般用两块大门板搭成舞台。台面以木板为主，便于演员蹬板制造效果。当代舞台一般借用现成的戏台，往往还会在舞台后方设置有"蛟川走书"

及相关主题字样的幕布。蛟川走书舞台上设置书桌一张，桌面放置一块接地红色绸缎，上面一般写上"蛟川走书"字样，或走书演唱家名字等。书桌左右放椅子两把，蛟川走书演员在右位（面对听众时的站位），伴奏员在左位。演唱时以右位为主，左位为辅。如伴奏乐器有多档，则在一侧另加座位。演员服装搭配上，走书男演员为长袖大襟长衫；女演员一般穿旗袍或大襟短衫，或者比较整洁干净的常服，脸部化淡妆；乐队则穿演出常服。

（2）蛟川走书"三道具"

蛟川走书的"三道具"指折扇、醒木、手帕，这是走书表演时不可缺少的工具。娴熟运用"三道具"是走书演员的基本功夫。其中，折扇可代笔墨纸砚、刀枪剑戟、锄橹担鞭等道具。醒木，可代替公堂的惊堂木，制造各种声音效果，以及用于演唱开场起板。手帕，用以代替女红用具和袋、布、绳等，如店小二的揩台布、商人的搭肩袋等。

2. 精神要素

（1）继承且不断演绎中华优秀文化的人文精神

蛟川走书核心文化基因首要精神要素是继承且不断演绎中华优秀文化的人文精神。蛟川走书的表演内容，以中华优秀传统文化题材为主体与底色，如演义类长篇大书《飞龙传》《兴唐传》《七侠五义》《杨家将》《包公案》《大明英烈传》等曲目，旨在歌颂保家卫国的爱国主义、匡扶正义的英雄主义、父慈子孝的中华孝道等中华正能量。在此基础上，蛟川走书的表演艺术家们还积极参考中国共产党带领中国人民站起来、富起来伟大历史进程的一系列光荣事迹，或以相关著述为底本，或根据实际事迹新创作，演绎出如《五一兵站》《敌后武工队》《野火春风斗古城》《黑凤》《三山创业记》等系列现代红色走书曲目。无论是传统文化题材，还是红色文化主题，都表明了蛟川走书的正向的核心价值取向，也因此使得人民大众在进行消费娱乐的同时，获得了人文方面的启示。

（2）立足浙东区域特色、推陈出新的创新精神

立足浙东区域特色、推陈出新的创新精神是蛟川走书能够持续传承的重要精神要素，而创新精神又具体体现在走书艺人身上。比如在有关蛟川走书演唱与曲调创新方面，蛟川走书代表人张亚琴善于学习宁波走书的优点，以白口清晰、说书富有感染力为主要特点；而受翁洲老调影响的乐静，以舟山翁洲老

调为基石，掺入四明南词等曲艺的曲调、唱腔和伴奏音乐，并加入了富于自己特色的表演动作，形成曲调丰富多变的主要特点。又如在蛟川走书的表演内容方面，走书艺人会将以往走书书目进行创新和再创造。创新书目，即是在保留传统书目内涵基础上，以现代方式进行演绎；再创造书目，则指根据时代背景和热点，创作出具有浙东区域特色且能反映社会需求、适合大众审美的全新内容。正因如此，蛟川走书才能久传而弥新。

（3）创造大众艺术、丰富平民生活的世俗精神

创造大众艺术、丰富平民生活的世俗精神是蛟川走书能够广为本土群众所喜爱并能被持续接受的重要精神要素。晚清中下层文人、艺人为谋生，创作了一种能吸引广泛大众注意力的大众艺术，这便是蛟川走书的创作动源。蛟川走书说唱内容通俗易懂且生动，所用宁波土话亲近本地大众，表演方式更是集说、嗖、弹、唱、演于一体，可以说集合了宁波传统曲艺四明南词、宁波滩簧的优长。蛟川走书自创始以来，演绎手段突出口语化、大众化、生活化，且不断再创造，又不失江南典雅。如此具有"老宁波味"的传统曲艺自然深受雅俗各界的欢迎。

3. 语言与符号要素

（1）蛟川走书舞台动作

蛟川走书表演的特点是一人饰多角，集生、旦、净、末、丑于一身，边唱边表演，表演的幅度较大。其基本功有：老三步、使用三道具、插科、打诨等。老三步为旧时走书表演的基本步典，演员离开座位站起来表演时，一般在三步内走动，表演完毕即退三步到原位坐下，全程保持面向观众。按此原则，这三步可向前，向左，向右，横向，竖向，斜向，连进连退，最后仍回到原位坐下。因此盲艺人只要恪守这一规矩，就可以大胆大幅度地表演，绝不会失足掉落台下。插科，即书外书，借用典故、传说、历史、新闻、经历等多方面知识来衬托、解说、补充、比喻、评说书中的情节。打诨，指艺人在演唱中间插入一些"诨话"（即笑话），引人发笑，增强艺术效果。还有的在说书时说漏了嘴，发生差错、漏洞，此时就必须运用此法，巧妙地加以更正、补救，俗称补漏洞。

（2）独具浙东风味的走书音乐

蛟川走书的曲调有30余种，常用的有20余种，如小起板、基本调（蛟

川本调）、赋调、抗调、词调、平湖、哭调等，以及至今还保留着的落调时的和音。镇海自古以来为宁波属县，两地方言一致，也因此，蛟川走书和宁波走书都唱宁波话，你中有我，我中有你。两者区别方面，目前主要体现在走书曲调上，与宁波走书主要唱四平调相比，蛟川走书以基本调演唱（奏）。具体言之，蛟川走书音乐包括演唱和伴奏两部分。演唱方面，语言采用吴语系宁波方言，文、白兼用。因人物或情节需要，可插用其他方言，如说到山东人时用山东方言，说到上海人时用上海方言，等等。声腔上，有四个腔系，即蛟川走书腔系、四明南词腔系、乱调腔系和民间杂调小曲等。除蛟川走书腔系外，其余三个均为借鉴、移植而来。又，蛟川走书腔系、四明南词腔系、乱调腔系各种曲调可以相互转接。民间杂调小曲指吸收的戏曲或民间小调，如甬剧或杭剧的[清水二簧]、[大陆调]（武林调）、[一根滕]等。演奏方面，蛟川走书早期无弦乐伴奏，只以竹筷敲击酒盅用来配合节奏。抗日战争全面爆发前后，才改由敲击鼓板伴奏与和唱。后来又加入扬琴或二胡。三档以上还可加入箫、笛、三弦、琵琶、阮等民族乐器。

（3）蛟川走书的科书（赋词）

科书，又称赋词，是历代蛟川走书艺人逐步集成的程式台词，是走书艺人必须熟读和选择运用的固定台词，内容有配架、堂会、场景等。配架，指描述人物的服饰、生相、心态等，用于刻画人物的性格和社会地位。堂会，指描写宫殿、公堂、白虎堂、灯会、楼、亭、台、阁、书院、花园等情景。场景，即描绘雪景、街景、战场阵容、将相出巡等场景。

（4）蛟川走书五大表演技巧

蛟川走书有说、嚓、弹、唱、演五大表演技巧。其中，说功有表书、韵白、分口、方言、插白几种。表书，俗称表白，多用于介绍时代背景、前段书概况、书中情节、人物、情景等；韵白，指利用韵脚的音乐性，生动、流畅地发挥表书的效果；分口，指利用不同语言、腔调区别书中人物身份的对话；方言，指借用方言区别书中各种人物对话的语言，走书常用的方言有杭州话、上海话、绍兴话和苏州话，有时也使用山东话和广东话；插白，指走书演员在唱的过程中，插入表白以补充和衬托唱词不足之处。嚓功，指演员以幽默、风趣、滑稽等语言和动作，引人发笑，供听众享受轻松与回味。弹功，指蛟川走书以二胡为主胡，以扬琴为主打乐器，配以其他乐器，有时也用木鱼打击伴奏。唱功，包括唱词、假嗓、表唱、说唱、衬唱、和唱等技巧。演功，指表演的功夫。走书表演的特点是一人饰多角，集生、旦、净、末、丑于一身，边唱边表演，表演的幅度较大。其基本功有老三步、三道具、插科、打诨等。

（5）蛟川走书六大唱功技巧

蛟川走书唱功包括唱词、假嗓、表唱、说唱、衬唱、和唱等技巧。其中，唱词多为七字句，呈四三或二二三结构，除掼落韵外，一般都是双句结尾。有的唱段也应用十字句，呈三四三、三三四或三二二三结构。唱词不强调平仄声，但双句一定要押韵。声韵大体与越剧相似，但以宁波音为准。假嗓，指由于走书艺人大多一人演唱，每场要演唱二到三个小时，有时还唱日夜场，嗓子比较吃力，故大多老艺人都用假嗓，音沙哑低沉，但送得远，这样可以保养嗓子，长期演唱。表唱，即不饰角色，用于介绍场景、堂会、情节经过等。说唱，指一般饰角色时以唱代说，用于角色间的直接对话。衬唱，即角色的自言自语，展现内心活动，不向对方表露，只让听众知道。和唱，即演员唱完一个唱段落调时，伴奏员和唱，以加强演唱气氛。蛟川走书和唱通用："嗳嗳哩啊……四上里工火。"

（6）蛟川走书独特的曲艺行话

行话，宁波土话俗称"契语"或"漆（切）口"（漆即黑，口即话，即黑话之意）。曲艺行话，是指艺人在社交生活中创造使用的一种行业语言。旧时艺人社会地位低下，他们为维护自身利益、保护自身安全等，产生了行业暗语。行话除反映曲艺演出活动中的有关内容外，还涉及社交生活各方面。随着社会经济的发展，新的行话也在不断产生着。现略举数例如下：引（一），斗（二），春（三），市（四），磨（五），龙（六），曹（七），加（八），弯（九），足（十），四洲（琵琶），二洲（二胡），都干（凤凰箫），拔老（三弦），鸣字（扬琴），天人（先生），乾大（父亲），坤大（母亲），考通（老头），考女（老太婆），通四（男人），抢四（女人），勾通（男孩），勾抢（女孩），火通（好人），暖书通（坏人）。

（7）不同等次艺人的演出用字

在镇海、北仑传统书场茶坊，邀请艺人演出时，对不同等次艺人用不同的字，分为"聘""请""荐""问""夺"五等。凡书艺、声望、艺德三者兼优者，须谓之"聘"，场方礼仪周到，一般还须先付定金；三者稍逊一筹者为"请"，书场方也得写上请帖和送些礼物，再邀请来演出；一般艺人都通过"荐"的方法，由艺人同行或书场介绍其到某场子演出；再次一等级的，就得自己上书场去"问"，如书场有空并愿意接待，则可约定时间试唱后，视水平再订合约；最后一种为"夺"，系质量低、艺德差之艺人所为，如已有人在某书场演出，他却在隔壁或对面等毗邻处另辟场子，以夺听众。此外，有些贫苦艺人为生活所迫，向正在当地演出的艺人行乞，艺德较高的艺人出于对同行的同情与义气，就"让"书场一至数天，以使其有生活着落，也谓之"夺"。

4. 规范要素

（1）随时代发展不断完善的走书形式

早期的蛟川走书为一人唱，没板没眼，唱起来很随意。后来，唱者试着用竹板或筷子敲击瓷盆、瓷碗来调节唱腔长短，还可以借此换气息力，于是便逐渐产生用竹鼓竹板伴奏的形式。抗日战争全面爆发前夕，开始出现由一人演唱、一人伴奏兼和唱的所谓"双档"形式。人们将演唱者称为"前场"，将伴奏兼和唱者称为"后场"。新中国成立后，发展出了多种形式。竹鼓竹板变成了与伴奏戏剧差不多的硬木鼓板，还加入了扬琴、二胡、琵琶、洞箫（俗称凤凰箫）、笙等丝竹乐器，加上"基本调"调式的定型与伴奏者的和唱，就形成了现在人们常见的由一个演员主唱，以小扬琴、二胡和鼓板为主伴奏及和唱的蛟川走书演唱形式。演员说唱基本用宁波方言，文、白兼用，也可视人物或情节需要，偶用其他方言。同时，随着社会时代的发展，蛟川走书还逐渐实现了表演场合正式化、表演形式正规化、表演音乐系统化、表演唱腔规范化。

（2）蛟川走书界特定的习俗与行规

蛟川走书界有许多特定的习俗与行规，举例如下：

其一是蛟川走书拜师。新中国成立前，走书界徒弟拜师时，要点香烛跪拜，有介绍人及师父同辈人等参加。师父当众认徒，请各同仁关照，并设宴请客。艺人自己演唱的书目，只传给自己的徒弟，不传给他人。逢年过节，徒弟要向师父送礼。徒弟不可与师父抢场子或唱对台戏，也不可将师父传授的书目传授他人。

其二是蛟川走书通香（即谢师）。走书艺徒满师，将自立门户，到时师父便通知弟子行谢师礼。首先，由师父带着徒弟，上门邀请师祖、师兄师弟、同档朋友等；其次，谢师礼当天，宾朋满座，满师的弟子由师父带领在祖师爷唐明皇供桌前拈香插烛，跪拜祈祷并立誓，誓词如"爱护同行声誉，尊师重义，不欺师灭祖，不损害同行利益"等；最后，排席开宴，进宴按辈分大小、先后依次入座，师父领弟子挨桌依次介绍称呼，弟子则执壶斟酒称师伯、师叔、师兄多多提携、关照等话。敬酒完毕，则意味弟子已经入了同行，谢师礼正式完成。

其三是蛟川走书求乞。在说演以悲剧为主线的书目，或在书目中有较长篇幅的悲剧故事时，当走书演员的表演深深地打动了听众，使观众对命运悲惨的剧中人产生怜悯之心时，一些演员以剧中角色的身份，向在场听众做出行乞求助的举动，而那些一听"苦书"就动情的听众，会慷慨解囊，纷纷掏钱向剧中人（实为艺人）施以捐助。这是早期曲艺（也包括某些戏剧）活动中被人们认可的一种习俗，常为一些贫困艺人采用。素质较高的艺人则不会求乞。

其四是蛟川走书同行规矩。凡同行应相互照顾、相互监督，如甲同行到乙同行处，乙同行需招待一日两餐，并帮助联系演唱场地等。同行若被人欺负，理当群起相助。此外，走书艺人想作为听众去听某艺人唱书，应事先打招呼，经对方同意方可，否则将被视作偷书大耻。在农村，三五里内如已有艺人在唱书，应回避相让，勿可抢生意。艺人在某地演唱，如尚未唱完全书，其他艺人勿可接书演唱。春节唱书，不可在年初一到场开唱，应在除夕开唱，意在书唱过年、生意兴隆等等。

（二）蛟川走书核心文化基因的提取与评价

蛟川走书作为镇海、北仑地方独特的区域性曲艺，其舞台设置与服装搭配、"三道具"具有较强的标识性。蛟川走书独具浙东风味的舞台动作、走书音乐、科书（赋词）、表演与唱功技巧以及曲艺行话等又是其核心文化基因的重要内蕴。蛟川走书随时代发展不断完善的形式、特定的习俗与行规已成为该曲艺的特定制度，而其继承中华优秀文化且不断演绎的人文精神、立足浙东区域特色推陈出新的创新精神、创造大众艺术丰富平民生活的世俗精神则是我们需要继承发扬的精神要素。

1. 生命力评价

100多年前，蛟川走书第一代艺人们为谋求生存，发明了适合镇海县大众口味的地方曲艺。那时候，蛟川走书只是街头巷尾的求生技能。新中国成立以后，蛟川走书艺人紧密结合时事，不断推陈出新，创作出了如《养猪姑娘张芸香》《斗天斗地三山人》等一系列时代题材的走书曲目，在特殊年代里继续传承着，成为荣登舞台的民间艺术。改革开放以来，重视民族文化的大政策使得蛟川走书走向复兴，到 2007 年，成功申报浙江省级非物质文化遗产。蛟川走书之所以不断活跃，主要在于其具有较强的区域标识度，而走书音乐又凸显了民族特征，大众化的风格也使得接受人群面较广。因此说，蛟川走书核心文化基因具有强大的生命力。

2. 凝聚力评价

蛟川走书作为镇海、北仑地方特色浓郁的曲艺之花，是"老镇海"的美好回忆与骄傲，凭借其一桌一椅一醒木，一人一口一折扇，足不出方寸，演绎无限风情。在新中国成立初期，蛟川走书老艺人即创作并表演了《养猪姑娘张芸香》《互助合作是方向》《三山创业记》等本土社会题材作品。其中，《三山创业记》是 1965 年"农业学大寨"时，虞友甫根据镇海县三山公社干部群众围塘造地的事迹编演的双档走书。同题材的还有镇海县曲艺队创作的中篇走书《闯海》和李蔚波创作的短篇走书《斗天斗地三山人》，其故事内容 1966 年 1 月由浙江人民出版社出版。《三山创业记》等特定时代的走书作品，反映了当时镇海群众团结创业的精神，展现与凝聚了镇海人民的力量。现在镇海、北仑地区 50 岁以上本地人中，可以说大多数是听着蛟川走书长大的，因此在老年人群中，走书仍受到广泛的欢迎。当代，还有更多反映时代风貌的作品继续激励着当地群众。

3. 影响力评价

蛟川走书因其为特定的区域方言性曲艺，影响范围主要集中在市区，重点又在镇海区、北仑区。所谓"南词唱华堂，走书下农庄"，作为大众化的宁波地方曲艺，蛟川走书是一门充分融合古典音乐与通俗唱词的大众艺术。无论堂会、庙会、书场，还是较简陋的街头、操场、田头、船舱、工厂等各种艺术舞台，蛟川走书所到之处魅力四射，被称为宁波现代文艺中的一支"轻骑兵"。而今蛟川走书艺术传人开枝散叶，吸引了一些年轻男女艺人的加入，为再现昔日辉煌创造了条件。2006 年 6 月，蛟川走书被列入市级非物质文化遗产名录。2007 年 5 月，蛟川走书成功申报省级非物质文化遗产。这标志着蛟川走书走出宁波，成为受到广泛瞩目的甬上传统曲艺。此外，蛟川走书不断提高的影响力还可以从蛟川走书艺人社会地位的提高上看出，在旧社会，走书艺人不怎么受人尊敬，被称为"戏子"，到如今，走书艺人已成为令人尊敬的非物质文化遗产传承人，这也表明了蛟川走书作为地方的民族的艺术的重要影响力。

4. 发展力评价

当代中国提倡全面弘扬中华优秀传统文化，而蛟川走书本身就是中华优秀传统文化之一，且走书的内容题材、唱奏音乐均为国粹，所以说蛟川走书不仅是地方文化，更是民族艺术。蛟川走书发展历程所体现的走书艺人们创造大众艺术、丰富平民生活的世俗精神，在当代中国社会建设正能量的大众文化进程中将发挥积极作用。此外，蛟川走书立足浙东区域特色、推陈出新的创新精神更是体现在走书艺人们能结合时代特征创作一批优秀作品，为党和国家的大政方针服务上。总之，蛟川走书在丰富群众文化生活、传播历史知识、传递传统美德等方面发挥过也将继续发挥着有益的作用。

（三）蛟川走书核心文化基因的转化利用

蛟川走书作为宁波走书的主要曲种之一，拥有着百年以上的传承发展历史，是宁波传统滨海人文的非物质性载体，是宁波颇具标志性的文化名片，对于保存与研究镇海、北仑民间社会习俗、文化等具有重要的参考价值。蛟川走书坚持以人民为中心，坚持发扬国粹，对于丰富群众文化生活、传播历史知识和传统美德具有重要的补充作用。在推动文化和旅游融合发展的时代背景下，蛟川走书传承发展应有更高的站位、创新的理念。通过旅游产业多元载体，将"蛟川走书"重新打造成镇海的文化标识，培训人才、创作精品，实现社会文化效益与经济效益的双丰收。

1. 加强蛟川走书非遗保护工作，夯实转化利用基础

蛟川走书作为宁波本土曲艺的代表，乡土气息浓郁，江南韵味十足，自晚清创始以来经历了起起伏伏的发展轨迹。新中国成立后，新生的人民政权影响着走书艺人的创作，蛟川走书迎来了创新热潮。1953 年，镇海县成立曲艺协会。1956 年，蛟川走书艺人成立曲艺队。1956 年，依据镇海县上阳乡干部贺玲娣抗台事迹编演的《抗台英雄贺玲娣》，以及据本土劳模事迹编演的《养猪姑娘张芸香》（均由张亚琴演唱）在浙江省首届曲艺调演中获一等奖；《互助合作是方向》（虞友甫演唱）在省首届曲艺调演中获优秀奖。1965 年"农业学大

寨"时，走书艺人虞友甫根据镇海县三山公社干部群众围塘造地的事迹，编演的双档走书《三山创业记》，以及镇海曲艺队创作的中篇走书《闯海》和李蔚波创作的短篇走书《斗天斗地三山人》，受到普遍欢迎，成为镇海的宣传节目，1966年1月走书文本由浙江人民出版社出版。1978年改革开放，蛟川走书曲艺队得以重建，吸收了一些青年演唱员，进行培训，并陆续恢复演出一些传统经典书目，如林小明、李丹艳演唱的《金殿除奸》（张亚琴整理），在宁波市走书调演中获青年演员优秀演出奖，江亚华演出的《戴口罩的姑娘》（钱洁编写），获浙江省新曲目创作比赛优秀奖等。2006年6月，蛟川走书被列入市级非物质文化遗产名录。2007年5月，蛟川走书成功申报省级非物质文化遗产。此后，蛟川走书迎来了保护性发展的佳期。

在镇海、北仑现有不少蛟川走书老艺人，其中浙江省级非遗传承人张亚琴是蛟川走书历史上第一位女艺人，被称为"蛟川走书之母"。张亚琴不仅表演走书时嗓音洪亮、音色特别，在这门技艺上造诣极高，更在蛟川走书传承上倾注了大量心血。她精心培养蛟川走书接班人多达十余名，可谓为蛟川走书的传承和发展贡献了一生。此外，走书乐手方面，扬琴师陆祖赓为增添蛟川走书特色与乐器定位做出了贡献；二胡师邱兆和（盲人乐师，会二胡、箫等多种乐器）则为蛟川走书音乐的传承和规范起到了重大作用，现今被记录的蛟川走书曲谱，均出自他的演奏。

2. 建设蛟川走书传承基地，开展研究与宣传工作

蛟川走书不仅是镇海、北仑地区的区域性曲艺，更是具有典型江南特色的中华民族艺术。近年来，在镇海区文化和广电旅游体育局、区文化馆等相关部门精心组织推动下，蛟川走书进校园、进社区、进工厂，使得更多的群众得以亲近欣赏这门传统曲艺。镇海区文化馆还将镇海职教中心定为蛟川走书传承基地，这对蛟川走书保护性发展及社会传播，起到了良好的推动作用。

为了更好传承蛟川走书核心文化基因，首先，需要进一步建立一系列非物质文化遗产传承基地，将这些基地打造成系统培养与展示蛟川走书的综合性基地。蛟川走书传承基地将通过收集整理蛟川走书的表演特点、唱腔韵味、乐器伴奏、艺术流派、历史演进等相关资料，留住这门地方艺术的魅力。其次，积极邀请省、市级非遗传承人对基地进行辅导，将传统的师徒制予以扩大，让更多群众参与学习。最后，还要适时组织举办蛟川走书演出、座谈等活动，让

蛟川走书走进社区、走进学校。需要注意的是，蛟川走书传承基地应当统一领导，不仅要传承技艺，而且要开展学术研究，将蛟川走书的艺术内涵、历史变革、现实延伸予以全方位的梳理与分析，对相关著作给予出版支持。剧本创作也十分重要，一方面可创作一批涉及镇海传统历史文化的曲目，提升民众文化自信心和自豪感，另一方面可紧密结合社会实际，创作一批反映新时代中国特色社会主义新人创业发展精神的正能量作品，并积极组织演出宣传工作。

3. 建设蛟川走书非遗工坊，设计文创周边产品

非遗工坊指依托非物质文化遗产代表性项目，开展非遗保护传承，带动当地人群就地就近就业的各类经营主体和生产加工点。蛟川走书非遗工坊将是浙江省级非物质文化遗产蛟川走书保护与传承的资源聚合平台，重点解决蛟川走书项目传承乏力、影响力不够、生产性转化能力不强等突出问题。蛟川走书非遗工坊将坚持"政府支持、市场主导、各方参与"的原则，改造或新建镇海本地蛟川走书非遗保护设施、闲置场所或企业厂房等，打造一个相对集中的蛟川走书传统技艺培训和交流展示空间。同时探索"非遗工坊+"模式，如"非遗工坊+传承人"模式、"非遗工坊+合作社"模式、"非遗工坊+企业"模式，带动镇海蛟川走书创造性转化和创新性发展。文创产品方面，蛟川走书非遗工坊将设计一些代表性的走书标识和图像符号，然后据此制作一些各种材质的挂饰或摆件小品，以及油画等。同时，制作宁波、镇海旅游明信片时，可将蛟川走书元素纳入。蛟川走书非遗工坊还可以设计制作一些蛟川走书著名曲目演出的短视频，通过现代媒介在更广范围传播。

参考文献

1. 乐炳成：《奇葩留香》，民族出版社 2005 年版。

2. 宁波市文化广电新闻出版局：《甬上风华：宁波市非物质文化遗产大观·镇海卷》，宁波出版社 2012 年版。

3. 区传媒中心：《"蛟川走书"非遗传承人张亚琴去世，享年 94 岁》，宁波市北仑区人民政府，http://www.bl.gov.cn/art/2022/3/7/art_1229044479_59047047.html，2022 年 3 月 7 日。

澥浦船鼓（镇海区非遗保护中心供图）

六、澥浦船鼓

澥浦船鼓是流行于浙东镇海一带的民间传统音乐舞蹈艺术，清嘉庆中后期起源于滨海渔业集镇镇海澥浦镇，迄今有着近 200 年的传承历史，2009 年被列入浙江省级非物质文化遗产名录。澥浦地区渔民多从河南、福建迁居而来，每当亲人们出洋捕鱼及归来谢洋时，河南籍渔民往往敲锣击鼓示庆，福建籍渔民则常常以竹木条扎成船形载歌载舞。慢慢地两者结合，逐渐融合为船形舞与锣鼓伴奏合一的船鼓队。作为一种集船形道具、打击乐（以鼓为主）和民歌小调于一体的反映浙东渔民生产生活习俗的民间乐舞样式，澥浦船鼓常在镇海民间庙会、传统节日与喜庆活动中表演，被誉为镇海民间表演艺术的"第一品牌"，更是浙东宁波海洋文化的重要组成部分。

（一）澥浦船鼓核心文化基因解析

1. 物质要素

（1）滨海依江的浙东著名渔港

澥浦镇名中的"澥"，有"止水"之意，即海水到这儿便为岸边，"浦"则为水道或河流入海处。"澥浦"二字合起来即指海陆交界、陆上河流泄水入海之地，可谓道尽了该地的形胜。澥浦地处镇海北部滨海地区，这里东接茫茫东海，西通慈溪、余姚，交通便利，渔民们从海上捕捞的新鲜虾、鱼可从浙东运河迅速转运至浙东各大城镇。澥浦镇拥有 1200 多年历史，早在明代以前，澥浦就是浙东北地区著名的大型渔业集镇。本镇居民主要以渔业为生，当地民谚有云"三百号（只）渔船回家转，三哥还（尚）在崇明县"，足见旧时渔船之多、从业者之众。瀣浦船鼓正是历史悠久的海洋渔业文化浸润下的产物。因此，滨海依江的浙东著名渔港可谓瀣浦船鼓核心文化基因的首要物质要素。

（2）瀣浦船鼓场地、道具、服饰

瀣浦船鼓一般在"开洋"（出海捕鱼）和"谢洋"（庆祝满载而归）时表演，因此场地主要选择渔港空旷地。因为瀣浦船鼓表演和道具占地面积较大，演出时又一般以七八人到数十人不等组成一支队伍，场地不能过于狭小。现在商业性、节庆性演出也不局限于在渔港。瀣浦船鼓的表演者，站立在一只福船式粗毛竹制微缩船只中，船体从上至下覆以三层绸缎，上层黑色，船头绘以鱼眼；中层红色，绘以蓝白色海浪纹饰；下层海蓝色，叠成皱褶状，形似海水。小型木鼓一或两座放置在表演者身体前方，下方框架上有绸线，用以固定。除去船体中安放的大堂鼓、小京鼓外，还另有乐队站立一旁，主要负责演奏唢呐、锣、钹等乐器，辅助表演。表演者脖挂红色粗布带，以抬起船身。男演员的服饰为画有龙、虾、鱼等图案的渔民对襟衫，以海蓝色为底色，饰以金色的渔网装饰；女演员服饰则以红色为主，与手持的金色宝塔互衬，以强化舞台视觉的喜庆色彩。

2. 精神要素

（1）开拓海洋、自信自强的创业精神

瀣浦船鼓核心文化基因首要体现了开拓海洋、自信自强的创业精神。瀣浦船鼓的形成来自瀣浦当地海洋渔业生产生活的经验。自古以来，海上捕鱼存在很大的不确定性、高风险性，旧时，瀣浦百姓每年"开洋"季节为了祈求家人平安，同时鼓舞他们劈波斩浪、勇敢前进，向海洋宣战，发明了相应的音乐舞蹈，并逐渐融合成船鼓这门艺术表演形式。同样，当亲人们"谢洋"时，渔民们为庆祝亲人胜利归来、大获丰收，也用船鼓来表现。瀣浦船鼓表演时声势浩大，可谓酣畅淋漓地展现了滨海地区人民自信自强的创业精神。

（2）海纳百川、开放包容的人文精神

瀣浦船鼓核心文化基因还蕴藏了海纳百川、开放包容的人文精神。古时瀣浦一带原住渔民较少，南宋开始，从河南和福建等地迁移过来不少百姓从事渔业生产，他们往往聚族而居。每当亲人们出洋捕鱼和归来谢洋时，河南籍亲属往往敲锣击鼓以示庆祝，福建籍亲属则常以竹木条扎成船形，载歌载舞。瀣浦镇俗崇尚和合包容，渐渐地，两种庆祝形式互相融合。最晚至清嘉庆中后期，就形成了现船形歌舞与锣鼓打奏合一的"船鼓"，其活动范围也逐步扩展至其他重大的民间传统节日与喜庆场合。当今，澥浦船鼓已成为澥浦民间最具浙东滨海渔区特色，也最受当地人喜爱的、最有影响力的群众性文艺表演形式。

3. 语言与符号要素

（1）澥浦船鼓的道具

澥浦船鼓音乐舞蹈中涉及澥浦船模、澥浦大鼓、镇海宝塔等一系列象征符号。其中，仿照东海渔船船形制作的澥浦船模，象征着澥浦渔民们日常赖以生存的劳动工具；澥浦大鼓，隐喻了滨海渔家男儿开拓海洋的阳刚气魄；镇海宝塔，则暗示着渔家女子祈祷上苍保佑爱人平安归来。澥浦船鼓的音乐舞蹈，充分运用民间旱船的传统表现形式，从现代审美角度进行借鉴与创新，运用船模、大鼓、宝塔等道具，力求使其更贴近浙东滨海渔民的现实生活，生动形象地展现了澥浦渔民坚忍刚毅的性格及对未来美好生活的追求与向往。

（2）澥浦船鼓的音乐

澥浦船鼓的乐器，主要由船上的大堂鼓、小京鼓，以及一旁的唢呐、锣、钹等组成。澥浦船鼓是一种以打击乐加曲牌形式演奏的民间歌舞，演奏时乐声曲调高亢，和声粗朴，节奏有力，且起伏跌宕、动静结合，形成了虽欢闹却不聒噪的独特音韵，具有浓烈的震慑人心的喜庆气氛。澥浦船鼓曲调，在保留江南马灯调旋律的基础上，增强了江南丝竹的音乐成分。整个曲调以海潮波涛为基调，以号子鼓声为高潮，再现了浙东滨海渔业澎湃的生产劳动场景，是浙东传统海洋音乐的典型。

4. 规范要素

（1）船模制作规范

澥浦船鼓因是音乐舞蹈，既具听觉冲击，也具视觉震撼。从视觉上来看，澥浦船鼓最突出的就是其海船造型。也因此，澥浦船鼓的船模现有比较严格的制作规范。首先，精选粗毛竹，按合适比例制成各类船体架构。安装流程包括：安放龙筋（船底板两头翘起的地方）；放梁头（隔开船舱的地方）；安装后大盘；放船两侧船舷板（用胶水胶牢）；安装船头面板；安放驾驶台及台上的红绿灯；安置桅杆；放扶手板；安装灯塔并装上灯泡（在船后艄两侧）；放上船舵；上油漆。船模制作完成后，再在船身覆以三层绸缎，上层船舷黑绸，船头绘以黑心白底鱼眼；中层侧板红色，绘以蓝白相间海浪纹饰；下层侧板底海蓝色，叠成皱褶状，形似海水。如此，整个船模道具就成为海船的象征，海洋文化标识度较高。

（2）船鼓表演规范

传统澥浦船鼓表演时，一般由七八人至数十人不等为一支队伍，每人身抬一艘竹制船模，由龙头引导。每艘船有一至二只鼓，队伍最前方还有一只大鼓。船鼓队伍以最前方大鼓声作指挥，船随着鼓的节奏，或前进，或后退，犹如在海浪中行驶奋进。在当代，为了将澥浦船鼓搬上大舞台，船鼓表演在传统规矩基础上又作了改进，形成新的规范。道具上，以1艘大渔船为主角，12艘小渔船为配角，组成舞台阵容。原来由2人抬船、1人击鼓的"旱船"，设计成舟鼓合一的单人"澥鼓渔舟"。同时设置16个手持镇海宝塔为亲人祈福的"渔姑"。内容上，增添了渔民搏斗海浪，以及渔姑企盼出海亲人平安归航等情节。

（二）澥浦船鼓核心文化基因的提取与评价

海洋为人类提供着源源不断的食物与生命动力，对于滨海靠山的宁波人民而言，海洋有如母亲一般慈祥宽厚。澥浦船鼓诞生于滨海的镇海渔村，每年"开洋"和"谢洋"时节，渔村里的男男女女便催"船"动鼓欢送亲人出海或欢迎亲人归来。澥浦船鼓鼓声如翻涌的海浪，澎澎湃湃，舞蹈动作粗犷奔放，尽展豪情，可以说颇有气壮山河之势，展现了浙东海洋文明的独特魅力。澥浦船鼓核心文化基因中开拓海洋、自信自强的创业精神，海纳百川、开放包容的人文精神，永远值得浙东人民传续发扬，而其独具浙东滨海风味的船鼓道具、音乐等又是宁波港城的文化标识，将不断引领人们前进。

1. 生命力评价

澥浦船鼓艺术上以船形道具结合大鼓，并将反映渔区生产、生活习俗的舞蹈和民间小调融为一体，可以说是浙东滨海风味浓郁的传统民间艺术。自创造至今，澥浦船鼓因与生产生活关系密切，具有持续而强盛的生命力。清末、民国时期，澥浦船鼓非常红火，船鼓队伍往往排列在当地各项民间文化活动的第一方阵，以聚积人气。船鼓队伍还常常受邀参加附近地区举办的各类民间文艺演出活动，并受到广泛的青睐。20世纪50年代初，由于特殊的时代背景，澥浦船鼓活动逐渐停止，一些传人也陆续作古。改革开放后，由于区、镇两级政府对民间文化的重视，大力开展民间文化挖掘和抢救工作，经澥浦文化站和老年协会共同努力，1996 年找到时年 78 岁的费绍法老人，专门对澥浦船鼓这一民间舞蹈进行挖掘和恢复，最终使之重现舞台。再后来，本土文化工作者根据当代审美情趣，在保留其传统精华部分基础上不断创新，赋予其新颖的时代元素。目前，澥浦船鼓队伍逐渐壮大，已成为镇海的传统艺术标识。

2. 凝聚力评价

澥浦船鼓核心文化基因曾凝聚起区域群体力量，对社会经济文化的发展过程产生过积极影响。澥浦船鼓作为海洋经济文化礼俗的有机组成部分，是人们向往平安、富饶的听觉、视觉化艺术体现。自古以来，受气候和自然条件影响，海洋经济存在较大的生命风险，渔民身处一个随机的不稳定的生产环境之中，于是借助粗犷强健、刚毅有力的澥浦船鼓来提高胆量、增强信心、壮大声势。澥浦船鼓既反映了滨海渔业的行业特色，也反映了滨海渔民的群体性格和生活特征，深受当地群众喜爱。在当代，澥浦船鼓除在各种渔业生产生活中表演外，还融入了庙会和其他各种社会节庆活动，成为澥浦当地民间表演艺术的"第一品牌"。可以说，作为古老的文化艺术形式，澥浦船鼓承载着澥浦人的人文信仰，记录着渔镇澥浦百年来的起承转合，是澥浦乃至镇海地区人民团结凝聚的一个符号。

3. 影响力评价

澥浦船鼓造型与装饰独特而优美，渔区气息浓郁，海洋风味十足。其高亢朴实的曲调与粗犷奔放的舞蹈相得益彰，演出时声势浩大，夺人眼球、震撼人心，已成为宁波海洋文化的标志符号。近年来，澥浦船鼓获得社会各界的关注以及种种荣誉：2005 年，获宁波市广场舞蹈比赛金奖；2005 年 6 月，获浙江省海洋体育文化展示和海洋特色体育项目比赛亚军；2006 年 9 月，获浙江省"群星奖"广场舞蹈大赛金奖；2007 年 7 月 31 日，进京参加"相约奥运·好运北京"演出，获得好评；2007 年 9 月，获浙江省"群星奖"广场舞蹈大赛金奖；2009 年 6 月，被列入浙江省第三批省级非物质文化遗产名录；2011 年 10 月，亮相第八届全国残疾人运动会开幕式；2019 年 6 月 7 日，亮相《新闻联播》；等等。足见澥浦船鼓持续增长的社会影响力。

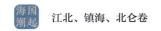

4. 发展力评价

瀣浦船鼓作为宁波滨海渔港自创的民间音乐舞蹈艺术，拥有着近200年的传承历史。其体现的开拓海洋、自信自强的创业精神，海纳百川、开放包容的人文精神，与当代中国特色社会主义核心价值观十分契合。瀣浦船鼓的舞蹈动作粗犷奔放、豪迈自信，瀣浦船鼓的音乐则曲调高亢、起伏跌宕，展现了浙东滨海人民自信自强的生命力。近年来，瀣浦当地艺人在保留瀣浦船鼓传统精华的基础上，结合时代背景和审美转化，将瀣浦船鼓的演艺形式做了一些微调，增加了更加丰富的戏剧性和本土海洋风貌。可以说，保护性创新后的瀣浦船鼓，将浙东海洋渔业文化的精髓发挥得淋漓尽致，全方位地展示着原汁原味的滨海渔家风情。在社会各界人士的关注下，瀣浦船鼓还将持续创新，一直发展。

（三）瀣浦船鼓核心文化基因的转化利用

瀣浦船鼓作为浙东宁波滨海地区海洋文化的一种艺术形式，在长三角乃至全国都有着独特的区域文化标识性价值。因此，解放思想，放开手脚，充分挖掘本土文化，嵌入现代艺术审美口味，创造出一条可持续的民俗文化保护性发展道路，是必要之举。

1. 结合时代精神，创新瀣浦船鼓表演形式

作为浙江省级非物质文化遗产的瀣浦船鼓历史悠久，渔家风味十足。它作为浙东海洋文化的本土产物，有着无可比拟的艺术渲染力和生命力。然而，新中国成立后，由于特殊的时代背景，瀣浦船鼓活动逐渐停止，一些传人也陆续作古，瀣浦船鼓面临失传。改革开放后，文化得以复兴，镇海、瀣浦两级政府大力开展民间文化挖掘和抢救工作。经瀣浦文化站和老年协会共同努力，1996年找到时年78岁的费绍法老人，专门对瀣浦船鼓这一浙东传统民间音乐舞蹈进行挖掘和恢复，最终使之重现舞台。

随着时代发展，瀣浦船鼓艺人们根据现代审美风格与需求，在保留瀣浦船鼓传统精华部分的基础上不断创新，赋予其新颖的时代元素。瀣浦船鼓作为一种以打击乐加曲牌形式演奏并舞蹈的民间乐舞，旧时演出场地多为渔港空旷地，表演的乐器也比较简单，一般由唢呐、大堂鼓、小京鼓和若干锣、钹等组成。由于其随意性强，要搬上舞台必须做大的改动。为此，瀣浦船鼓传承人们

对传统表演形式做出以下改进：道具方面，以 1 艘大渔船为主角，12 艘小渔船为配角，组成舞台阵容；原来由 2 人抬船、1 人击鼓的"旱船"，设计成舟鼓合一的单人"澥鼓渔舟"。内容方面，新设置 16 个手持镇海宝塔的"渔姑"，并增添了渔民搏海斗浪场景和渔姑企盼出海亲人平安归航的剧情。演员的服饰方面，男演员的服饰以海蓝色为底色，饰以金色的渔网装饰，女演员则以红色为主，与手持的金色宝塔互衬，进一步强化舞台视觉的喜庆色彩。旧中国，妇女社会地位低下，加上封建迷信，渔民出海打鱼特别忌讳妇女，所以妇女参加船鼓表演是根本不可能的事情。但如今的澥浦船鼓表演队里，女性占了阵容的三分之一，她们为澥浦船鼓增添了亮丽的色彩，也凸显新时代妇女工作的成就。

2. 建设澥浦船鼓非遗工坊，进行学术研究与道具生产

目前，为了进一步传承澥浦船鼓，并发扬其蕴含的核心文化基因，浙江省群艺馆在澥浦设立了"浙江省新农村群众文化业务建设——澥浦船鼓项目基地"和"浙江省新农村文化业务建设——团队建设实验基地"。镇海、澥浦两级相关职能部门还将澥浦中学作为澥浦船鼓传承基地，培养了大量青少年学生成为澥浦船鼓这门浙东滨海独特艺术的后继人。

在此基础上，应当进一步建设澥浦船鼓非遗工坊，进行学术研究与道具生产。一方面，充分有效利用现有澥浦船鼓传承基地，找问题，补短板，吸引更多年轻人参与，深化船鼓艺人培养机制。另一方面，在传承基地基础上建设澥浦船鼓非遗工坊。澥浦船鼓非遗工坊将实现澥浦船鼓的研究、传承以及商业化宣传推广，融艺术价值、经济效益于一体。研究方面，通过举办学术研讨会等形式研究、展示澥浦船鼓文化基因，并资助出版澥浦船鼓相关论文和研究专著。加强澥浦船鼓道具的标准化生产，进一步研究如何增强视觉力量，提升现有船鼓音乐，融入多元元素。

3. 结合澥浦千年古镇建设，开发周边产品和服务

澥浦船鼓这门艺术产生于浙东滨海千年古镇澥浦镇，而澥浦又是浙东著名古村郑氏十七房所在地。因此，澥浦船鼓应当有效融入澥浦古镇与郑氏十七房的建设之中，成为其有机组成部分。千年古镇的魅力一方面体现在古色古香的江南水乡环境及其建筑方面，另一方面更需要通过澥浦船鼓这样的非物质文化遗产淋漓展现出来。澥浦船鼓存在方能表明千年古镇的文化是延续的、活跃的。借助澥浦及其周边地区的元宵、端午、中秋、冬至、除夕等各类民俗节

庆，瀚浦船鼓将所承载的滨海风貌原汁原味地呈现在游客面前。同时在乐曲和表现形式等方面不断创新，鼓励民众积极参与，如此才能让"老底子"的船鼓文化在保护、传承中焕发新的生命力。此外，还可开发一些周边产品，比如瀚浦船模等，吸引不同人群的注意与购买。

参考文献

1.宁波文化年鉴编委会：《宁波文化年鉴 2007》，内部编印。

2.宁波市文化广电新闻出版局：《甬上风华：宁波市非物质文化遗产大观·镇海卷》，宁波出版社 2012 年版。

3.《走近瀚浦船鼓队：听，海边传来的文化之音》，宁波市镇海区人民政府，https://www.zh.gov.cn/art/2016/3/18/art_1229632718_59099394.html，2016 年 3 月 18 日。

七、镇海渔歌

镇海渔歌是镇海区重要非物质文化遗产、宁波市古代海洋文化重要遗产。镇海渔歌产生于浙东滨海繁华之区镇海，是"半藉渔盐为生"的镇海人民在千百年向海而生的伟大创业过程中创造的民间音乐。镇海渔歌反映了镇海渔（船）民取木造船、织网张帆、背纤拉网、起锚拔篷、捕鱼收网、售卖鱼鲜、运货贩物等生产生活全貌。其中所有的歌、谣和号，又均为镇海渔（船）民自编自哼，内容通俗朴实，音调海韵分明，充分展现了镇海人民非凡的开拓精神与勇武魄力。

（一）镇海渔歌核心文化基因解析

1. 物质要素

镇海渔歌核心文化基因的物质要素主要体现为滨海型生产生活方式。镇海地接东海，是东亚海上丝绸之路与中国大运河的重要联结点。自古以来，镇海人民滨海而居，以海洋为宝库，从事渔业者络绎不绝，以滨江通海的澥浦古镇、招宝山街道为典型。其中，澥浦古镇作为传统渔业乡镇，拥有着近千年的渔业史。海洋渔业生产，拥有着取木、造船、织网、张帆、背纤、拉网、起锚、拔篷、捕鱼、收网、售鱼、贩鲜、运货、卖物等一系列完整的生产流程，这些流程是镇海渔民日常世界的重要组成部分。古代社会，由于科学技术的限制，渔民生产生活往往饱受自然影响，充满着辛酸与苦难。然而，乐观自信的镇海先民却能迎难而上，在艰苦的海洋生产环境中发掘出与大自然及人类社会

弹拨乐器（镇海区非遗保护中心供图）

业余爱好者在演奏弹拨乐（镇海区非遗保护中心供图）

相谐和的奋进精神，创造出了一系列风格各异却同样海洋气息浓郁的镇海渔歌。虽然传统型渔业已经式微，但镇海澥浦古镇几乎每个村子都仍保留有自己的渔歌本子。

2. 精神要素

（1）向海而生的开拓创新精神

早在 7000 年前，镇海域内九龙湖先民即已利用山海之间的滨海有利形势，创设了如干栏式建筑等一系列生产生活设施，为浙东海洋开发的先声。五代时期，吴越王钱镠因此地"地滨海口，有渔盐之利"，置望海县（即今镇海），也是从这时起，镇海人昂首阔步，以非凡的胆识闯出一条浙东滨海开发的新路。镇海渔歌即是镇海人民向海而生的开拓创新精神的最好体现。镇海渔歌完整地反映了镇海渔（船）民船上船下的劳作和生活。这些歌曲有的委婉，有的粗犷，有的悠长，有的短促，有的豪气，有的苦难，还有的诙谐幽默，除反映或传授生活生产有关知识和体验外，还展现出渔（船）民们一路走来的风雨历程以及超强的生命韧性和艺术震撼力。

（2）尊重自然的天人合一精神

镇海渔歌还反映了镇海先民尊重自然的天人合一精神。中华传统文化素来重视人与自然的和谐统一，开发利用自然的前提是文化主体对自然的尊重。镇海先民创作的镇海渔歌充分体现了这一传统精神。首先，镇海渔歌中虽然有描述恶劣的自然气候等内容，但更多的是歌颂大自然赋予的无穷财富，在描述恶劣自然的时候，除去控诉，也饱含敬畏。其次，镇海渔歌反映了镇海渔（船）民日常生活的节序世界。海洋文化与农耕文化一样，都具有典型的岁时节序。人们在长期的生产和劳动中，随时序而作，随时序而收，年复一年，周而复始。在循环往复的岁时节序中，人与自然产生对话，达成和解。镇海渔歌创作体裁中，有十二月体、四季体、五更体之分，既反映了四季各有其务、十二月各有其宜的节序规律，也表达了镇海先民顺天安命、天人合一的心态以及希冀岁裕年丰的纯朴愿望。

（3）对艰苦生活的情感抒写

不可否认的是，古时滨海虽拥海洋之富，但滨海先民却饱受自然的磨砺。镇海渔歌沿袭吴越歌谣谐音双关的特征，通过同音异字谐音双关或同音同字，逼真再现了渔民出海捕鱼的凶险与艰苦。旧时镇海人出海捕鱼，常用老式三桡"大钓船"和独桡"小钓船",这就意味着无风时凭借双臂用力摇船才能在海中前行,而撒网、收网等作业也全凭人力。如《渔民十煞》就反映了这种情形:"有风吓煞,无风摇煞;有雨淋煞,起暴饿煞;热天晒煞,冷天冻煞;两脚奔煞,肩胛挑煞;三扛拉煞,老少哭煞。""煞"通"杀",每句以"煞"收尾,铺陈了渔民遭遇的九类"迫害",他们在承受"讨海"苦难的同时,也给家人带来"老少哭煞"的精神负担。又如《落洋讨海苦难熬》《盐工苦》等渔歌紧紧围绕一个"苦"字,以卤水之苦喻渔民、盐民劳作之苦难,"苦卤苦水苦扁担,苦屋苦路苦海滩。行行呒没介个苦,两行苦水拌苦饭"。

（4）苦中作乐的人生态度

传统时代的镇海渔（船）民虽需面对生活的苦难,但心中的乐观幽默精神使得大家苦中作乐、坚韧不拔。体现在镇海渔歌方面,主要指其往往通过摹状词摹态、摹声、摹色,营造如临其境、如闻其声的审美体验。如《撒网歌》:"网儿长来网儿巧,网儿抖抖拦海腰。虾公婆婆快快来,网里坐坐困晏觉。双脚抖抖胡须翘,眼睛格瞪瞪头摇摇。龙王叫你来下凡,凡间的味道刮刮叫。嘎嘎嘎嘎,支支支支。嘟嘟嘟嘟,呼呼呼呼。啥个道理介热闹?网格里碰着个张果老。八仙今朝子要过海,要依格虾公虾婆作向导。一走走到阎王殿,吓得个张果老拔脚跑。解解（又作锯锯）磨磨落油锅,只怪格命苦,得罪拉格龙王数难逃。"其中,虾儿坐坐、双脚抖抖、眼睛瞪瞪、头摇摇等将拟人和摹态结合起来使用,将鱼虾安逸之态描摹得淋漓尽致,读来韵味十足。"嘎嘎嘎嘎,支支支支。嘟嘟嘟嘟,呼呼呼呼"既是上下段的过渡,又间接模拟各种鱼鲜声音,妙趣横生地再现了鱼虾满网的热闹、欢乐景象。

3. 语言与符号要素

从歌词长短来看,镇海渔歌歌词有二字句、三字句、四字句、五字句、七字句,讲究节律整齐、韵脚规整。

（1）二字句

二字句即由两个音节组成的句子。如《起锚号子》:"咳呀,咗来,吭来,呀啦,咳呀,索来,哦呀,吼来!"这是渔船起锚时喊的号子。由于拔锚时所需体力较强,所以以二字一顿为主的号子适应了这样的劳动节奏。这种短促、有力、强弱分明的号子,歌词虽然没有实词,全是由没有实际意义的虚词（衬词）组成,但铿锵有力的语气词很好地反映了号子与劳动的密切配合关系,以及人声吆喝所体现出的韵律和语感。一般来说，劳动强度越大的号子，往往音顿越短促，节奏越单一，歌词越简单，体现了号子产生于劳动、依附于劳动、服务于劳动的特点。

（2）三字句

三字句在镇海渔歌中比较普遍，如《摇橹号子》，同样也是由虚词（衬词）组成："咃啰吼，阿家啰，咃来嗨，阿家来，咃来嗨，阿作来，咃啰吼，阿哟啦，阿作来，摇橹嗨……"这种 2/4 拍子、三字一顿的句式，巧妙地配合了摇橹的动作和节奏规律，使得号子的音顿节奏与劳动完美地交融在一起。再如《天外天》："天外天，海外海，山外山，湾外湾，风夹风，雨夹雨，浪里浪，礁底礁。"这种"ABA"往复式的三字句式，短小精悍，干净利落，生动地描绘了一望无际的大海风急浪高、波涛汹涌、险象环生的自然环境，也彰显了汉语的张力、美感和意境，以最节省的字取得了最丰富的内涵，是三字句中的典范。再如《摇橹歌》："风外甥，橹娘舅。摇进吞，吃老酒。对摆橹，赛龙舟。单手橹，慢悠悠。"生动形象、对仗工整且押韵的三字句式，以比拟的手法，简明扼要地将风与橹的关系，以及单人摇橹与双人摇橹的区别表现得淋漓尽致，并将单调的劳动表现得富有生活情趣。

（3）四字句

即四字一句歌词的结构形式，如《渔歌对唱》："什么出世，直溜溜啰？什么出世，两头须噢？鳗鱼出世，直溜溜哎。江虾出世，两头须噢。什么出世，直头进啰？什么出世，无眼睛噢？鲳鱼出世，直头进哎。海蜇出世，无眼睛噢。"这首渔歌四字一顿，无论歌词还是旋律，都对仗工整，以一问一答对歌的形式，绘声绘色地唱出海洋生物的特征，普及鱼类知识，也具有审美娱乐功能。

（4）五字句

即五字一句歌词的结构形式，如《张网歌》："虾儿别别跳，黄鱼嘎嘎叫。虾鳗亮晶晶，鳗呀爬又咬。鲈鱼不老实，乌贼墨水标。"这首五字句渔歌将各种鱼类的习性、形态、声态、动态描绘得惟妙惟肖。其中第一、二、四、六句末字押韵。再如《渔鼓调》："东边有只鼓，西边有面锣。锣鼓敲呀敲，唱支渔鼓调。"顺口溜式的五字句渔歌，绘声绘色地唱出了渔区丰收的喜庆场面。

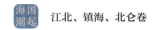

（5）七字句

七字句在渔歌中较普遍，大致都由"二二三"的句式组成。如《四季渔歌》："春季黄鱼咕咕叫，要叫阿哥踏海潮。夏季乌贼加海蜇，猛猛太阳背脊焦。秋季杂鱼由侬挑，网里滚滚舱里跳。北风一吹白雪飘，风里浪里带鱼钓。一阵风来一阵暴，愁煞多少新嫂嫂。"《撒网歌》："网儿长来网儿巧，网儿抖抖拦海腰。虾公鱼婆快快来，网里坐坐困困觉。双脚抖抖胡须翘，眼睛瞪瞪头摇摇。龙王叫你来下凡……"七字句的节奏、韵脚比较规整，旋律发展多以起承转合展开，属于相对比较成熟的民歌句式。

4. 规范要素

镇海渔歌以海域言之，可分深海、浅海两类。深海的由作业渔民吟唱，浅海的由渔民或劳动妇女吟唱。依曲调言之，镇海渔歌又可分为船歌、渔谣、渔号三大类别，每个类别还有小类别，如船歌可分为情歌、生产歌和生活歌等。

（1）船歌类

船歌即渔歌，镇海船歌几乎没有正式曲谱，大多是当时民歌手、小贩、渔（船）民们即兴而唱。喉咙好的唱得响些，喉咙差的唱得轻点。也有一部分依附当时的一些民间小调，诸如"马灯调""杨柳青""五更调""荡湖船调"等，即兴填词，张口就唱。因此显得真实生动，听者往往捧腹大笑。如宁波音乐家周大风1949年采集的《招宝山外渔歌》其一："张大哥，李大哥，大家一道来唱山歌。你理网，我把舵，金鸡虎蹲两面过。这里的鱼儿大又多，大鱼小鱼入网罗。鱼呀柯勒满船多！一重租税二重课，再加海盗多折磨。鱼价便宜米价大，叫我咋样养老婆！"这首原来反映船上劳动的歌，后来词语一转，又成了反映渔民生存艰辛的生活之歌。

（2）渔谣类

镇海渔谣句式都较短，言简意赅，通俗顺口，喻事状物，一针见血，语言具有很强的穿透力。镇海渔谣反映的生活也富于真实性和震撼性，听后会让后人对于前辈的付出肃然起敬。如反映当时渔（船）民生活困苦和艰辛的"天当被，水当床。吃吃咸卤汤，脚娘肚当米缸"，"困困湿舱板，吃吃雨淘饭。扯铃扯八角（张渔网），日夜鱼虾摸，鱼虾摸来别人家，自家吃点豆腐渣"，等等。还有反映海（水）上劳动或生活艰险的，诸如"船过浪岗山，不翻也要翻"，"船到猫头洋，哭爹又叫娘"，"三寸板内是眠床，三寸板外见阎王"，等等。有的渔谣还采用比喻或排比的方法来反映他们的生活，如"上等之人捋书角，中等之人管田角，下等之人缩船角，碰着风浪喳喳哭"等。

（3）渔号类

镇海渔号，亦称"劳动号子"，多在造船、推船、下网、拉网、起篷、转篷、摇橹、拔锚、鱼货出入舱或驮物、拉纤中哼唱。哼喊的形式有单人、双人、多人等。如把船扛推下水、渔网从水里收起来时，领头者哼一下，众人就会跟着哼一句。据目前所知，船号有六七种喊哼法，可惜不曾记录。另外还有一种渔号为吹螺号，它用大海螺壳做成，一般每只一斤多重，也有的重达三四斤。它多为开船出海和海上作业时，渔船之间联络而用。当船老大拖起长音喊出"开——船——啰——"后，海螺号会马上"呜呜——"吹响。有时在海上遇到大风浪和其他紧急情况时，都可按事先约定吹响海螺号。这种吹螺号，在20世纪六七十年代尚流行，后来随着现代通信的普及而逐渐消失。

（二）镇海渔歌核心文化基因的提取与评价

镇海渔歌是浙东滨海人民自古以来生产生活的文化载体，是浙东滨海人民的精神现象，更是浙东滨海人民的人文标识。镇海渔歌核心文化基因所蕴含的向海而生的开拓创新精神、尊重自然的天人合一精神具有较高的生命力、凝聚力、影响力、发展力，在新时代浙江共同富裕先行示范区建设过程中将发挥重要作用。

1. 生命力评价

镇海渔歌产生于依海而生、以海为业的镇海先民之间，是镇海先民生产生活的传神写照。这些渔歌描述了从取木造船、织网张帆，到起锚拔篷、捕鱼收网，乃至售卖鱼鲜、运货贩物等渔民日常，反映了他们或困顿踌躇或乐观豁达的多样心态，配以特定的民间曲调，极具生命韧性和艺术震撼力。随着生产方式的变革，传统渔（船）民生活逐渐退出历史舞台，镇海渔歌所依托的日常情境与渔歌主体都发生了巨大的变化，在某种程度上可以说文化形态主体消失殆尽。但是，由于镇海渔歌是镇海文化中独具特色也颇为典型的非物质文化遗产，当地文化人士及政府大力推动此项文化遗产的保护与传承。可以说，正是镇海渔歌所反映的镇海人民敢于吃苦、敢于创新、敢于闯荡拼搏等精神感染着一代代人。即使传统业态已经消逝，但渔歌所彰显的人本精神却不曾离去。因此，镇海渔歌不仅不会随着历史的发展而消失，反而具有更多元层面意义上的生命张力。

2. 凝聚力评价

镇海渔歌曾部分凝聚起区域群体力量，对社会经济文化的发展过程产生过积极影响。镇海渔歌产生并发展于浙东滨海，作为纯粹的本土民间音乐，一方面是镇海先民渔业劳作与生活日常的反映，一方面发挥着凝聚渔民团体力量的积极作用。如在过去，镇海渔（船）民出洋捕鱼，面临着巨大的风险，渔歌既可缓解渔（船）民们的思乡之情，又可起到沟通感情以及信号联络等作用。此外，镇海渔歌特有的语言风格与叙事特色，还表现了镇海渔区百姓海洋性审美体验和情感态度，是镇海先民向往美好生活的最为朴素的表达。新时代，镇海渔歌以传统面貌再次表现了镇海居民对美好生活的向往，以歌声抚慰心灵、激励生活，依然凝聚着人们的力量。

3. 影响力评价

镇海渔歌在浙东文化区域内具有较大的影响力。千百年来，镇海滨海人民以海为田，耕海牧渔，世世代代辛勤劳作于波谷浪峰之间，创造了大量与生产劳动息息相关的海洋渔歌。这些长期流传在镇海民间的文学瑰宝和口头文化遗产，是渔（船）民劳动生活的真实写照，也是渔（船）民内心情感的原真表达，及渔（船）民生产经验的特殊传承方式，具有浓郁的地域文化特征和海洋文化色彩。镇海渔歌已被写入《中国民间文学集成　浙江省宁波市镇海区卷》《甬上风华：宁波市非物质文化遗产大观·镇海卷》等非遗著作，并在瀣浦镇、招宝山街道等滨海区域以及镇海中学、瀣浦中学等学校广为传唱。镇海渔歌深深植根海洋、植根浙东，是镇海先民生产、生活、信俗的有机组成部分，有着较大的区域影响力。

4. 发展力评价

作为口头语言海洋民俗文化，镇海渔歌既是铿锵豪迈的渔工号子，也是渔民劳动之余娱乐消遣的小调，蕴含有大量海洋劳作方式、生命礼仪、岁时习俗、信仰文化、艺术娱乐等内容，从而具有较高的历史文化研究价值。同时，镇海渔歌中所蕴含的向海而生的开拓创新精神、尊重自然的天人合一精神等精神文化品质，与当代精神追求和价值观念契合，具有较大的创新转化价值。因而，镇海渔歌具有较大的发展力。

（三）镇海渔歌核心文化基因的转化利用

镇海渔歌是镇海先民生产生活的传神写照，更是深藏在镇海人民血液里的文化基因。在镇海渔歌核心文化基因转化利用上，应坚持"实用"与"管用"相结合，把镇海渔歌传承保护融入新时代文明实践活动中，围绕传承经典文化、继承非遗匠心，通过现场技艺展示、互动教学等形式，传播优秀传统文化，丰富群众精神生活。

1. 抢救发掘镇海渔歌相关歌词、曲谱及故事

镇海渔歌是传统海洋渔业木帆船人力捕捞时代的产物，由于生产技术的发展、社会经济结构的调整，海洋渔业生产方式和渔民生活方式发生巨变，镇海渔歌失去了原生态的生存环境，几千年来人们创编并流传的各种渔歌、渔谣和渔号，正在以最快的速度失去它的生存土壤和环境。今天的人们已经很难再听闻那些粗犷、豪放，并对生活充满激情与希望的号子声了。

但是，镇海渔歌是浙东滨海地域生存环境的真实写照，是浙东滨海渔民生产与生活的纪实与思想情感的寄寓。保护与传承这一宁波海洋特色非物质文化遗产，可以有效唤醒人们对中华优秀传统文化的保护意识。民族的也是世界的，守护民族精神家园的同时也可彰显中华民族的独特魅力。有鉴于此，自改革开放以来，镇海地方政府与相关文化学者，积极开展镇海渔歌抢救工作，将镇海渔歌词、谱及相关故事写入《中国民间文学集成　浙江省宁波市镇海区卷》（1988）、《甬上风华：宁波市非物质文化遗产大观·镇海卷》（2012）、《中国民间故事丛书·浙江宁波·镇海卷》（2015）等著作。同时，还在近年大力开展镇海渔歌传承工作，培养了一批渔歌传承青年。在此基础上，还开展了渔歌下乡等活动，取得了积极的社会影响。

2. 建设镇海渔歌传承基地与非遗工坊

镇海渔歌面临失传的严峻形势，当务之急在于建立一系列镇海渔歌传承基地与非遗工坊，做到传承、创新镇海渔歌，并对其进行合理可控的商业价值转换。镇海渔歌传承基地与非遗工坊，一方面要进一步搜集整理镇海渔歌的词谱特点、艺术流派等相关资料，留住传统民间艺术的底色；另一方面要积极邀请传承人对基地进行辅导，并承接组织镇海渔歌相关演出、座谈等活动。同时，作为镇海渔歌非遗工坊，应聚合相关非遗力量，与澥浦船鼓、蛟川走书等联合

打造浙东海洋文化保护传承新高地，进行市场研判，开发商业应用推广项目。同时，镇海渔歌传承基地与非遗工坊还要积极走进社区、走进学校、走进宁波各类文化与自然景区，让宁波及外省市人民看得到、听得见镇海渔歌。

3. 拓宽视域、加强研究，再现渔歌魅力

镇海渔歌是浙东渔歌的重要组成部分，是太平洋西岸中国东海海洋文化的重要组成部分，我们在转化利用镇海渔歌核心文化基因之时，应拓宽对于镇海渔歌的认识视域，加强对镇海渔歌在历史文化、社会民俗、经济业态等领域的学术研究。可与澥浦船鼓、蛟川走书等镇海重点非物质文化遗产一道，召开以海洋文化或"一带一路"为主题的环太平洋西岸民俗国际学术研讨会，夯实技艺传承的学术基础，扩大宁波非物质文化遗产的国际影响力。同时，要积极学习日本、韩国等国家在非物质文化遗产保护传承上的优秀方案，比如与同样是环太平洋西岸民俗文化的琉球民歌文化进行比较，吸取先进经验。在镇海渔歌传承上还要创新方式，将镇海渔歌充分有效融入短视频等新媒介，并作为重大题材电影、电视剧创作的重要背景元素，将镇海渔歌与中华民族伟大复兴的宏大叙事紧密结合，从而再现并增强镇海渔歌的魅力与影响。

参考文献

1. 宁波市镇海区民间文学集成办公室：《中国民间文学集成　浙江省宁波市镇海区卷》，浙江省民间文学集成办公室 1988 年版。

2. 宁波市文化广电新闻出版局：《甬上风华：宁波市非物质文化遗产大观·镇海卷》，宁波出版社 2012 年版。

3. 中国民间文艺家协会：《中国民间故事丛书·浙江宁波·镇海卷》，知识产权出版社 2015 年版。

4.《听老渔民钱祥兴讲述故事　追寻远去的渔歌》，宁波市镇海区人民政府，https://www.zh.gov.cn/art/2015/5/13/art_1229626764_59029107.html，2015 年 5 月 13 日。

八、朱枫烈士纪念楼

朱枫烈士纪念楼坐落在镇海区招宝山街道镇海中学内。朱枫（1905—1950），镇海人。早年在宁波女子师范学校读书时，她便加入各种爱国运动之中。抗日战争全面爆发之后，她不仅积极参加抗日救亡的一系列活动，还参与了救助遭日军轰炸伤员的工作。第二年，朱枫同志来到新知书店工作。此后，武汉沦陷，她回到浙江金华，主动帮助爱国人士组建台湾地区抗日队伍。1939年秋，她随丈夫朱晓光到新四军皖南司令部，开了一家书店。从1940年到1942年，在抗日战争陷入最艰难的时期，朱枫在新知书店总店坚持完成自己的工作。1944年，她接受上级指令，前往上海地区从事地下工作。1945年春，正式加入中国共产党。1948年秋，前往香港地区开始转战地下工作。1949年，新中国正式成立，朱枫又一次奉命潜入台湾地区执行任务。1950年2月，因遭遇背叛被捕入狱，在狱中即使遭受敌人严刑拷打，仍然坚贞不屈。1950年6月10日，于台北英勇牺牲。

1994年，镇海中学开始对田径场进行扩建，在扩建的过程中，陆续拆迁了几百户民宅，与此同时，学校还与政府部门联合，将朱枫烈士旧居的一部分"朱家花园"进行重修，将其改为朱枫烈士纪念楼，对烈士的生平事迹以及遗物进行保存。2010年12月9日，朱枫烈士的骨灰被从台湾一路护送直到北京。2011年7月14日，烈士之魂终于荣归故里。

1996年11月，宁波市政府将朱枫烈士纪念楼列为区级文物保护单位，1997年5月，在市委、市政府的共同支持之下，朱枫烈士纪念楼成为爱国主义教育基地。

朱枫烈士生前肖像（镇海中学供图）

朱枫烈士纪念楼（镇海中学供图）

（一）朱枫烈士纪念楼核心文化基因解析

1.物质要素

（1）憩园

镇海中学的办学渊源，可以追溯到清朝乾隆八年（1743）创办的鲲池书院（后易名为蛟川书院），已经有百余年历史。历史上，镇海曾外患不断：明代受到倭寇的长期骚扰，清代鸦片战争时期受到英军的肆意荼毒，中法战争中遭受了法国军舰的蛮横炮击，日本侵华战争中又承受了日军惨无人道的烧杀抢掠。但每次遭遇外患，镇海军民都英勇地参与到反击中。解放战争时期，国民党反动派强行镇压进步人士，这种倒行逆施的强硬手段，更加激发了革命志士和民众的正义抗争之心。镇海中学校园一直居于镇海文化中心和地势要津，因此大量抗倭、抗英、抗法、抗日和反抗国民党残暴统治的历史文物、遗址和景观都被保留在此，同时这些历史文化资源都得到学校妥善的保护、修缮和充分的拓展，形成了镇海中学校园文化的独特个性，其中也包含了朱枫烈士纪念楼。一位《光明日报》的记者曾惊诧地写道："镇海中学校内中华文化的流风遗韵随处可寻，中国近代史上悲壮、英勇的抗争史迹随处可见。中国哪个中学能在校园内容纳下如许的古迹？12个国家、省、市级文物！怪不得中宣部、团中央要将这里定为全国爱国主义、革命传统教育基地。"

镇海中学的东南一隅，一个粉墙黛瓦的小院静静伫立，进入小院前有个月洞门，上面写着"憩园"二字。从月洞门往里望去，门内，整个楼共有两层高，颇有古典私家园林之风，这是朱枫烈士在青少年时期的旧居。建筑的整体面积为144平方米，共有6间，透出典雅古朴的气息。朱枫烈士生前相片、折扇、发簪、衣物以及事迹简介等都保存在纪念楼一层；二层则陈列了四斗柜、八仙桌、藤椅、皮箱、木挂钟等家具以及杨成武、张爱萍、薛暮桥、罗青长等几十位党内外著名人士和烈士亲朋好友的题词和条幅。

如今，憩园内有朱枫烈士遗物、事迹展板及中央领导、亲友题词等。憩园集赞扬烈士、学习红色知识、开展红色知识宣传教育的功能于一体，先后获评国家安全教育基地、浙江省党史教育基地。朱枫故居一直发挥着重要的爱国主义教育作用，来自社会各界的群体在这里接受革命烈士精神的洗礼：镇海中学学子的新生"第一课"在这里进行；网民寻访"红色足迹"在这里驻足；国安系统民警在这里参观学习……

（2）枫园

枫园，早年叫作西门公园，后来，为了纪念烈士朱枫改名。其坐落在镇海城区，总体面积约为6.6万平方米，一尊刻着"枫园"二字的石头位于公园的门口，"枫园"两字是浙江省政协原主席刘枫题写的。在公园里随处可见红枫、青枫、枫香、雪松等植物，以树喻人，从而体现朱枫不屈不挠的伟大革命精神。

2011年7月11日下午，"枫园"正式完工。其中包括3.8米高的朱枫塑像。朱枫烈士家属和区领导曾多次到公园考察，以研究、确定雕像位置，镇海区陆续投资了50多万元对公园入口和雕像周围进行美化提升。这座雕像的基座就已经达到了2.3米，以大理石材质打造而成，雕像上刻着"朱枫"两个大字，以及她的生平经历。铜像的高度约为1.5米，从外观上来看，铜像呈现出紫铜色，整体重量约为400千克。另外，朱枫铜像胸前还有枫叶的形状，之所以采用如此设计，主要是因为烈士朱枫生前酷爱红枫。

（3）镇海革命烈士陵园

2011年7月14日上午，镇海革命烈士陵园庄严肃穆，朱枫烈士骨灰在烈士亲属的护送下，归葬故土，了却了家乡人民和烈士亲属半个多世纪的心愿。

早年间，十字路村民众收集邬励新、蒋子瑛等新中国成立前牺牲的21位烈士遗骸，建墓立碑。1966年，烈士墓迁移至弥陀山南麓，立纪念碑一方，高12米，并建有安放烈士骨灰盒的壁龛。1978年，受到十字路水库建设的影响，烈士的陵墓迁往黄狼山岗，迁地获总投资43.5万元。1980年4月，这里被命名为"镇海革命烈士陵园"。1988年7月，浙江省政府将这里列为县级烈士陵园；1992年列为青少年德育基地；不仅如此，1996年11月政府部门将其列为区级文物保护单位。这里的整体面积约为2.98万平方米。18000朵花布满整个陵园，各种绿植密布其中，如英烈的伟大革命精神一般焕发着生机。

2. 精神要素

1983年4月中央委员会调查部发布了《关于朱枫同志的组织结论》，其中明确指出："朱枫同志在敌人面前表现出一个革命者、共产党人为革命、为人民忠贞不屈的革命精神。"朱枫烈士的事迹展现了中国共产党人坚定理想信念，不畏牺牲、英勇斗争，忠诚于党、无私为民的伟大精神。

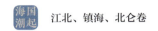

（1）坚定信念，执着追求

新民主主义革命时期，朱枫为了救国救民、振兴中华，通过不同道路，进行了艰辛的探索，最终选择了马克思主义，参加了中国共产党，始终坚持共产主义理想信念不动摇，为追求真理、为实现共产主义奋斗了一生。朱枫以实际行动告诉我们：巩固自己的理想和信念，用坚贞不渝的态度坚守崇高的信仰，是共产党人发展的主要动力；坚持马克思主义理论体系，坚持社会主义和共产主义的基本信念，是中国共产党人应该具备的政治灵魂和政治核心力量，中国共产党人无论在什么时候，都要经受时代的考验，要树立坚定不移的信念和信心。

（2）不畏牺牲，英勇斗争

朱枫被捕后，目视前方，一步一步走向刑场，缓慢而从容，向世界展现出中国共产党、中国人民宁死不屈、视死如归的民族气节。她用全身的力气振臂高呼"中国共产党万岁"，最终身中 7 弹，壮烈赴义。这表现出了一个共产党员不畏牺牲、英勇斗争的革命精神。"不畏牺牲，英勇斗争"，短短八字是无数英烈用血肉身躯镕铸而成，是中国共产党自成立之日起就有的鲜明品格。早在百年之前，那个内忧外患的中华民族，正面临前所未有的挑战，无数革命志士将自己的生命奉献给了共产主义事业，拯危难之国，救人民于水火，为民族而斗争。在风雨飘摇的年代，以朱枫同志为代表的无数共产党人将自己的生命置之度外，将国家的命运扛在自己的肩上，塑造了一座又一座不朽的丰碑，撑起中华民族的脊梁。百年之后，这种精神依然需要得到传承和发扬，无论是在改革时期，还是在建设时期，英勇无畏的精神都是党和国家发展的主要动力，现如今，党和国家正在经历前所未有之大变局，中国共产党经过百年的发展，已经成长为一个成熟的政党。

（3）忠诚于党，无私为民

朱枫在新知书店工作的过程中，还以个人名义捐赠了 500 大洋，为了革命事业无私奉献，倾囊相助。后来，她又向台湾抗日义勇队慨捐 800 大洋。再后来，大后方革命的舆论环境恶化，朱枫甚至变卖母亲遗物，为报社采购印刷物资。这无一不体现了一个中国共产党人对党忠诚、时时刻刻心系人民群众的伟大精神。入党宣誓词中这样写道："对党忠诚，积极参与到工作之中，为共产主义事业献出自己的一生，不畏牺牲，永不叛党。"这些誓词铿锵有力，掷地有声，朱枫用实际行动彰显了一个合格的共产党人对党的承诺，对人民的诺言。

3. 语言与符号要素

烈士遗物与"红枫精神"是朱枫烈士纪念楼核心文化基因的语言与符号要素。烈士遗物不但是那艰苦卓绝时代的生动体现，更是提升红色教育效果的有效手段和真实教材。每一件遗物背后的故事都可歌可泣，蕴含着崇高而伟大的革命精神。

朱枫烈士纪念楼不仅存放着朱枫烈士的遗物，也承载着朱枫烈士的革命精神——"红枫精神"。"坚定理想信念、不畏牺牲、英勇斗争、忠诚于党、无私为民"构成了"红枫精神"的重要内涵。

朱枫烈士纪念楼为弘扬"红枫精神"构筑了一个理想的平台，成为"红枫精神"的具体象征，作为一个爱国素材生动而鲜活，可以作为"四史"学习平台和巾帼精神弘扬基地，也为人们了解伟大建党精神提供了一个有效窗口。每年朱枫烈士纪念楼都会接待领域、年龄和身份各异的人群，使其接受朱枫烈士独特人格魅力和崇高精神的感染和熏陶。在朱枫烈士纪念楼内聆听解说、观看实物，感受那段红色记忆，所收获的不仅仅是感动，肩上的责任也将愈加明晰，民族自豪感油然而生，爱国信仰更加坚定，将进一步把民族发展和国家兴旺作为己任，促进自身全面发展。

（二）朱枫烈士纪念楼核心文化基因的提取与评价

朱枫烈士的事迹展现了中国共产党人坚定理想信念，不畏牺牲、英勇斗争，忠诚于党、无私为民的伟大精神，谱写了中国共产党坚持艰苦斗争、坚持群众路线、前赴后继、英勇战斗的伟大精神，也是镇海区革命文化传承发展的核心基因。

朱枫烈士是无数革命先烈中的一位，她的光荣业绩是镇海人民的骄傲。朱枫烈士事迹感人、品德兼备、风骨傲人，人民对其无限敬仰和怀念。心中丰碑屹立不倒，她永远是人民学习的典范和楷模。

1. 生命力评价

英烈是灯，点亮了幸福和平的年代；英烈是石，支撑着中华民族的伟大复兴。朱枫烈士纪念楼代表了一段红色的记忆，虽然朱枫烈士已经离我们远去，但她的精神却是一本永不过时的经典名著，时看时新，在雄镇大地生根开花，生生不息。复兴中华民族的伟大历史任务光荣而艰苦，其实现过程中的困难可想而知，要有直面艰难险阻甚至惊涛骇浪的思想准备。我们需要以朱枫烈士为榜样，让她的精神激励我们的斗志，引领我们不断前行。朱枫烈士始终坚持共产主义理想信念不动摇的精神，不畏牺牲、英勇斗争的精神，对党忠诚、无私为民的精神都具有永恒的生命力。

2. 凝聚力评价

岁月如梭，可朱枫烈士精神和信仰却不因时代的变化而褪色。她为中华民族伟大复兴而献身的高尚情操和对信仰的执着追求，如一面鲜艳的血色旗帜飘扬在新时代的雄镇大地，永不褪色，永远鲜活，是我们思想的指引和行动的向导，将宁波市人民紧紧凝聚在一起。

承载着"红枫精神"的朱枫烈士纪念楼坐落在镇海中学内，润养了镇海中学莘莘学子，将红色基因融入血脉，塑造了镇海学子积极向上自强不息的良好品格。现今，镇海中学凭借浓厚的红色基因开展特色办学已有百年，为社会培养的优秀毕业生累计人数已突破3万大关，为宁波的发展不断注入新活力。

此外，朱枫故居年度来访量已达数万人次，来访社会群体也已超过200批，朱枫故居因其动人事迹和蕴含的"红枫精神"而成为社会各界人士学习和瞻仰的重要场地。朱枫烈士纪念楼为社会各界，尤其为宁波市开展爱国主义教育提供了阵地和精神动力，激发了社会各界人士的爱国主义情怀，将海内外中华儿女的心紧紧联系在一起，其凝聚力的强大可见一斑。

3. 影响力评价

镇海区意识到朱枫烈士纪念楼的红色价值和教育意义，并于1996年11月将其列入文物保护单位名单。宁波市于1997年5月和2010年6月分别将其列入爱国主义教育和中共党史固定教育基地名单。国家安全部于2011年6月把其升级为安全教育基地。2013年初，其爱国主义和党史学习教育价值得到浙江省认可，并成为浙江省固定基地。2015年，朱枫烈士纪念楼在宁波市党史教育基地评选中脱颖而出，跻身于十佳前列。2021年，朱枫故居被命名为全国妇女爱国主义教育基地。

朱枫烈士遗骨回到她魂牵梦绕的家乡后，立即引起社会各界的广泛关注。开放仅数年，实地参观和网上悼念已突破7万人次，故居知名度不断提升、影响力不断扩大，激励着全国人民不断奋斗，创造一个又一个新辉煌。此外，"红枫精神"体现了中国人民、中国共产党的顽强意志，朱枫烈士纪念楼也为海外友人了解中国革命故事提供了有效窗口，让世界人民得以更加直观地认识中国革命、了解中国伟大革命精神，海外影响力也在不断扩大。

4. 发展力评价

朱枫烈士是无数革命先烈中的一位，她的光荣事迹是宁波人民的骄傲，人民永远不会忘记她的丰功伟绩和红色精神。朱枫烈士纪念楼，已被列为国家级、省级、市级等各类教育基地，成为人们怀念先烈、接受教育的场所。先烈们的革命精神是中华民族非常宝贵的精神财富。弘扬老一辈革命家的光荣传统，激励广大干部群众，对于推进高质量发展以及建设共同富裕先行区具有十分重要的现实意义。

（三）朱枫烈士纪念楼核心文化基因的转化利用

以弘扬朱枫烈士饱含深情与热爱、牺牲与奉献、信仰与追求的一生为主线，通过创新载体、创新表现形式等，使朱枫烈士辉煌的革命事迹与革命精神，通过文创产品、红色教育、旅游项目等，得到进一步的弘扬，教育下一代，强化理想信念、坚定报国信仰，以民族发展和中国复兴为己任，提升自身全面发展自觉性，明确努力方向和拼搏决心。

1. 整合文化资源，打造红色文化精品

（1）旅游景区

憩园（朱枫烈士纪念楼）、枫园（以朱枫烈士命名的公园）、陵园（朱枫墓）等遗迹在镇海红色资源中的地位不言而喻，它们不但蕴含着永不言败的革命精神，同时也是开展爱国主义和党史学习教育的绝佳之地和重要资源。因此，要不断推进憩园、枫园、陵园等红色遗迹景点的建设，进一步收集查找党史军史的图片、视频资料，以精品标准深挖红色资源，打造精品旅游项目。

此外，现今国内许多红色景点不再满足于传统的静态展陈，而是借助全息技术、VR、3D等现代科技创新表达形式，提升红色文化的趣味性和生动性，增强游客在游览过程中的参与感，从而唤起内心深处的情感共鸣。因此，除了要不断丰富陈列资料以外，还应注重将憩园、枫园、陵园等红色遗迹景点与现代信息技术结合，实现可视化呈现、互动化传播、层进式体验。

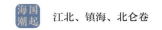

（2）旅游线路产品

目前，旅行社所设置的红色旅游线路杂乱，不完善，没有系统化处理；随着旅游业日渐成熟，普通的线路无法使游客拥有更好的体验和需求。基于此情况，宁波打造了镇海红色研学精品线路：首站从镇海口海防历史纪念馆开始，第二站到陈寿昌烈士纪念馆，第三站是朱枫烈士纪念楼，再到九龙湖红色历史陈列馆，最后到镇海革命烈士陵园，将红色资源与研学旅行融合，让学生更深层次地体验时代发展的节奏变化和社会发展的新老更替，从历史发展角度体会走中国特色社会主义的必然性和重要性，把红色教育作为主要激励手段，实现学生理想与国家和民族事业的统一。此外，在文旅融合角度下所规划的线路能够有机整合每个红色旅游景点，形成联动机制并提高灵活性和机动性，提升区域协同效应，在旅游产业的不断升级中实现经济效益最大化的追求目标。

2. 开发文创设计，助力红色文化传承

在数字化信息时代，通过影视剧、戏剧等途径能够使红色文创在数字化时代"活起来"。根据朱枫烈士事迹拍摄的纪录片《永不褪色的红枫》，以及根据朱枫烈士事迹改编的越剧剧目《枫叶如花》都可以成为带动红色文创产品的代表作品。尤其是越剧《枫叶如花》，这是越剧舞台上的首部谍战剧，被称为"越剧版的《潜伏》"。该剧以紧张的斗争进程作为叙事主线，辅以众多大场面表演，摒弃了说教味、脸谱化，以细腻丰满的人物刻画、考究的细节还原历史现场。因此，此类数字化形式吸引了越来越多的年轻人关注朱枫烈士以及其革命精神，从而带动众多年轻人打卡相关旧址和博物馆，比如朱枫烈士纪念楼，同时也能带动年轻人对相关红色文创产品的购买热情。

在销售过程中，还可以利用在年轻人群体中盛行的"盲盒经济"，推动红色文创产品的发展。红色旅游文创产品对带动红色旅游发展意义重大。

3. 追寻红色足迹，传承红色基因

围绕朱枫烈士事迹创作改编小说等文学作品，连续开展朱枫事迹主题教育，举办革命先烈精神研讨会等文化活动再现朱枫烈士的顽强斗争精神和英勇感人事迹，感染和鼓舞中国人民，使人们在今昔对比中提升对今天生活的幸福感和珍惜之情，培育人们尤其是青年人艰苦奋斗、不畏强权、勇于探索的精神品质。

参考文献

1.李帅、汪琳、朱创业：《文旅融合视角下浙江省红色旅游线路设计》，《绿色科技》2021年第15期。

2.刘尘垚：《临刑前，她是在凝视着大陆吗？》，《铁军》2022年第3期。

3.习近平：《习近平谈治国理政》（第三卷），外文出版社2020年版。

4.谢丹：《永不凋零的红枫》，《文化交流》2011年第9期。

5.咏党岩：《朱枫烈士纪念楼》，《宁波通讯》2021年第16期。

6.中共宁波市委党史研究室：《中共宁波市党史胜迹图志》，宁波出版社2009年版。

中国石化镇海炼化公司白鹭园（张凌志摄）

九、中国石化镇海炼化公司

中国石油化工股份有限公司镇海炼化分公司（简称镇海炼化），位于镇海区的宁波石化经济技术开发园区内，是一座在沿海滩涂地上建设起来的现代化绿色石化城。公司整体占地面积约 23.1 平方公里，是中国最具竞争力的具有国际规模的炼油化工企业。镇海炼化始终牢记习近平总书记殷切嘱托，积极履行中国石化保障国家能源安全、引领我国石化工业高质量发展、担当国家战略科技力量"三大核心职责"，持续推动石化产业高质量发展转型升级，打造高质量的"世界级、高科技、一体化"的绿色石化基地。48 年来，镇海炼化传承"苦干实干、三老四严"的石油精神、弘扬"家国情怀、精细严谨、求真务实"的石化传统，心怀中国石化"为美好生活加油"的使命，从一家地方调剂型炼油厂，成长为今天石油石化行业的标杆企业，每一个脚印、每一次跨越都紧跟中央部署、踩准时代节拍。党建红、生态绿、发展蓝，形成镇海炼化特有的代表色。培育和塑造了符合镇海炼化实际的"3863"特色企业文化模型，实现了集团公司共性文化与企业个性文化、本土文化的有机融合，凝结成"精益求精、开放创新、求真务实、团结奋斗、事争第一"的镇海炼化精神文化特质，将文化理念落实到生产经营的全过程，落实到每名员工的岗位工作中，以文化力提升执行力、竞争力。

（一）中国石化镇海炼化公司核心文化基因解析

镇海炼化前身为始建于 1975 年的浙江炼油厂，1983 年划归原中国石化总公司，1994年经整体改制成立镇海炼油化工股份有限公司，并在香港联合交易所上市。根据中国石化整体战略部署，2006年3月镇海炼油化工股份公司撤回上市地位，同年9月注册成立中国石油化工股份有限公司镇海炼化分公司，是国内最具竞争力的炼化一体化企业。在企业发展历程中，镇海炼化坚持不懈地进行积极的探索和实践，守住国企"魂"、凝聚精气神，勇做不断做强、做优、做大的弄潮儿，积极打造企业发展的国企样本。进入"十四五"，镇海炼化牢记习近平总书记嘱托，主动融入长三角一体化发展国家战略，锚定世界领先，着眼长远发展，前瞻谋划并加快实施"十四五""12345"的工作主线，以高质量党建引领高质量发展，努力争当现代石化产业链的"链长"，奋力建设"世界级、高科技、一体化"绿色石化基地。

1. 物质要素

（1）宁波优越的地理优势和华东地区经济发达的市场条件

宁波地处中国海岸线中部，位于东海之滨，扼南北水路要冲，兼具大陆和海洋两者之优势。东有舟山群岛为天然屏障，属于典型的江南水乡兼海港城市，是中国大运河南端出海口、海上丝绸之路东方始发港。宁波舟山港年货物吞吐量位居全球第一，集装箱量位居世界前三，是一个集内河港、河口港和海港于一体的多功能、综合性的现代化深水大港。作为长江三角洲南翼经济中心和化工基地的宁波，是中国华东地区的工商业城市，也是浙江省经济中心之一。开埠以来，工商业一直是宁波的一大名片。特别是改革开放以来，宁波经济持续快速发展，显示出巨大的活力和潜力。未来，宁波在唱好"双城记"、建好示范区、做好共同富裕示范先行、加快"港产城文"融合发展、推进"六大变革"、打造"六个之都"、开创现代化滨海大都市等领域大有作为。宁波优越的地理优势和华东地区经济发达的市场条件，为镇海炼化的发展提供了宽广的发展空间。

（2）处于行业领先地位的镇海炼化企业

镇海炼化是中国石化直属企业中的旗帜和标杆，各项优势明显。它是国内重要的原油加工基地、进口原油加工基地、含硫原油加工基地、成品油出口基地和重要的原油集散基地之一，规模优势明显；它的成本费用水平一直在国内处于领先地位，与亚太炼厂平均水平相当，成本优势领先；它的精益管理对标世界一流，炼油绩效一直位居亚太地区炼厂第一群组，2010年建成乙烯装置投产后，它是国内唯一连续 6 次在所罗门全球乙烯绩效评价中位列世界第一群组的炼厂，绩效优势领先；它的产品质量一直保持行业领先，质量优势明显；它的技术基本代表了中国炼油业的先进技术水平，技术优势卓越；它的环保指标不仅符合且优于国家标准，并保持行业领先水平，部分指标达到国际先进水平，环保优势明显；它还有出众的管理优势和人才优势，共同构筑了镇海炼化文化的基石，并推动镇海炼化不断向前。

2. 精神要素

（1）石油精神和石化优良传统

"苦干实干、三老四严"的石油精神和"家国情怀、事争第一、精细严谨、求真务实"的石化传统都是镇海炼化人的"根"和"魂"，是镇海炼化人深入骨髓、融入血液的思想自觉、政治自觉和行动自觉。在艰苦创业期（1975—1987 年），镇海炼化人将石油精神、石化传统与地域文化不断融合，发扬"踏遍千山万水、吃尽千辛万苦、说尽千言万语、历经千难万险"的"四千万"浙江精神勇闯市场；在改革探索期（1988—1993 年），镇海炼化人随着改革开放的强劲春风，形成了"敢创业、不守摊"、勇当"弄潮儿"的精神；在融资发展期（1994—2000 年），公司在香港上市，突出"消除瓶颈，内涵为主"发展，提出了"放心、精细、文明、一流"的价值理念，努力做大做强企业；在提升完善期（2001—2006 年），开始谋划大乙烯工程的前期工作，形成了"和谐发展、共享未来"的企业理念；在全面转型期（2007—2017 年），先后提出了"以最少的人管理最大的炼化企业""严格管理、快乐工作、健康生活""大气、正气，精细、勤奋，低调、务实"等企业理念；在跨越升级期（2018 年至今），中国石化集团公司对镇海炼化提出了"为中国石化未来发展探路引航""打造旗舰式标杆企业"的新要求，镇海基地新格局下"股权多元化、管理一体化、发展最优化、效益最大化"的管理理念形成，并在镇海基地建设中融合了"A 角 B 角都是主角、一线二线都是前线、甲方乙方都是一方""越努力、越幸运，不拼搏、无奇迹""在镇海炼化干项目，为职业生涯加分"等一系列发展建设的理念，形成了具有石油石化优良传统的镇海实践体系。

（2）初心引领下的镇海炼化精神

镇海炼化在改革发展过程中始终听党话、跟党走，形成了独特的精神气质。从"我为祖国献石油"的理想信念到"为美好生活加油"的企业使命，从"不思张扬、埋头苦干"到"敢担当、能担当、善担当"，从"做放心人、说放心话、办放心事"到"严细实恒""四个精细"，从"团结、求实、进取、奉献"到"大气、正气，精细、勤奋、低调、务实"，再到"精益求精、开放创新、求真务实、团结奋斗、事争第一"，每个时期的精神文化特质都包含着红色基因、时代特色和精益文化，都成为指引镇海炼化人干事创业勇争先、担当作为站排头的动力之源，推动镇海炼化成为中国石油化工行业的"排头兵"，在中国石化扛稳扛牢保障国家能源安全、引领我国石化工业高质量发展、担当国家战略科技力量"三大核心职责"中做出硬核支撑。

（3）新征程上的精神文化特质

面对党的二十大擘画的宏伟蓝图、提出的艰巨使命，面对习近平总书记视察胜利油田重要指示精神，镇海炼化坚定不移走高质量发展之路，奋力推动在"十四五"时期"再造一个更高质量的镇海炼化"。新征程上，镇海炼化形成并坚持"精益求精、开放创新、求真务实、团结奋斗、事争第一"的精神文化特质。

3. 语言与符号要素

（1）党建红——在党旗下成长为大国重器

镇海炼化始终将坚持党的领导、加强党的建设摆在第一位，不管形势如何变化，始终不折不扣贯彻党中央的路线方针政策，把企业的前途命运与党和国家的前途命运紧紧联系在一起。公司党委充分发挥"把方向、管大局、促落实"的政治引领作用，制定并实施党建领航、书记领跑、党员领先的"三领"行动，在实践中形成了"务实、创新、融合"的党建工作主线，坚决守牢"安全环保、依法合规、廉政建设、队伍稳定"四大底线，一体化监督，全面集聚执行合力，研究确立了公司"12345"党建工作模型和党建KPI考核体系，从政治引领、监督保障、组织落实、凝心聚力、融合互促5个维度，研究确定15个党建考核"Key值"，推动基层党组织从"做了没有"向"做好了没有"转变。通过引领各级党组织增强政治功能，推动组织力提升工程在镇海炼化落地见效，承担起国企所应承担的经济功能和政治功能相统一的特殊责任，始终坚持以高质量党建引领企业高质量发展，推动"三大战略"落地，为奋勇担当"为中国石化未来发展探路引航"新使命，加快打造"世界级、高科技、一体化"绿色石化基地提供坚强保证，使镇海炼化真正成为党和人民可以信赖、依靠的"大国重器"。

（2）生态绿——工业文明与生态文明交相辉映

镇海炼化始终坚持"能源与环境和谐共生"的绿色追求，坚持绿色发展理念，建成了国内首屈一指的全加氢流程，构建了以"高利用型内部产业链""废弃物零排放"为基本构架的内部循环经济模式，是中国石化"绿色企业行动计划"首批做出承诺的十家企业之一。因为厂区环境好，引得白鹭来筑巢。白鹭成了镇海炼化的绿色使者。2013年，镇海炼化积极推进"碧水蓝天"行动，22个项目总投资12.5亿元。2018年，建立绿色企业行动机制，制定总体行动方案、工作任务清单和项目实施清单。全生命周期"绿企行动"涵盖绿色发展、绿色科技、绿色生产、绿色储运、绿色检修、绿色采购、绿色销售、绿色家园"八大绿色"，生产活动由传统的"资源—产品—污染排放"向较为先进的反馈式"资源—产品—再生资源"转变。2020年，企业实施"无废无异味工厂"建设工程，融入地方创建"无废城市"、建设"美丽中国"。与此同时，镇海炼化建立健全环保管理制度，把环保管理的要求融入企业的各项经营管理活动之中，贯穿于企业生产经营的全过程，明确该干什么、由谁来干、该怎么干，理念引领，责任落实，流程规范。在镇海炼化，"人人要环保、人人干环保、人人查环保"已经蔚然成风，工业文明与生态文明交相辉映。

（3）发展蓝——为中国石化未来发展探路引航

位于东海之滨的镇海炼化，处于北纬30度这条地球上最富活力的纬线上。它历经了艰苦创业、改革探索、融资发展、提升完善、全面转型、跨越升级六个阶段，构成了"大炼油、大乙烯、大芳烃、大码头、大仓储"的产业格局，成为国内最具竞争力的炼化一体化企业。进入新时代，"为美好生活加油"的企业使命、"打造世界领先洁净能源化工公司"的企业愿景，激励镇海炼化人不断登高望远。镇海炼化谋划并实施"十四五""12345"工作主线的蓝图："1"是锚定"世界级、高科技、一体化"绿色石化基地这个总目标；"2"是坚持"科技创新＋管理创新"双轮驱动发展；"3"是实施"打造全产业链的发展战略、深化数字化转型的改革战略、持续赋能赋智的人才战略"这"三大战略"；"4"是立足国务院国资委提出的"对标世界一流管理提升的标杆"、中国石化集团公司党组提出的"为中国石化未来发展探路引航"，以及浙江省烯烃产业链上下游企业共同体牵头单位、宁波市石化产业链龙头企业这"四大定位";"5"是努力在全产业链发展和科技创新、企业规模和质量效益、数字化运营和一体化管控、赋能赋智和人才成长、党建质量和水平等五个方面实现新跨越。干在实处、走在前列、勇立潮头,不忘初心、牢记使命、永远奋斗,镇海炼化追逐世界一流的脚步从未停歇。

4. 规范要素

（1）"3863"企业文化建设模型

镇海炼化通过长期实践与经验积累,创造性地将党的优良传统、中华民族优秀传统、石油石化优良传统、现代企业管理成果以及宁波优秀的地域文化进行糅合,形成了独具特色的"3863"企业文化建设模型,即"3"——坚持区分"三个层次","8"——突出抓好"八大路径","6"——着力打造"六大阵地","3"——重点形成"三大产品",建设与世界级、高科技、一体化石化基地相匹配,与社会共同价值观相融合,被广大员工群众普遍认同的企业文化。

"3"即坚持区分核心理念、专项文化和基层文化"三个层次",不同层次有不同的要求和侧重点。核心理念坚持"一个纲要贯穿到底";专项文化坚持"各自领域发挥作用";基层文化坚持"百花齐放,百家争鸣"。

"8"即坚持理念指引、坚持制度规范、坚持机制保障、坚持载体推进、坚持行为养成、坚持典型引路、坚持宣传推动、坚持品牌提升。

"6"即形成了"一堂一展一室一节一督一评比"的多元文化阵地。包括办好企业文化大讲堂,在生活区设立企业文化长廊,在基层单位设立企业荣誉（文化）室,每年10月左右举办企业文化节,将企业文化建设措施作为督办事项纳入公司重点工作督办系统,动态化开展企业文化故事征集、评比"最美炼化人""道德模范"等。

"3"即形成一批企业文化理念、形成一套企业文化手册、形成一系列员工行为规范。

（2）公众开放日

镇海炼化于2013年初启动了常态化、制度化、规范化的"公众开放日"活动,建立了一整套标准化的活动流程和程序。

在程序上公开、透明,体现公平公正。一是在政府公共平台上发布消息。

每月月初，在镇海新闻网、镇海网络问效、"镇海发布"微信公众号等政府平台和公司官方微博、微信上发布通告，公开邀请公众代表走进镇海炼化，有利于公众平等参与。二是参与的公众具有代表性。走进镇海炼化的公众代表包括了普通网民、论坛版主和意见领袖、周边居民、环保志愿者、青年学生、教师、老干部等，不仅有个体，也有团体，不仅有本地的公众，更有来自其他省市的同行，具有广泛的代表性。

在组织上制度化、常态化，做到严谨规范。一是用制度进行固化。将公众开放日活动纳入《镇海炼化对外宣传管理规定》等制度中规范管理，明确相关部门的职责，并明确举办时间要求，确保一定的频次，确保活动的质量。二是流程不断优化。在参观行程的安排上流程化、模块化，根据每期参与公众关注焦点和近期热点，灵活安排组合参观点。

在宣传上客观、科学，追求真实、平等。一是输出事实信息。坚持实事求是的原则，力求客观真实，还原事物真相。同时，邀请国内主流和地方媒体记者参与公众开放日，用第三方的身份客观报道活动和公众的真实感受。二是参与意见讨论。在座谈交流环节，对交流问题不设限，直面公众提出的涉及安全、环保、油品升级、社会责任等热点话题，不回避问题。

镇海炼化通过主动邀请公众、媒体、利益相关方走进企业，不仅拉近了企业与社会公众的距离，增进了互信和了解，而且对普及石油化工知识、消除公众误解、树立企业形象发挥了积极作用，同时有效促进了企业内部生产、经营、管理等多方面的良性循环。

（二）中国石化镇海炼化公司核心文化基因的提取与评价

镇海炼化，从最初产量 250 万吨/年的小炼油厂成长为现今行业中的旗帜和标杆，经过 48 年的创业摸索，积淀了丰富的企业文化底蕴和精神特质。基于对镇海炼化企业发展史、企业制度等相关资料的全面深入分析，得出镇海炼化的核心文化基因是"3863"企业文化模型，"精益求精、开放创新、求真务实、团结奋斗、事争第一"的精神文化特质，以党建红、生态绿、发展蓝为主线的"三色"高质量发展路径。

1. 生命力评价

镇海炼化自 1975 年建厂伊始，就将传承伟大精神、厚植企业文化作为企业发展的重中之重。镇海炼化人始终坚守老一辈传承石油精神、弘扬石化优良传统，并创造性地将党的优良传统、中华民族优良传统、石油石化优良传统、现代企业管理成果以及宁波优秀地域文化进行糅合，形成了镇海炼化独特的高质量发展路径——党建红、生态绿、发展蓝，并总结出镇海炼化"3863"企业文化模型和"精益求精、开放创新、求真务实、团结奋斗、事争第一"的精神文化特质。依托这一核心文化基因，镇海炼化开启了 48 年不忘初心的征程。创造财富价值为经济发展提供"动力"，追求和谐共生走绿色可持续发展之路，参与地方建设推动区域健康协调发展，深耕精益管理打造世界一流。守住了国企的"魂"，凝聚精气神，成为党和人民可以信赖、依靠的"大国重器"。

2. 凝聚力评价

镇海炼化从寂寂无闻到行业标杆，关键的因素是人。企业把职工视为最重要的国有资产，紧紧依靠职工群众，打造以人为本抓发展的国企样本。通过党建引领，增强政治功能，推动组织力提升，凝神聚气，引领广大干部职工心怀"搞好国企"的责任和使命；通过"3863"企业文化建设，提升员工的组织依赖感和归属感，实现员工利益和企业利益的融合，进一步塑造企业的核心内生力；通过传承石油精神、石化传统和炼化精神这一脉相承的精神体系，激励炼化人面对困境不"等、靠、要"，不"坐叹苦经"，而是敢为人先，把握住每一次发展机遇。与此同时，镇海炼化将公众开放日常态化、制度化、规范化，通过各种途径，加强企业与各方的沟通联系，更以白鹭作为企业沟通公众的"使者"，讲好"鸟的故事、水的故事、人的故事"等，传播企业情怀，持续打造企业与社会、自然、地方、职工四个命运共同体。

3. 影响力评价

镇海炼化作为一家国企，履行着国企责任和使命，一直努力打造企业发展的国企样本。48 年来，镇海炼化抓改革先聚共识，用党建红打造思想建设的国企样本；用文化凝神聚气，秉持石油精神、石化传统和炼化精神，推进"3863"企业文化建设，在发展中积淀文化底蕴、在传承中坚定文化自信、在融合中升华文化自觉，打造文化建设的国企样本；一脉相承驱动企业全面发展，用生态绿和发展蓝，打造深化改革的国企样本；把人视为最重要的国有资产，紧紧依靠职工群众，构建四个命运共同体，通过公众开放日等形式，营造和谐稳定大氛围，打造以人为本抓发展的国企样本。镇海炼化成了中国石化所属企业的优秀代表。2012年，中国石化集团公司党组作了《关于向镇海炼化学习的决定》，在全系统广泛开展向镇海炼化学习的活动。

镇海炼化在发展过程中，还主动对接地方，共同延伸产业链、提升价值链。在镇海炼化"大炼油""大乙烯"的支撑下，宁波化工区成功晋级为国内首个以石化命名的国家级经济技术开发区。在开发区规划、建设和企业开工过程中，镇海炼化不遗余力地提供原料和技术支持，助其实现公用工程一体化、物流传输一体化、安全环保一体化和管理服务一体化的格局。目前，石化经济技术开发区形成了较为完善的乙烯下游产业链，成为推动临港石化产业转型升级和发展海洋经济的引擎。

4. 发展力评价

镇海炼化是中国石化的骨干企业，自20世纪90年代以来，一直位居亚太地区炼化第一群组。乙烯装置2010年建成投产后，镇海炼化在所罗门全球乙烯绩效评价中连续6次进入世界第一群组。多年来，累计利润、净资产收益率等经济指标位列集团公司炼化板块首位。按照《中国石油化工集团公司企业文化建设纲要》，坚持政治统领，厚植企业文化基因，实现集团公司共性文化与镇海炼化个性文化、本土文化的有机融合，将文化理念落实到企业生产经营全过程。深耕精益管理，树立效率、效果、效益的三效导向；秉承"为中国石化未来发展探路引航"的新使命，对标世界一流，锚定世界领先，着眼长远发展，实施"打造全产业链的发展战略、深化数字化转型的改革战略、持续赋能赋智的人才战略"三大战略，谋划了"十四五""12345"高质量发展主线，分三步加快推进"世界级、高科技、一体化"绿色石化基地建设，打造具有全球竞争力的世界一流企业，在"国内国际双循环"的新发展格局中发挥更大作用。

（三）中国石化镇海炼化公司核心文化基因的转化利用

以"工业＋旅游"为特征的工业旅游，近年来在国内不少城市方兴未艾，成为文旅行业的一大发展趋势。镇海炼化拥有丰富的工业资源、深厚的工业企业文化底蕴和先进的工业现代化技术，作为这一领域的标杆和旗帜，发展工业旅游具有得天独厚的产业优势。同时，企业开展的公众开放日活动，对外科普宣传效果和群众基础好。通过旅游业和工业的结合，将工业资源转化为文化旅游资源，这样既可以缓解资源和环境压力，还可以给宁波市的旅游发展赋予新的生命力。

1. "工业旅游+教育"，影响未来接班人

镇海炼化的公众开放日活动，做得相当出彩。除了面向公众的开门开放外，可以针对学生这一关键群体，以工业旅游的形式，推进工业主题式教育。在镇海炼化之路展厅、"乙烯工程奠基点""白鹭园"等现有教育基地的基础上，依托镇海炼化党建红、生态绿和发展蓝的核心文化基因，形成一条"红、绿、蓝"三色主题鲜明、各有特色、互为补充的工业研学线路的内在逻辑。针对不同学段的学生群体（学前教育、基础教育、职业教育、高等教育），重新整合规划，设计符合不同年龄段学生的工业旅游形式和教育主题。此外，可以根据不同的学生群体来源，开展不同的工业游组织形式，如亲子游、学校组织的工业科普游、旅行社带团的工业探索游览、"一带一路"共建国家的海外留学生工业游览等。同时，除了"引进来"，还要"走出去"，积极推进炼化科普进校园等科普宣传活动，释疑解惑，促进了解、增进理解，在学生群体中发挥积极影响，让他们对镇海炼化以及企业员工有更全面的了解和更深层次的理解。

2. "工业旅游+科技"，打造3D式旅游体验

镇海炼化是涉及炼油、化工和热电装置等领域的工业企业，由于操作困难、危险系数大、科技含量高，游客只能观看炼化过程而无法实际操作体验，工业旅游的吸引力在一定程度上受到影响。为此，可引进科学技术，打造3D虚拟旅游。通过虚拟旅游系统，让游客在互联网上获得对镇海炼化近乎亲临现场般的了解和感受，用视觉、感觉、听觉，获得全方位的信息，全面提升用户体验。同时3D虚拟旅游突破了时空的限制，拓展了工业旅游的受众范围。打造3D虚拟旅游体验，是工业文明传承与科普、教育的新载体。

3. "工业旅游+文化"，举办镇海炼化文化节

镇海炼化企业文化浓厚，是这一领域的标杆和旗帜。石油精神和石化传统不断传承，在长期实践中，企业创造性地将党的优良传统、中华民族优良传统、石油石化优良传统、现代企业管理成果以及宁波优秀的地域文化进行糅合，形成了镇海炼化独特的文化基因和炼化人的性格秉性，成为镇海炼化发展的精神支柱和文化财富。同时，在企业发展历程中也涌现了大批的模范人物。

在举办文化节的过程中，可推出宣传镇海炼化的纪录片、动漫作品、科普读物等，加强企业宣传，讲好炼化故事；开发以炼化文化元素为内核的特色文创产品，向参与者传递炼化文化魅力。通过举办文化节，弘扬镇海炼化企业文化，加强对外宣传，有效推动镇海炼化工业旅游的发展。

参考文献

1.胡珣：《以石油精神和石化传统助推打造世界领先进程》，《中国石化》2021年第4期。

2.胡珣：《"3863"企业文化建设模型的探索与实践》，《企业文明》2021年第6期。

3.黄仲文、林旭涛：《镇海炼化逐梦世界一流——国企改革的镇海实践》，《企业文明》2018年第10期。

4.本书编写组：《习近平的小康情怀》，人民出版社、新华出版社2022年版。

5.王旭江：《开展"公众开放日"活动 化解石化项目"邻避效应"》，《当代石油石化》2017年第8期。

6.王燕：《凝聚做强做优做大的国企精神 打造企业发展的国有企业样本》，《企业文明》2021年第2期。

7.张演斌：《镇海炼化：为中国石化探路引航》，《中国石化》2021年第6期。

8.庄美琦：《让白鹭告诉你——中国石化镇海炼化公司建设绿色企业的探索与实践》，《中国石油石化》2020年第23期。

镇海中学大门（镇海区文旅服务中心供图）

镇海孔庙大成殿全景（沈国胜摄）

镇海中学内林则徐纪念堂（镇海中学供图）

十、镇海中学

　　宁波市镇海中学（简称镇中），创建于1911年，是一所具有悠远历史渊源、深厚文化积淀、曲折发展历程、丰硕办学成果的百年名校。校园内传统文化的流风遗韵随处可寻，中国近代史上悲壮、英勇的抗争史迹随处可见。厚重的历史文化，浓郁的红色文化，让镇海中学拥有了不一样的文化底蕴、不一样的文化基因。这底蕴、这基因，让镇中人拥有与众不同的精神气质和宏大底气，崇尚人文、尊重多元、追求卓越。更为重要的是，百十年来，镇中一代代的教育人，一届又一届的莘莘学子，没有辜负自己的文化基因，他们在前人的肩上、在继续前行的征途上，使学校优良的办学传统得以一脉相承，与时俱进，谱写出了一篇又一篇的华美篇章。

（一）镇海中学核心文化基因解析

　　镇中的办学渊源可追溯到唐宋时期的镇海学宫，1911年乡贤盛炳纬先生筹资创办镇海县中学堂，是为初级中学。在建校之初，首任校长曹位康先生就确定了"启智、求敏、治文、博综"的办学方向，使镇中在办学之初就植入了高品质教育的基因。其后数十年间，学校几易校名、几迁校址、几度改制，但仍在辗转中顽强办学。这一时期，学校十分重视教师队伍建设，吸引了国内外名校的优秀人才以及具有某方面专长的学者名师加盟。这个阶段生成的"厚德、严谨、民主"的办学理念以及"爱心育人""人格陶冶""智育奠基""全面发展"的教育思想对学校以后的发展影响深远。1956年，镇海县中和私立辛成中学合并，建立镇海县第一所完全中学，命名为浙江省镇海中学。1959年，更名为"浙江省宁波镇海中学"。1985年，改名为"宁波市镇海中学"。1998年，学校剥离初中部，独立为普通高级中学。进入21世纪，在继承学校优良传统和学习先进理论、经验的基础上，镇海中学不断开拓名校发展新途径、新内涵、新优势，对办学理念作了四次发展性的阐释。四次革新，四次蜕变，学校优良的办学传统始终一脉相承。

1. 物质要素

（1）红色遗迹

唐元和四年（809），甬江口建望海镇，为镇海建制之始。至明代，镇海成兵家必争之地，成为反抗外来侵略的桥头堡。镇海历经抗倭、抗英、抗法、抗日等反抗外来侵略战争的洗礼，无数爱国儿女以自己的忠诚和热血一次次击退了外敌的入侵，谱写了一曲曲壮气凌云的豪迈赞歌。在镇海县城留有大量可歌可泣的光辉史迹和丰富的海防遗迹。镇中校园里就有28处海防遗迹、人文历史景观。其中3处是全国重点文物保护单位，这些遗迹与镇海海防遗址一起被列入共青团中央命名的36个"全国青少年爱国主义教育基地"和中宣部公布的100个爱国主义教育基地。镇中十分珍惜这份历史的馈赠，筹集专项资金对校内历史遗迹、文化遗存进行全面修复和定期维护，并对师生进行爱国主义和人文历史教育，把红色基因根植在师生心中。2019年，镇中"红廊"正式启用。近百米的红廊里展示着民族英雄林则徐、抗倭名将俞大猷、革命烈士朱枫等10位先烈的英勇事迹。红廊，承学宫千年之流水，植镇中百年之根基，传崇高理想之信念，引时代红色之风潮。

（2）人文梓荫

镇海历来尊师重教，文化昌达。近百年来，在这片土地上孕育出了几十名中国科学院和中国工程院的院士，占全国"两院院士"总数的近2%。它还被誉为"人文梓荫"，历来重视精神文明建设，在科技、文化、体育等领域均获得过国家级荣誉，还培育了贺友直、华三川、陈逸飞等蜚声海内外的著名书画家。

镇海中学便诞生于这一片人杰地灵的土地上。学校东北隅有一座小巧的梓荫山，镇海建县后的1000多年间，在山的西面、南北麓，先后建起了三所教育机构——镇海县学、蛟川书院和镇海县中学堂。这一区域自古以来便是镇海县（区）的文教区域，文贤集聚，文化璀璨，文脉昌盛，积淀了深厚的文化底蕴。20世纪90年代以来，学校在重建扩建过程中把原来的镇海县学、蛟川书院和镇海县中学堂原址，甚至把整个的梓荫山地域，一并圈在校园内，可谓三世学脉汇成流。

（3）人文建筑

镇中的大门古朴典雅，校名由郭沫若题写。从大门正面望去，中西合璧的校园建筑掩映在雪松、金桂、蔷薇、香椿、翠柏之中，古典的庄重与现代的飘逸，融合得恰到好处。步入校园，沿途石径交错，花木吐香，环境极为幽雅清静。这里建筑群的主轴是大成殿、杏坛、大成门和泮水池。大成殿不仅是儒学的圣地，还留下了全祖望、俞樾等著名学者的足迹。泮水池为清代两江总督钦差大臣裕谦抗英兵败投水殉国处。东侧校园内有座小山名曰"梓荫"，意为"梓材荫泽"，山顶古色古香的梓荫阁可鸟瞰整个校园；西北麓为林则徐纪念堂，其旧址是蛟川书院；西麓为吴公纪功碑亭；东北麓为俞大猷生祠碑亭。校园内还有摩崖石刻、流芳碑、柔石亭、朱枫烈士纪念楼等文物遗址。除古建筑外，为满足现代教育需要而新建的教学楼、实验楼、办公楼、大门等，不论是错落有致的坡状屋顶、青灰色系的建筑外立面，还是歇山顶式的学校正大门、富有书院气息的围墙，在建筑风格、造型、材质、色系等方面，都实现了新旧建筑的有机统一，彰显了江南地区人文建筑的特有风韵。但作为百年老校，镇中经历了多次新建与扩建，尤其是20世纪80—90年代，兴建了一批具有当时典型建筑特征的图书馆、体艺楼、学生寝室，这些建筑结构，极大破坏了校园建筑文脉的有机统一。后依托镇中百年校庆之契机，整体改造了这些建筑的外立面，不仅实现了整体建筑风格的统一，而且改建后的校园更显恢宏典雅，富有书香气息。

2. 精神要素

（1）"梓材荫泽，追求卓越"的办学理念

"梓材荫泽，追求卓越"高度概括了百年镇中独特的教育风貌和优秀的教育品质，既是一种理念，也是一种行动，还是一种品格。镇中校园多处景观、书刊、活动等都冠以"梓荫"之名。"梓荫"取"梓材荫泽、荫庇学子、源远流长"之意。在镇中悠远历史、幽雅校园交织而成的时空里，这一办学理念闪耀着璀璨文化光芒、流露着真诚教育仁爱、深蕴着绵长人文精神，已深深融进

了镇中和镇中人的血脉。她代表了镇中和镇中师生的精神气质和理想追求，镇中教育和镇中人将始终不满足现状，勇于超越，精益求精，努力做同类中的最好。

（2）"励志、进取、勤奋、健美"的校训

校训，是学校历史和文化的结晶，是学校办学理念的集中体现，也是对学校特有的文化内涵的一种简练表达。镇中百余年的办学路，凝聚成"励志、进取、勤奋、健美"这八字校训。

其一是励志。林则徐纪念堂、吴公纪功碑亭和炮群实物、俞大猷生祠碑亭、泮池……镇中校园里抗击外侮的遗迹俯拾皆是，从物质到文化，昭示着镇中的励志。悠久的办学史和先贤可歌可泣的事迹，积淀成镇海中学的宝贵财富，也成为后世莘莘学子浓浓的精神滋养。那一处处具有历史文化底蕴的遗迹，和一个个慷慨激昂的故事，无不是镇中构建独特校园文化的养料。

其二是进取、勤奋。镇中有着时代和镇中人自我赋予的"进取气象"。从校领导办学的危机意识，老师的"学生在，老师在""普通老师在校，中层干部在场"，到学子的"我为什么来镇海中学"的习惯性自我追问，共同营造了敬业、勤业的教风，静心求学、潜心养德的学风。

其三是健美。在镇中，教育的目标是让学生追慕美好。要让学生拥有更健康的身体、更健康的心灵，为将来的健康生活打好基础。简简单单的一句话，却洋溢着浓浓的人本情怀。为此，学校十分重视培养学生完善的人格和强烈的社会责任感，通过"文明其精神，野蛮其体魄"的育人之道，引导学生追慕美好。

3. 语言与符号要素

镇中核心文化基因的语言与符号要素主要体现为镇中"三原色"，是镇中的三种最重要的色彩，分别是红色、绿色和黄色。

一是红色。红色是镇中的底色。一直以来，镇中的"红色引领"润物细无声。对校园内保留的历史遗迹、镇海光荣的革命历史等红色资源保护挖掘，启动百米长的镇中红廊、汇集校园红色基因，开设"红色三课"、在红色记忆中传承红色基因，构成了独具特色的爱国主义教育矩阵。这一抹镇中红，是镇中师生的精神高地。

二是绿色。绿色是镇中的显色。镇中美，人美、物美、景美。校园内亭台楼阁、曲径通幽、长廊流水，草木葱茏，四季常青。绿色正是青春的颜色，代表活力、热情、生长、清新、蓬勃。这一抹镇中绿，彰显了镇中师生的精气神。

三是蓝色。蓝色是镇中的未来色。梓荫向海多蛟凤。镇中地处东海之滨，向东是浩瀚的大海大洋，海上丝绸之路在这个海天雄镇起航。镇中多年来始终在基础教育改革和发展中勇立潮头，屡创新高。天空广袤、大海辽阔，蓝色是它们共同的色泽，蓝色代表广博、深沉、高远，这也是镇中的底蕴和格调。这一抹镇中蓝，赋予了镇中师生宽广的视野、博大的胸怀、深厚的学识、深刻的思想、坚实的行动。

4. 规范要素

（1）镇中"红色三课"

镇中创新党史学习教育，强化思想政治引领，开设"红色三课"，即入学"第一堂课"、在校"每一堂课"和离校"最后一课"，加强社会主义核心价值观教育，培养学生的家国情怀。

入学"第一堂课"指每学期第一周定为"红色文化"宣讲周。在这一周中，不仅学校老师开展宣讲，还邀请老革命、老红军、时代先锋人物进校开展专题讲座。在新生入学时，开设这样一门特殊的价值教育课程，引导镇中学生思考新时代青年的使命责任和价值取向。

在校"每一堂课"指这样的爱国主义教育也贯穿于学校教育的每一课。校园内的红色遗迹、红廊中讲述的英雄故事……耳濡目染身边的红色印记，学生无时无刻不在接受一场爱国主义教育的洗礼。镇中编写《校园问典》《雄镇学府》红色校本教材，融入教学大纲，形成科学完整的爱国主义教育体系。

离校"最后一课"指镇中每年毕业典礼的"最后一课"，对所有学生来说，更是一堂新阶段的人生启迪课。校长致辞送箴言、学子感恩展未来、教师发言祝成长……促使他们学史明理、学史增信、学史崇德、学史力行，鞭策镇中学生谨记"无论走到哪，都要做一个对社会对国家有用的人"。

（2）高品质、内涵式发展模式

镇中自 20 世纪八九十年代就开始探索普通高中高品质、内涵式发展模式，进入 21 世纪，实施了一系列教改项目，逐渐形成了具有镇中特色的发展模式。

确定了"一二三四五"发展引领框架。"一"，即成全一个"目标"：成为学业水平高、个性特长优、综合素质强、社会贡献大的优秀公民。"二",即深蕴两色基因:红色基因——爱国(家国情怀、使命担当);蓝色基因——奋斗(全面发展、追求卓越)。"三",即加强三方面引领:一是加强思想引领,促使广大青年心怀家国天下,坚定理想信念;二是加强目标引领,促使广大青年志存广阔高远,彰显使命担当;三是加强能力引领,促使广大青年素质全面发展,砥砺真才实干。"四",即夯实四种稳定性:做一个积极、丰富、自律、理性的人。"五",即锤炼五大核心发展力:学习力、创造力、领导力、审美力、自制力。

构建"五力·四途"的校本特色核心素养体系。镇中确定了学习力、创造力、领导力、审美力、自制力的"五力"学校学生核心素养,探索了学校文化浸润、课程体系完善、学教方式创新、生涯教育提升等四大实现路径。引领和组织了一批学科组和教师在各自学科领域和工作岗位上开展更为具体、深入和细微的研究实践,有效实现了"核心素养的学校特色化"以及"核心素养的学校特色化培育"两大特色。

突出校情的独特优势。镇中在对学校办学历史、发展现状进行总结梳理和横向对比基础上,依据学校发展脉络、价值定位和精神气质,形成了包括学校文化浸润机制、两端延伸联合培养机制、特色课程深化建设机制、创新师资培养使用机制、教学生态创新机制等在内的五大培养机制,探索出一系列行之有效的路径、方法、内容和载体,构建有利于创新人才培养的学校育人系统,取得了一系列显著成果。

(二)镇海中学核心文化基因的提取与评价

镇海中学的核心文化是在镇海这片沃土上孕育形成的,是通过百余年的办学历程传承积淀的。基于对镇中办学历史、文化遗存等相关资料的全面、深入分析,得出镇海中学核心文化基因是学校优良的办学传统。

1. 生命力评价

镇海中学在建校之初,首任校长曹位康先生就审视时局,制订新规,确定了"启智、求敏、治文、博综"的办学方向,一开始就孕育了高品质教育的基因,奠定了高远的办学定位。百余年来,学校始终怀有对人的发展、学校教育本质规律的高度尊重、高度自觉,始终站在教育发展和改革前沿,自觉探索、大胆创新教育教学模式、管理方略和课程改革。扎根于镇海这一滨海小城，从一所初级中学茁壮成长为县级中学中的翘楚，并实现了从区域名校向全国名校的华丽跨越。

进入21世纪以来，为了适应基础教育特别是高中教育的快速而深刻的变革，学校在继承优良传统和学习先进经验、理论的基础上，扬长避短，不断开拓名校发展新途径、新内涵、新优势，对办学理念作了四次发展性的阐释。2001年，提出了"立足现代教育，弘扬传统文化，熔铸人文精神，培养世界公民"。2004年，致力于实现"促进学生发展为本，适应社会发展需要，满足家长期望"三者的有机统一。2007年高中新课程改革实施前后，学校更加注重"尊重多元选择，促进高水平基础上的差异发展"。2012年学校跨入新百年后进一步提出"梓材荫泽，追求卓越"。四次革新，四次蜕变，始终围绕着学校本身的发展、学生的发展，体现了高度的教育自觉，引领学校始终处于高位运行的良好发展状态。镇中优良的办学传统得以一脉相承，与时俱进，从未断裂。

2. 凝聚力评价

镇中是一所扎根于滨海小城的区级中学，地理位置偏僻，资源单薄，但取得了令人瞩目的办学业绩，在全国也产生了一定的影响力。在一代代镇中人传承学校文化基因的过程中，形成了一种强有力的凝聚力，调动了教师群体的积极性，从而形成了整体强盛的合力。"校长的价值体现在教师的发展上"，"教师的价值体现在学生的成长上"，这两句话合在一起，完整地呈现了镇中教师队伍建设和发展的一种使命逻辑，并在静心教书、潜心育人的教育实践中，进一步内化为对"教育自觉"的追求。而镇中的文化基因，使镇中人届届相传，梓荫情怀始终未变。学习前辈、回报母校，彰显着镇中人的感恩之心、思源之情。镇中学子对母校浓浓的情义或体现于谨遵恩师的教诲，或体现于践行镇中的精神，或体现于慷慨助教。近年来，有镇中校友张文渊设立"梓荫·筑梦反哺基金"，俞金波校友设立"梓荫·耘耕奖教基金"，孟晨校友设立"梓荫·孟民庆仁心奖学基金"，柯建东校友设立"柯力奖教基金"，俞金波、沈沈壹校友共同设立"镇友基金"，等等。广大镇中校友虽然身在四方，但始终心系镇中，通过多种方式关心支持着镇中的发展。

3. 影响力评价

镇中作为百年名校，社会影响力持续扩大。早在 1960 年学校就出席全国文教战线群英会，被授予"全国先进单位"称号。1978 年被确定为省首批 13 所重点中学之一。1981 年再次被定为浙江省首批办好的 18 所重点中学之一。进入 21 世纪后，学校以追求"教育自觉"的情怀，坚持"教育贵在成全"的思想，做到静心教书、潜心育人，先后获得全国中小学德育工作先进单位、全国模范职工之家、全国精神文明建设先进单位、全国文明单位、全国依法治校示范校、全国学校体育工作示范校、全国教育系统先进集体、全国文明校园、全国"五四"红旗团委、全国国防教育特色学校等一系列重大荣誉，率先成为北京大学"中学校长实名推荐"资质学校、清华大学"新百年领军计划"优质生源基地学校，可推荐人数均位列浙江省第一，连续多年入选"中国高中教育 50 强榜单"，被长江教育研究院列入改革开放 40 年"学校教改探索案例 40 个"典型案例名单。

在不断壮大自身办学实力的同时，镇中也一直发挥着名校示范辐射作用。每学期与数以千计的省内外同仁交流，开诚布公介绍自己的办学经验。同时始终坚持为教育相对落后的地区和学校提供优质教育资源，代培学生与教师。受助地区遍及贵州普安、青海西宁、丽水青田、宁波大榭等。作为教育部影子校长培训基地学校，又数次接待来自云南、甘肃、宁夏、新疆、贵州等地的十几名校长来校培训。为推进教育均衡发展、提升社会整体教育质量奉献镇中绵薄之力。教育帮扶，让镇中的教育更加温暖，也更趋广阔，续写着这份山海情缘。接下来，镇海中学还会继续通过多种途径、多种方式为黔西南地区的基础教育教学提供力所能及的帮助，一起共享优质教育资源。

4. 发展力评价

在镇中百余年的发展历程中，学校持续快速发展，办学规模日益扩大，办学成果卓越。百余年来，镇中为国家培养了数以万计的人才，他们为民族的解放、祖国的繁荣和人类的进步事业做出了积极的贡献。

如今，镇中有 33 个教学班，其中包含 3 个教育帮扶班和 6 个剑桥国际高中班，有近 1500 名在校学生。同时依托镇海中学教学资源，开办有宁波市镇海蛟川书院、宁波市镇海蛟川双语小学、镇海中学剑桥国际高中实验班、宁波科学中学（镇海中学杭州湾分校）、镇海中学台州分校、镇海中学南浔分校、镇海中学嵊州分校。新时代，镇中正大步行进在"从优秀走向卓越"的新百年发展征程中，秉持着"梓材荫泽，追求卓越"的办学理念，努力保持并不断提升"浙江领先、全国著名、国际有名"的整体办学水平，为党和国家培养更多综合素质强、个性特长优、学业水平高、社会贡献大的优秀公民。

（三）镇海中学核心文化基因的转化利用

"镇海中学现象"既是一种独特的教育现象，也是根植于心的独特文化基因。深入挖掘这一核心文化基因，深度提炼其背后所蕴含的教育价值、文化意义，通过创新载体、创新表现形式、挖掘事迹寓意等形式，促进对历史遗迹的文化解读、精神感悟，使教育与人文历史景观达成深层的和谐。同时，通过"互联网＋"形式，利用信息技术帮扶薄弱学校，扩大优质资源辐射面，开展提质增效实践。

1. 保护与利用并重，实现红色文化的创造性转化与创新性发展

（1）保护与修缮遗存本体，坚持完整性保护原则

有着百余年历史的镇中，红色是其底色，校内红色资源，尤其是红色文化遗存丰富。学校历来重视对校内红色文化遗存的保护，并筹集专项资金对其进行全面修复和定期维护。在此基础上，为了对红色文化遗存进行完整性的保护，仅就校内红色遗存单体的独立保护还不够，可将遗存所处的周边环境、重要景观、视线视廊等一并统筹考虑，在镇海区乃至宁波市或更大的范围内建立整体性的保护框架，共同商定切实可行的保护措施。另外，以遗存所反映的红色文化价值为导向，尽可能构建整体性的资源框架或系列遗存，使其能够完整地反映红色文化的价值特色和叙事过程，跳脱原有的单点式保护，构建点、线、面、区相结合的完整空间保护体系。

（2）展现历史场景，营造特定时代感与沉浸式体验

文化遗存的保护，是对空间和时间的保护。红色文化遗存大多有其特定的历史年代，这为打造其独特的时代感与场景感提供了天然的基础条件。为提升红色教育的效果，"求异"与"求知"，即追求体验不同的文化氛围与生活方式、深入了解具体的历史事件与人物故事是关键。因此，镇中就红色文化遗存的教育可充分营造时代场景、讲好红色故事，使镇中学生及外来交流学习的人士能获得全方位、沉浸式的红色体验。

（3）文旅融合发展，创新文化遗存多元利用方式

镇中的红色文化遗存，主要用于红色教育、用作党建活动的基地等。可通过其他类型的文化使用功能，衍生出更多的方式。例如，在红色文化遗存中融入红色文创的相关内容：以镇中红色遗存、革命先烈为背景，设计镇中特色明信片、镇中红色遗存手绘地图、镇中红色剧场、镇中红色文创书店等等。也可融入镇海红色研学路线，作为其中的一个研学教育基地。但考虑到校园开放等问题，可以"云研学"的方式加入。

2. 探索"互联网＋"名校帮扶模式，扩大优质资源辐射面

镇中一直发挥着名校示范辐射作用，对多地进行教育帮扶，尤其是对黔西南布依族苗族自治州的教育帮扶已持续二十余年，成效显著。但由于时空的限制，校际的联动教研和联动教学成本相对比较高，近年来又因疫情影响，异地教育帮扶受到了一定的影响。在现有的"云端送教"的基础上，可探索一种常态化、立体化、机制化的"互联网＋"名校帮扶模式：从信息化基础设施、基础平台和基本应用系统的选择，到实现课程资源、备课资源和数字教学资源的联通，从关注学校新手教师、骨干教师和资深教师的不同专业发展需求，到设置"青椒课堂"联动新手教师，以"双师课堂"联动骨干教师，以"名师课堂"联动资深教师，开展常态化的教师培养模式，从协同教学、协同教研、协同管理，到改变观念、改变管理、改变教学。因"互联网＋"名校帮扶模式要求基于信息技术赋能的教师协同和学校协同，对教师的信息化水平要求较高。为应对这一挑战，需要考虑先引入操作难度较低的信息技术工具进行相关实践，然后通过不同薄弱学校间的协同实践模式为教师提供可参考、易操作的实施步骤指引，在此基础上实现教师信息素养的有效提升。

参考文献

1.邵兴江：《学校文化建设的典范：镇海中学的个性建筑文化》，《上海教育》2013年第34期。

2.苏航：《红色文化遗存的活化保护与创新利用模式》，《〈规划师〉论丛》2020年。

3.吴国平：《努力成全学生高水平差异发展——宁波市镇海中学特色办学的理念与行动》，《教育导刊》2016年第10期。

4.吴国平：《学校教师"整体强盛"的秘密》，《人民教育》2018年第Z2期。

5.吴国平：《普通高中高品质内涵式发展的定位与路径》，《宁波大学学报（教育科学版）》

2021 年第 6 期。

6.曾昊溟:《镇海中学:励志、进取、勤奋、健美》,《宁波通讯》2015 年第 7 期。

7.朱伯东、李梁、梁鹏飞等:《"互联网+"名校帮扶薄弱学校的"三层多向·立体帮扶"机制探索——以广东实验中学为例》,《教育信息技术》2022 年第 4 期。

8.朱道初:《流风遗韵润心灵——浙江镇海中学校园文化溯源》,《人民教育》2004 年第 8 期。

9.《崇尚人文　尊重多元　追求卓越——浙江省镇海中学高品质办学侧记》,《人民教育》2010 年第 5 期。

第三章

北仑区重点文化元素
基因解码及转化利用

宁波
文化基因解码

北仑区位于江南大陆最东端,既是古代海上丝绸之路的东方起始港,也是中国大运河南端唯一的出海口,是"中国大运河"与"海上丝绸之路"两个世界重要文化遗产的交汇点。宁波北仑港是世界级的东方大港。北仑区港城文化和海洋文化特色鲜明,对外贸易历史悠久,区域文化包容性强,善于吸收外来文化。区域内山脉横贯、水系丰富,为了阻咸、蓄淡、排涝,小浃江流域筑修各类碶闸,现仍存历代碶闸 89 座,它们至今依然发挥着重要作用,是浙江省内重要海洋与农业水利文化遗产。

便利的交通和开放的心态也推动了当地人四处行商、勇立潮头、敢为人先。著名的商帮家族小港李氏家族、近代民族航运业先驱顾宗瑞等都从这里出发,见证了宁波商帮从传统商帮向近代工商业资本家群体的转型。中国近代著名植物学家、中国近代植物分类学奠基人钟观光是晚清民国新旧知识交替时期的卓越代表,被誉为"旧时代最后一人,新时代最初一人"。

北仑佛教文化历史悠久,底蕴深厚,流布海内外。阿育王古寺有着近 1800 年的历史,内有释迦牟尼佛真身顶骨舍利塔,还是禅宗"看话禅"的起源地,自古迄今为中国佛教圣地。瑞岩禅寺是东亚禅宗圣地,既为临济宗开山,又是曹洞宗祖庭,自古以来闻名遐迩。

北仑也是海防前线,保卫家国、坚守民族大义的精神一以贯之。为抗击倭寇而建的郭巨古所城,是明代我国东南沿海军事防御体系的重要节点,至今依然保存有较好的古城街道格局和物质遗存。霞浦街道的初心守护地,是张人亚烈士生活和奋斗过的地方。蔚斗小学旧址是北仑区具有重要纪念意义、教育意义和历史价值的革命史迹、中共党史教育基地。

北仑体育活动历史久远。北仑中国女排主场的设立不仅成为中国女排制胜的关键力量之一,也让中国女排精神进一步"点燃"了这里。北仑区连续 4 次被国家体育总局授予"全国最佳赛区"荣誉,体育赛事品牌影响力不断提升,赢得"赛事之城"的美誉。

目前,全区以"百千万"工程为抓手,充分利用文化资源,推动旅游创建全域化,辖区内有 2 个国家 4A 级景区,1 个省红色旅游教育基地;打造了 1 个景区城、4 个景区街道、43 个景区村庄;并以大碶、春晓两地为全域示范,两街道相继成功创建宁波市乡村全域旅游示范区。以精品线打造为脉络，推动太河路（金龙线）、上白线（银龙线）、秀美山川线打造，进一步推进全域化旅游空间发展。

　　本章展示的是北仑区 10 个重点文化元素基因解码及转化利用情况，其中优秀传统文化 7 个，革命文化 2 个，社会主义先进文化 1 个。

阿育王古寺天王殿（陈名扬摄）

一、阿育王古寺

阿育王古寺，原名阿育王塔寺，俗称老育王、小育王、东塔院，始建于西晋太康三年（282），是佛教圣物释迦牟尼佛真身舍利塔涌现之地，位于北仑区大碶街道嘉溪村乌石岙，为位于鄞州区五乡镇今阿育王寺的原址和古塔院。阿育王古寺体现了意蕴深厚且滨海特色浓郁的浙东佛教文化，也是唐宋时期东亚海上丝绸之路的重要节点。1993年，被列为北仑区级文物保护点。2006年12月，被宁波市政府批准为固定宗教活动场所。2011年，阿育王古寺在阿育王寺方丈上界下源大和尚主持下重建竣工。

（一）阿育王古寺核心文化基因解析

1. 物质要素

（1）涌见岩、利宾菩萨塔等浙东佛教胜迹

西晋太康三年（282），山西离石人刘萨诃，即慧达，结茅于今乌石岙，日日念佛叩拜。一日夜，忽闻钟声，竟见舍利宝塔自地涌出。欣喜之余，遂于其地结庐守护。这就是阿育王寺的肇始。慧达拜出佛祖舍利塔之地，后世名之为涌见岩。涌见岩位于阿育王古寺西侧后山，高约20米。涌见岩上原有古石塔，1921年，阿育王寺住持宗亮在石塔后又建瑞应亭，今石塔不存而石亭仍存。瑞应亭坐南朝北偏西，砖混结构，攒尖顶，饰宝瓶，四角上翘，北偏西启洞门。涌见岩碑嵌于瑞应亭后壁，碑高1.6米，宽0.63米，上书"涌见岩"三字，下端为住持宗亮跋。慧达是阿育王寺的开山鼻祖，最后也终于此，被称

为利宾菩萨。现存利宾菩萨灵骨塔，1921年由阿育王寺住持宗亮、监院源发重建。塔碑上有民国书法家曾熙所题"西晋开山祖师利宾菩萨之塔"，两旁还镌有"一唤千世界，六藏三须弥"等联。塔后有一座重建于1921年的石制塔亭，面阔一间，二柱三檁，三架抬梁。雕凿工细，正面额题"堵波邃境"，柱联镌"千山霜叶瘦，万壑雨花肥"。塔亭后有弧形围墙。

（2）乌石岙、玉几山等浙东佛教名山

阿育王古寺所处之乌石岙，以及阿育王寺所处之玉几山均为浙东佛教名山，在东亚诸国有着深远的影响力。乌石岙，位于北仑穿山半岛主峰太白山北麓，即北仑区大碶街道嘉溪村。乌石岙一直是历代僧人朝圣之地，包括阿育王寺僧在内的众多僧人也安葬于此。据传，南宋高宗为躲避金兵追赶，曾逃至乌石岙，受阿育王古寺僧人指点，避难于寺内银桂树下，也因此有后来宋高宗赐"佛顶光明之塔"匾。玉几山，古称玉几案山，位于北仑大碶街道璎珞村西。东晋义熙元年（405），佛祖舍利宝塔从乌石岙慧达结茅供养处迁到玉几山下。到南朝梁普通三年（522），梁武帝下令扩建玉几山寺院殿堂房屋，并赐额曰"阿育王寺"。玉几山上有佛教胜迹七郎岩、大权洞。七郎菩萨，又称大权菩萨，是阿育王寺的守护者，世传其为天竺国阿育王之子，为守护阿育王所建舍利塔，以神力来中国，住在阿育王寺对面玉几山大权洞。今大权洞为位于玉几山上的一个朝天山洞。现日本禅寺还多供奉七郎菩萨像。

2. 精神要素

文明互鉴理念是阿育王古寺核心文化基因的精神要素。宁波为海上丝绸之路起始点之一，又是唐宋元明时期中日韩佛教文化交流的中枢。因此，有着涌见岩、利宾菩萨塔等浙东佛教胜迹的阿育王古寺自然成为历代高僧往来频繁之区。唐玄宗天宝三载（744），鉴真大和尚第三次东渡失败后，曾驻锡于此。南宋时，日本曹洞宗开山祖师希玄道元禅师亦曾来阿育王古寺参拜，获取灵感。南宋无准师范以超凡的人格魅力向中日僧人弘传佛法，影响东亚禅宗发展。这里更有高丽高僧、天台宗十六祖、明州宝云寺开山义通灵骨，以及日本镰仓幕府第三代大将军源实朝头骨，表明了阿育王古寺的"圣地"性质。阿育王古寺是东亚诸国文明交流互鉴的重要历史坐标。

3. 语言与符号要素

（1）释迦牟尼佛真身顶骨舍利塔

据相关记载，释迦牟尼佛荼毗后，弟子们发现他有许许多多的舍利，纷纷珍藏以为传教宝物。到印度孔雀王朝时，皈依佛教的阿育王将释迦牟尼佛舍利分成八万四千份，并造八万四千座宝塔安放，在中国有19座释迦牟尼舍利塔（亦称阿育王塔）。唐代僧人释道世在《法苑珠林》中提及中国阿育王塔时，即以"西晋会稽塔"指在宁波乌石岙阿育王古寺涌现的释迦牟尼佛真身顶骨舍利塔。该舍利塔"相状青色，似石而非石，高一尺四寸，方七寸，五层露盘，似西域于阗所造"，属于典型的宝箧印塔，即阿育王塔。东晋义熙元年（405），舍利宝塔从乌石岙迁到玉几山，安帝敕造塔亭，岁度僧14人，这是今阿育王寺舍利殿的起源。至南朝梁普通三年（522），扩建殿堂房屋，梁武帝赐"阿育王寺"额，寺额由梁代著名书法家萧子云题写，阿育王寺由此声名大震。据考证，今天所见阿育王寺舍利小塔为宋代仿制之物。塔身呈青色，高1.4尺（约46.67厘米），宽0.7尺（约23.33厘米），五层四角，四面窗孔，每层雕菩萨神像，内顶悬宝磬，磬内悬一颗释迦牟尼佛真身舍利。

（2）佛教禅宗"看话禅"起源地

阿育王寺第20代住持大慧宗杲禅师是南宋佛教界泰斗，宣州宁国县（今安徽省宁国市）人，俗姓奚，字昙晦，号妙喜。大慧宗杲老师圆悟克勤是文字禅的推广大师，其《碧岩录》是对雪窦重显《颂古百则》的继承与超越。大慧宗杲则另辟蹊径，提出"看话禅"这一全新参禅辨道方式。大慧宗杲认为，学禅不仅仅表达于语言文字，更重要的是体现于行为实践。"看话禅"便是专取一则古人公案中的"话头"予以真参实究，作为悟道要途。宗杲强调"看"和"参"的过程应当贯穿于行住坐卧等一切经验活动之中。绍兴二十七年（1157），宗杲住持阿育王寺，一时"裹粮问道者万二千指，百废并举，檀度响从，冠于今昔"，"看话禅"也得以广布浙东以至海外。

（二）阿育王古寺核心文化基因的提取与评价

1. 生命力评价

阿育王古寺文化发源可以追溯到西晋时期，从西晋太康年间释迦牟尼佛真身舍利塔涌现至今，文化传承未曾明显中断。作为阿育王寺东塔院，阿育王古寺以利宾菩萨灵骨塔为中心，安葬了数不清的大德，甚至包括海外僧人。比如高丽名僧宝云义通，北宋初年在明州创宝云寺，传天台法门，端拱元年（988）寂灭，骨塔先葬于阿育王寺西隅，政和七年（1117）迁葬于乌石岙阿育王古寺。20 世纪 20 年代，阿育王寺住持宗亮又修复了阿育王古寺一系列胜迹景观。2011 年底，严格按宋代《营造法式》重建的宋风阿育王古寺在乌石岙竣工落成。

2. 凝聚力评价

阿育王古寺不是位居浙东一隅的小寺，而是整个长三角地区最著名的寺院之一。千年以来，阿育王古寺成为浙东地区最古老的寺院之一，其供奉舍利是佛门的圣物，对慈悲智慧、利益众生的信奉、弘扬，是一种"追远"的表现，具有特殊的凝聚力。

3. 影响力评价

阿育王古寺与阿育王寺为一体，就全国性而言，阿育王寺早在南宋就已成为江南顶级官寺，诞生了大觉怀琏、大慧宗杲、佛照德光、无准师范、物初大观等禅宗大德，而无准、物初等的禅学及禅脉又播撒于日韩，影响直至今日。改革开放后，中日两国经济与社会文化层面交往密切，很多日本佛教学者及僧人乘时来到宁波，并到阿育王古寺寻圣访古。比如，日本著名佛教学者村上博优与杉尾玄有等六位学者，1979—2000 年五次渡海，来到阿育王古寺等地朝拜；1996 年，数十位韩国历史学家来到阿育王古寺考察宝云义通遗迹。

4. 发展力评价

阿育王寺倡导慈悲、忍耐、忠诚等美德，对这些美德的践行不仅对个人有益，也对整个社会的和谐与稳定具有积极影响。而佛教对外沟通与文化交流的功能，更为促进睦邻友好、文化传播、国际交往等发挥了不可替代的作用。阿育王古寺的文明互鉴精神曾经推动过禅宗越海东传，中国化禅宗是古代东亚文化共识的重要组成部分。中国佛教"走出去"的过程中，重新走向世界已成为共识。

（三）阿育王古寺核心文化基因的转化利用

一方面，加强阿育王古寺文物保护工作。阿育王古寺为鄞州阿育王寺的发祥地和古塔院，寺内有民国时期修复的阿育王寺开山祖师西晋慧达骨塔、塔亭，纪念慧达拜出释迦牟尼佛真身舍利塔阿育王塔的瑞应亭、涌见岩碑，以及不少尚未经考古发现、只有文献记载的如宝云义通、佛照德光、物初大观等古代禅师墓塔。上界下源大和尚升任阿育王寺方丈后，广募资金，阿育王古寺重建工程 2011 年底顺利竣工。重建后的阿育王古寺占地 160 多亩，为宋式禅院建筑及格局，庄严神圣。

另一方面，拓展阿育王古寺的文化内涵。佛教禅宗起源于印度，而我国禅宗的出现，体现了我国传统思想文化同印度佛教学说的融合，是我国古代对印度佛教思想的发展与创新。经阿育王古寺历代大师发扬光大，禅宗成为影响世界的文化。阿育王古寺应向天童、雪窦学习，积极与东亚各国学界、佛教界进行合作，整合本土佛教研究力量，与宁波大学佛教文化研究中心、浙江佛学院等开展学术合作，编写并出版阿育王古寺相关丛书与专著，推进包括哲学思想、伦理道德、社会生活、物质文化、文学艺术表现等诸多方面研究，进一步拓展古寺的文化内涵。

参考文献

1.陈怡：《宁波阿育王寺："海丝"佛教文化艺术的奇葩》，人民网，http://finance.people.com.cn/n/2014/0906/c387602-25617227.html，2014 年 9 月 6 日。

2.董平：《论大慧宗杲》，杭州佛学院编《吴越佛教（第一卷）》，宗教文化出版社 2006 年版。

3.［明］郭子章：《阿育王山寺志》，白化文、张智编《中国佛寺志丛刊（第 89 册）》，广陵书社 2011 年版。

4.［日］无著道忠：《禅林象器笺》卷五，《大藏经补编 19》，华宇出版社 1985 年版。

5.［宋］祖咏：《大慧普觉禅师年谱》，《明版嘉兴大藏经（第 1 册）》，新文丰出版有限公司 1987 年版。

瑞岩禅寺的瑞岩宝塔（陈名扬摄）

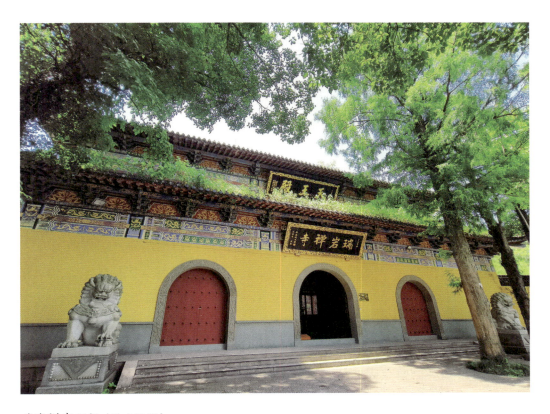

瑞岩禅寺正门（陈名扬摄）

二、瑞岩禅寺

瑞岩禅寺与天童寺、阿育王寺并称"甬东三大名刹"，位于北仑区柴桥街道、大碶街道接壤之国家4A级风景区九峰山内瑞岩山上。瑞岩禅寺自古以来遐迩闻名。唐中期，禅宗临济宗第一世临济义玄禅师高徒普化禅师来此结庐开山。唐武宗会昌年间，明州知州黄晟立精舍。唐昭宗景福二年（893），改建为开善寺。北宋真宗敕改山名为"瑞岩"，峰名"灵芝"。南宋时，称"瑞岩山开善崇庆禅寺"，瑞岩禅寺达到鼎盛，长翁如净、虚堂智愚、笑翁妙堪、希叟绍昙等禅宗大德曾莅寺住持，日僧希玄道元、寒岩义尹、圆尔弁圆、白云惠晓等曾来此求学。元时，住持明极楚俊应邀传道日本，声隆一时，后醍醐天皇赐其号为"佛日焰慧禅师"。明时，日本画圣雪舟等杨禅师来寺参学习画。清代住持苇江和尚北上京师超度庚辛亡魂，获颁"龙藏"佛经。自2004年复建后，瑞岩禅寺再次屹立于东海潮头，成为广大信众、学者及游客的重要参访地。

（一）瑞岩禅寺核心文化基因解析

1.物质要素

（1）瑞岩山及"瑞岩十景"

瑞岩禅寺所处之瑞岩山，位于天台山余脉太白山麓东南，山清水秀，禅意绵邈。瑞岩山芝水溪是北仑芦江之源，寺后十二峰直连太白山，清山、奇石、寒潭、碧溪，构成了甬东一大胜境。经历代禅僧喝唱、文人学士吟咏，遂成著名的"瑞岩十景",分别是:十二峰、灵芝山、石柱潭、滴水岩、绿筠屏、飞石坑、芝水桥、剪月亭、石菌亭、聚石堂。瑞岩禅寺坐落于瑞岩山风水绝胜之处,东西北三方为以香炉峰为主的十二峰和左右青龙、白虎两山围拱,面南两溪交汇,与灵芝山隔水相对。北宋真宗大中祥符五年(1012)有芝草生于青松峰山,遂易山名为"瑞岩",峰名"灵芝"。瑞岩山森林资源丰富,有种子植物114科328属683种,动物方面,"镇海棘螈"为世界稀有动物。中华人民共和国成立后之1951年,由镇海县人民政府批准建立瑞岩寺林场。1958年,修建瑞岩水库30公顷。1991年,经当时的国家林业部批准建立瑞岩寺国家级森林公园。后来,瑞岩山整体纳入九峰山旅游区综合打造,并成为国家4A级景区。

(2)瑞岩禅寺藏经阁及圣旨碑

自道光二十年(1840)鸦片战争爆发以来,帝国主义列强与中国人民的矛盾逐渐上升为当时社会的主要矛盾。瑞岩禅寺住持苇江和尚"惨闻庚子之乱,悲夫阵亡忠魂,不忍滞魄沦坠",志欲超度为国捐躯的爱国将士亡魂。光绪三十年(1904),苇江和尚变卖瑞岩寺田产作川资,偕同天童寺住持寄禅法师等诸山长老,自宁波率僧众远赴京师,开设普利水陆道场七昼夜。事后,瑞岩禅寺在京获赐慈禧太后御书"施慈北济"匾额一方,"龙藏"佛经一套及紫衣等物。苇江奉旨还山,始建藏经阁,历四年阁成,由翰林院编修甘肃学政陆廷恭撰文,晚清著名画家懒愚和尚白云丹书刻石。光绪三十四年(1908),恭亲王爱新觉罗·奕䜣手书"藏经阁"匾,并立藏经阁碑。瑞岩禅寺现存晚清藏经阁五间,光绪三十一年(1905)保护寺产圣旨碑、光绪三十四年(1908)藏经阁碑各一块。

2. 精神要素

(1)慈悲爱人

实参实证、发扬佛性的禅宗,通过历代禅师大德行履播撒了慈悲爱人的人本主义光辉。希叟绍昙禅师在咸淳五年(1269)入住瑞岩禅寺时,即喝道"一踏牢关百杂碎",也就是说进入禅门,传播禅法,就是要摒弃世俗规矩带来的执迷,真正实现反躬自省,普度众生,成就佛性。又如某天希叟绍昙在瑞岩禅寺上堂时说法,称"天地不仁,人心招感。田稼如云,一风消散。农家血泪流,肝肠断",表达了他对南宋末年人民艰苦生活的深深同情;同时,他又指出，遭此乱世，唯有如"林间衲子"一般，"有亦不知，无亦不管。圆蒲拥雪衾，缀钵盛香饭。放憨一饱万缘空，冷笑傍人忙似钻。灼然如是，万两黄金也合消"，表面上看似态度消极，实则隐含了慈悲爱人的人本主义内蕴，也即一个普通人面对世事的变动多无应付能力，唯有沉静如常，任心自在，方可在无视外界事物变化的情况下生存下去。

（2）崇尚和平

佛教推崇和平的传统悠久，瑞岩禅寺有着丰富的维护和平的思想和实践。虚堂智愚禅师（1185—1269），俗姓陈，庆元府象山县（今宁波市象山县）人，为南宋临济宗高僧，嘉熙四年（1240）任瑞岩山开善寺住持，著有《虚堂智愚禅师语录》十卷。虚堂智愚在进入瑞岩禅寺当天，说法称："大道只在目前，要且目前难睹。欲识大道真体，不离声色言语。"这里"大道"一方面指禅宗最高层面的禅悟境界，另一方面也指社会发展应有的方向，这个方向就是"自从金革销声后，惟听尧民击壤歌"，表现了虚堂智愚禅师崇尚和平的理念。此外，光绪末年，瑞岩禅寺住持苇江法师与天童寺住持寄禅法师等一道北上超度战争亡魂，也表现了强烈的崇尚和平的精神，这是瑞岩禅寺自开创以来弘法利世延续性的体现。

3. 语言与符号要素

（1）中日佛教文化交流的重地

历史上，瑞岩禅寺作为渡日华僧的讲经说法处，同时也是来华日僧参禅辩道的名山。宋末元初，瑞岩禅寺住持明极楚俊禅师（1262—1336），是禅宗临济宗杨岐派松源系大禅师，庆元府昌国县（今舟山市）人，嗣径山虎岩净伏禅师，曾住持瑞岩禅寺。后受日僧邀请，于元至顺元年（1330）携弟子竺仙梵仙、赖牛融等抵日。镰仓执权北条高时请明极楚俊住"镰仓五山第一"建长寺，为第23代住持。后醍醐天皇又邀他到京都南禅寺、建仁寺住持，赐号曰"佛日焰慧禅师"，并开创摄津（今兵库县）广严寺。明极楚俊在日本竭力宣扬宋元禅风，又工于诗文，对日本"五山文学"影响甚巨，其日本法裔称"明极派"，为日本古代禅宗二十四流之一。来到瑞岩交流的日僧中，当以雪舟等杨为代表。明成化三年（1467），日本僧人雪舟等杨随遣明使来到宁波，其间游历甬上天童、阿育王、瑞岩、雪窦等名寺，访道问禅，并进行写生练习。中国画家姚公绶曾陪同雪舟五上瑞岩采风，雪舟名作《山水长卷》隐含了瑞岩等宁波禅寺的禅境风貌。可以说，正是在宁波瑞岩等地采风、练习并师法中华水墨技艺的因缘，成就了雪舟"日本画圣"之名。此外，北仑民间还传说雪舟归国时携带有瑞岩寺特产金弹及其树苗。

（2）历代僧人禅集及传世书画

宁波瑞岩禅寺在宋元时期诞生了无数禅宗宗匠。瑞岩睦光、长翁如净、无外义远、虚堂智愚、笑翁妙堪、希叟绍昙、明极楚俊等禅宗大德曾莅寺住持，希玄道元、寒岩义尹、圆尔弁圆、不退德温、白云惠晓等日本禅师曾来此求学。这些大德为后世留下大量禅集著述，以及不少珍贵书画，转藏至今。以宋末瑞岩禅寺住持蜀僧希叟绍昙为例。希叟绍昙，四川人，嗣南宋东亚禅宗泰斗无准师范禅师。南宋度宗咸淳五年（1269），自雪窦寺住持任上迁任瑞岩寺住持。希叟绍昙是南宋末年有名的文学僧，著述甚丰，有《希叟绍昙禅师语录》一卷、《希叟绍昙禅师广录》七卷传世。《希叟绍昙禅师广录》卷三《庆元府瑞岩山开善崇庆禅寺语录》即其住持瑞岩禅寺时的相关作品。日本禅僧俊（侍者）回国时携归天童山《别山祖智禅师语录》，请希叟绍昙作序，希叟绍昙在序中称"佩临济正传之印，五据要津，印破天下衲僧面门"，希望俊归日后广弘无准一系禅法。希叟绍昙弟子众多，其中有天皇敕谥"佛照禅师"的日僧白云惠晓。传世书画方面，渡日元僧、瑞岩禅寺住持明极楚俊在日本弘道的过程中留下了很多墨迹，其中大量流传至今。

（二）瑞岩禅寺核心文化基因的提取与评价

瑞岩禅寺虽僻居海濡北仑穿山半岛，但因一位位高僧大德而名闻中外。瑞岩禅寺慈悲爱人的内蕴、崇尚和平的传统，以及历代高僧禅集及传世书画，对中日佛教文化交流做出重要贡献，见证了中国佛教在历史长河中的辉煌成就，是北仑区重要而宝贵的历史文化资源。

1. 生命力评价

唐武宗会昌年间，黄晟礼尊普化禅师，奠定了瑞岩禅寺最早的寺院基础，其历史自开山绵延至今。南宋时，瑞岩禅寺掌寺禅师多升任天童、阿育王、径山等"五山"住持，排位甚至高于雪窦寺。如希叟绍昙在咸淳五年（1269）即以雪窦寺住持身份迁任瑞岩寺住持。明清时，瑞岩禅寺三度毁圮，又不断重建。至晚清莘江和尚时又得以中兴。改革开放后，人们也愈发认识到曾经作为东亚禅宗圣地的瑞岩禅寺的重要性。2004年初，瑞岩禅寺复建，向游客开放。

2. 凝聚力评价

因长翁如净、虚堂智愚、笑翁妙堪、希叟绍昙等禅宗大德相继莅寺住持，瑞岩禅寺寺风峻烈，声名远播，学习禅法者不论中外，皆接踵而至。如希玄道元追随长翁如净脚步，白云惠晓追随希叟绍昙脚步，等等。历代大德爱国爱教、建寺安僧、护国利民，闪耀着璀璨的光芒，有着重要的凝聚力量、维护和谐、促进发展的作用。

3. 影响力评价

瑞岩禅寺因禅师大德相继住持，其影响力扩及全国乃至全世界。南宋禅宗大师虚堂智愚，应机说法，广泛接引学僧，渡宋日僧无本觉心、无象静照、南浦绍明都曾向他问禅，南浦绍明更嗣其法脉。咸淳三年（1267），南浦绍明辞别虚堂智愚回国之际，虚堂赠以饯别偈曰："敲磕门庭细揣摩，路头尽处再经过。明明说与虚堂叟，东海儿孙日转多。"南浦绍明作为虚堂智愚的得意弟子，后被日本天皇敕谥"圆通大应国师"，弘扬虚堂禅法甚为有力。"东海儿孙日转多"也适用于阐释瑞岩禅寺一流禅脉东传的历史景象。又如元初瑞岩禅寺住持明极楚俊禅师渡日后，后醍醐天皇问候备至，令其主高居"京都五山"之上的南禅寺，并赐号"佛日焰慧禅师"。明极一流作为日本古代禅宗二十四流之一，在宋元禅宗越海东传过程中发挥过重要作用。至今，日本尚存瑞岩禅寺法脉及相关历史文物。

4. 发展力评价

瑞岩山及其所处的九峰山是宁波的天然氧吧，其所孕育的瑞岩禅寺，在宁波佛教文化发展中占据重要地位。瑞岩禅寺所阐扬的佛教文化思想和哲学观念，对中国古代文化产生了深远影响，其慈悲爱人的内蕴、崇尚和平的传统对当代文化建设也有着积极意义。其强调修行和禅定的实践，对中国文人墨客的精神修养和文学创作产生了深远影响，也是当代重要的文化资源。

（三）瑞岩禅寺核心文化基因的转化利用

一方面，加强瑞岩禅寺文物保护工作。瑞岩禅寺的发展虽在宋元时期达到顶峰，然因社会政治的变迁，也曾在历史上几度兴衰，可谓"三起二落"。北宋真宗改山名"瑞岩"后，至南宋时期长翁如净、虚堂智愚、笑翁妙堪、希叟绍昙等禅宗大德住寺，达到历史顶峰，是谓"一起"；明清时期，瑞岩寺三度毁圮，再毁再建，总的来说为"一落"；清末民初，中国佛教界在乱世迎来新生，高僧迭出于浙东，使得瑞岩再兴，是谓"二起"；中华人民共和国成立后，由于特殊的历史背景，瑞岩禅寺所在地先后被镇海县立初级中学、瑞岩林场和部队所用，寺房大多被拆，唯存晚清藏经阁五间，及光绪三十一年（1905）保护寺产圣旨碑、光绪三十四年（1908）藏经阁碑各一块，是谓"二落"；1991年，经当时的国家林业部批准建立瑞岩寺国家级森林公园，1993年，瑞岩寺遗址被北仑区人民政府列为区级文物保护单位，后来，瑞岩山整体纳入九峰山旅游区综合打造，并成为国家4A级景区，2004年初，在北仑区委、区政府支持下，瑞岩禅寺得以开工复建，现已建成天王殿、大雄宝殿、观音文化广场、药师宝塔、厢房、上客堂等，是谓瑞岩禅寺之"三起"。

另一方面，深入研究瑞岩禅寺历史。瑞岩禅寺虽然是南宋东亚著名禅宗圣地，虚堂智愚、明极楚俊、希玄道元、雪舟等杨等在中日佛教史上名声响当当的僧人都与瑞岩有着密不可分的历史关系，但是目前佛教界、历史学界对于瑞岩禅寺寺史的研究远未深入，与其浙东千年圣寺的人文底蕴极不相称。当前，可以组织力量对宋元寺基、规模格局以及附近历史构建遗存、古溪、古桥、古碑等进行整理研究，摸清瑞岩禅寺历史底蕴与文化传统。

参考文献

1.［南宋］希叟绍昙：《希叟绍昙禅师广录》，蓝吉富编《禅宗全书（第46册）》，北京图书馆出版社2004年版。

2.［南宋］虚堂智愚：《虚堂智愚禅师语录》，蓝吉富编《禅宗全书（第46册）》，北京图书馆出版社2004年版。

3.万伯春：《四明古刹》，宁波出版社2010年版。

4.张嘉梁：《浙江寺院胜览》，中国国际广播出版社1998年版。

钟观光纪念馆正门（陈名扬摄）

三、钟观光故居

中国近代著名植物学家、中国近代植物分类学奠基人钟观光先生（1868—1940）故居，位于北仑区柴桥街道大溟村姚江岸29号、32号至38号。钟观光故居是宁波著名近代文化史迹，宁波市中华优秀传统文化及爱国主义教育、科普活动实践基地，党员干部"四史"现场教学示范基地，占地1824平方米，2010年10月21日入选宁波市第三次全国文物普查"百大新发现"。钟观光先生是晚清民国新旧知识交替时期的卓越代表，被誉为"旧时代最后一人，新时代最初一人"（刘慎谔语）。出身旧学的他满怀救国之心进行科学研究，后成为中国最早采集植物标本的学者，第一个用科学方法广泛研究植物分类学的学者，是中国近代植物学的先驱。钟观光先生度过了青少年和晚年时期的故居深富厚重的历史气息，是宁波近代知识转型的高伟坐标，诠释着宁波近代知识分子的赤子之心与学术宏绩，至今激励后学。

（一）钟观光故居核心文化基因解析

1. 物质要素

（1）近代宁波民间建筑及乡居环境

钟观光故居由钟氏祖传屋和自建屋组成，是典型的近代宁波民间建筑。钟氏祖传屋为晚清宁波乡村木构民居，坐西朝东，共有正屋前后二进、左右厢房各一进。前进穿堂、后进祖堂面阔各五间二弄，均为七柱七檩平屋；左右厢房面阔各二间。中间有约100平方米的大天井，正屋后面和倒座前面另各有一个小天井。正屋和倒座均为人字墙。大门开在倒座前的小天井北首，大天井南北首各设有一扇小门。钟氏祖传屋由钟观光先生父亲钟青原买地建成于清光绪十年（1884）。钟氏自建屋建于20世纪初，采用宁波清末民初民居建造技术和材料，为清末民初过渡时期宁波代表性民居。钟氏自建屋在钟氏祖传屋西北侧，坐西北朝东南，平面略呈三合院式，主体建筑是一座带有西洋风格、面阔五间、五柱五檩的楼屋。西侧梢间南侧建有两间厢房，东侧围墙外建有披屋两间，均为平屋。钟观光故居位处北仑乡间，山水宜人，院落四周分布着绿油油的农田，种满了庄稼、菜蔬，因而又雅称"蔬绕轩"，是近代宁波乡居环境的视觉典范。

（2）植物"钟君木属"和"观光木属"

自近代瑞典科学家林奈创建物种分类法，近代知识界便将动植物按界（kingdom）、门（phylum）、纲（class）、目（order）、科（family）、属（genus）、种（species）进行分类。于是，自然界的动植物陆续得到规范命名，大大促进了科学研究。作为我国近代意义上植物学的开拓者，钟观光先生受到国内外植物学界的高度认可。1918年，国际植物分类学组织把钟观光先生发现的"马鞭草科"下的一属，命名为"钟君木属"（*ChunTsoongia*）。后来，华南植物研究所把我国只有一属一种的特有孑遗树种之一，果木花香的兰花科之冠，定名为"观光木属"（*Tsoongiodendron*）。以学者姓名命名植物在世界植物分类学中极为少见，这也是属于中国的荣誉。其中，观光木属下的唯一品种就是观光木，观光木树直叶密，花色美丽而芳醇，可提取芳香油制造香料等，目前已是我国普遍栽培的园林观赏木和经济树。钟君木和观光木也成为钟观光故居园林的主要树种，供人们永久纪念钟观光先生的科学贡献。

2. 精神要素

（1）践行"救亡图存"之志的爱国救亡精神

钟观光先生一生怀揣着"救亡图存"之志，他的人生充满着浓浓的以科学、教育及实业救国的爱国精神。钟观光从小目睹腐败无能的清政府丧权辱国，目睹可怜的人民悲惨度日，便早早树立起为中华而读书的信念。钟观光刻苦求学的故事在北仑家喻户晓。他在小时候为了克服好动的毛病，在看书时就把自己的腿绑在桌脚上。19岁成功考上秀才，因此被当地人称为"缚脚秀才"。后来，逐渐意识到科学重要性的他，将"以科学之切于实用"作为座右铭，提倡科学为救国、强国之本。他认为，要使中华民族摆脱被压迫被奴役的命运，必须发展科学，兴办教育与实业，并为此做出了一系列不可磨灭的贡献。

钟观光还曾参与暗杀清廷出洋考察"五大臣"。清朝末年，满怀"救亡图存"热诚的钟观光，在蔡元培先生的引导下走上了革命救亡的道路。一方面，他积极参加蔡元培发起的"中国教育会"，致力于培养拥有民族与科学意识的时代新人；另一方面，他参加孙中山先生领导的中国同盟会，参与武装推翻清王朝。1905 年，清政府为了挽救政权，接受了资产阶级改良派的"立宪"口号，挂起"预备立宪"的招牌，效仿日本明治维新时期"岩仓使节团"，派遣载泽、戴鸿慈、徐世昌、端方、绍英等五大臣分赴欧美日本等东西洋诸国考察宪政。为揭穿"五大臣"名为考察宪政实为拯救清王朝政权的实质，同盟会组织暗杀行动。行动负责人蔡元培特将研制暗杀炸药的任务交给了钟观光等人，后吴樾向清廷出国五大臣投出的第一枚炸弹，就是钟观光等秘密研制的。

（2）"以科学之切于实用"的科学创新精神

钟观光先生虽然自幼接受传统学问，但却从小怀抱着探求真知的热忱，常常思考生命与物质本源。没有接受现代化高等教育的他，完全凭借坚强的意志力与卓越的创新精神，自学成才。戊戌变法后的 1899 年，钟观光满怀爱国热情偕同好友虞祖辉、虞和钦，克服种种困难，在北仑柴桥创办了"四明实学会"，学习研究并进而逐步普及理化博物知识。1900 年，他先在上海浦东创办了"灵光造磷厂"，经当时商务大臣盛宣怀派员考测，获"制造得法，不让外洋"的批语，并准许专利 15 年。同年，钟观光任江苏高等学校理化教师。1901 年，在上海首创了科学仪器馆，在馆内专设了一个培训理科人才的"传习所"。"传习所"讲解深入浅出，声誉传扬四方，连徐锡麟、章太炎、蔡元培、邹海滨等著名人士也纷纷前往聆教。

1902 年，为了学习发达国家的科学技术，钟观光东渡日本考察教育和实业。1903 年回国主持蔡元培创办的爱国女校，并创办《科学世界》杂志。1905 年，为让家乡的孩子接受近代教育，钟观光与曹赞宸等共同创办了"两级芦渎公学"（今北仑柴桥小学）。1915 年，任湖南高等师范学校博物学副教授。1916 年，任北京大学生物系副教授，负责生物系的筹备工作。从 1918 年到 1921 年，钟观光秉持筚路蓝缕的创新精神，历时 4 年，途经 11 省，采集了 15 万多号标本，创建北京大学植物标本室。北京大学植物标本室是国内第一家由中国学者主持创立的标本室，开创了我国学者自己采集和制作标本研究本国植物资源的新纪元。1927 年，任浙江大学副教授兼浙江省博物馆自然部主任，创立了中国第一个现代植物园——杭州笕桥植物园。1930 年，任中央研究院自然历史博物馆研究教授。

（3）全心致力于科学研究的学术奉献精神

钟观光的一生还体现出全心致力于科学研究的学术奉献精神，这从他在全国考察研究植物和奋笔撰著植物学著述上可以看出。

①在全国考察研究植物

1918 年，蔡元培任北京大学校长，聘任钟观光为理预科副教授，专门负责植物标本的采集工作兼植物学实习课和讲授植物学。他对有此良机能继续深入考察、研究植物学倍感兴奋，曾立下"欲行万里路，欲登千重山，采集有志，尽善完成"的誓言。在 1918 年后的 4 年时间里，钟观光的足迹遍及福建、广东、广西、云南、浙江、安徽、湖北、四川、河南、山西、直隶等 11 个省，行程万里，北尽幽燕，南至滇黔，在长江、黄河、珠江三大流域采集腊叶植物标本 16000 多种，共 15 万多号；海产、动物标本 500 多种；木材、果实、根茎、竹类 300 多种。历时 4 年的考察活动，获得了丰硕的成果。

丰富多彩的大自然，拥有奇花异草、珍木佳果的植物世界，使钟观光先生认识到祖国是一座取之不尽、用之不竭的植物宝库。为了采集到新的植物标本，他历尽艰险，饱受风霜雨雪的磨炼。1921 年，钟观光在全国进行的植物科考活动，不仅为北京大学建立了植物标本室，而且开创了我国学者自己采集和制作标本进行植物分类学研究的新纪元。

②撰著植物学专著

1930 年，钟观光随谭熙鸿离开浙江大学赴南京中央研究院自然历史博物馆任研究教授和中国科学名词审订委员，进行植物名称之审订。同年秋，钟观光又应北平研究院植物学研究所所长刘慎谔的邀请到该所任专任研究员。

钟观光虽已年逾花甲，仍抓紧一切时间和机会，以滴水穿石之精神，一点一滴地收集文献资料，把《诗经》《易经》《齐民要术》《梦溪笔谈》《植物名实图考》等古籍中的植物，按国外植物学著作以农艺、园林、林木、蚕桑、医药分类的方法，进行分种、分属检索。同时，还对文献引证、地理分布和生态环境等逐一地考证、修改、补充和注释，分辑成册，写下《近代毛诗植物解》

《山海经植物》《北山画谱序》《物贡纪要》《有关植物古籍释例、注解书目》《名实图考校录》等 52 卷约 150 多万字的毛笔手稿，它们凝聚了钟观光的毕生心血。他还对《毛诗》《尔雅》《离骚》中所记载的 146 个科的高等植物和低等植物进行了详细的考证，写下了《植物中名考证》一书的手稿，总计 14 卷（册）2700 多页，供植物学家们研究、参考和借鉴。

此外，钟观光还将李时珍所著《本草纲目》用科学的方法加以整理。在他所写的两卷《说文植物类证》中，对《本草纲目》中 54 个科 199 个种的植物做了修改和考证，得到北平研究院院长李煜瀛的高度赞扬。当时北平研究院生理研究所所长经利彬经常向钟观光请教，钟观光总是把自己收集的资料和宝贵经验毫无保留地拿出来，与他进行交流。由于他在药物学方面也有较深的造诣，同仁堂药店也经常将他请去，共同研究、实验国药的性效。在经利彬等人陪同下，钟观光曾赴全国著名的药市祁州（今河北安国）进行生药考察。

钟观光经过多年的考察，认为中国虽然有许多有经济价值的林木，但也不能盲目砍伐和开垦，必须注意保护植被，正确开采。1936 年，年近古稀的钟观光赴湖南山区考察经济林木，并从植物和环境的关系、林种结构和布局等方面入手，写出了综合性论文《湖南林木调查报告》。

钟观光多年致力于编写巨著《本草疏证》，晚年更是倾注全部心血。美国的一个植物研究机构决定用巨款购买此书的版权，但被他断然拒绝。然而这部花费了他毕生心血的著作手稿及资料，却在日军侵略北平时被国民党军队当作稻草垫在碉堡里，所剩无几。"七七事变"前两天，钟观光因年事已高被迫离开北平返回故乡宁波。为了弥补这一令他心碎的损失，钟观光凭着记忆及提纲简稿重新奋笔疾书。历经两年，正当初稿完成待校，又逢杭州失守，宁波岌岌可危，先生于 1940 年 9 月 30 日在忧愤中去世，身后留下了未竟的皇皇书稿。

3. 语言与符号要素

（1）以中国人名命名的"钟君木""观光木"

距今为止，全世界植物中约有 60 来种以中国人名命名，而以钟观光姓名命名的"钟君木""观光木"无疑是最早的国际公认的以中国人名命名的植物。众所皆知，近代以来，我国不仅在政治上、军事上落后于欧美列强，在科学学术话语体系中也长期处于被动地位，而以中国人名命名的"钟君木""观光木"出现于世界植物学词典之中，则标志着我国开始拥有近代植物学界话语地位，也标志着中国人获得国际植物学界话语权的开始。钟君木（又称假紫珠）、观光木（又名香花木）均为我国特有的单属植物，一般用于园林观赏，其发现彰显着近代中国人的探求精神，是宁波市重要文化符号。

（2）"近代李时珍"与《本草疏证》等著作

李时珍是我国古代著名中医学家、植物学家，其所撰《本草纲目》为我国古代中医学与植物学集大成之作，享誉世界。宁波历史上中医药学者辈出，陈藏器、日华子、高武、赵献可、柯琴等学者，造诣精深，闻名禹甸。钟观光早年受到家乡中医药发展的熏陶，其后更成为中国近代植物学的先驱，堪称"近代李时珍"。其《本草疏证》等一系列植物学著作，充分运用现代植物学知识，分类整理研究我国传统中医文献，是中医药植物古今汇释的典范，深受植物学界及中医史界的推崇。

（二）钟观光故居核心文化基因的提取与评价

钟观光先生一生站在振兴中华的远大目标下，卓然挺立，自学成才，孜孜探求科学研究、科学教育与实业实践，和合古今、融通中西，以旺盛的科学探索欲、强烈的民族责任心、救国救民的时代紧迫感、夙兴夜寐的忘我学术奉献精神，成为近代中国最早采集植物标本的学者，开创了中国用近代科学方法广泛研究植物的植物分类学，被北平研究院植物研究所所长刘慎谔和郝景盛等学者盛誉为中国近代植物学界"旧时代最后一人，新时代最初一人"。钟观光秉持"以天下为己任"的中华传统士大夫品格，践行"救亡图存"之志的爱国救亡精神，并怀揣"以科学之切于实用"的科学创新精神，脚踏实地、务实求真，全心奉献于科学研究与教育事业，为宁波人民留下了宝贵的文化基因。

1. 生命力评价

钟观光先生一生目标始终如一，致力于科学救国的学术事业。救国是动力，科学是方法。治学方面，他严谨守实，自学成才，跋山涉水，不畏艰险，在从事植物学采集、考察和研究过程中，积累了丰富的知识和经验。他总以最新的学术知识研究最新的学术发现，敢于突破和创新，使中国开始在国际植物学界取得话语权。先生总是谦虚谨慎，认真钻研，对新发现的植物总要反复查证。由于历史客观条件和资料所限，他一生中所写的文章很多，但正式发表的文章相对于他所做的工作来说并不多。此外，他还勤俭廉洁，只讲奉献不知营求。撙节所余，兴办教育，传授近代知识，培养了一批近代学人。钟观光先生这种躬身前行、开拓创新的治学态度和精神，在举国建设新时代科技强国的当下，仍然具有极强的生命力和引领作用。

2. 凝聚力评价

钟观光先生没受过现代化高等教育，却秉持"以科学之切于实用"的精神，完全通过自己的刻苦钻研，从一名乡村秀才成为著名科学家。钟观光为推动近代中国的植物学研究及科学教育事业的发展，奋力拼搏了一生，对我国开始取得国际植物学界话语权做出了重要贡献。当这位德高望重、满怀爱国热情，立志以探索科学为终身事业的老人于 1940 年 9 月 30 日在忧愤中去世后，国民政府教育部部长陈立夫和朱家骅等专函慰问，其生前知交和弟子也纷纷集会、撰文悼颂。至今，钟观光先生自学成才、开拓创新、科学救国等精神品质依然激励着宁波人民，这也是宁波作为"中国院士之乡"的基因。

3. 影响力评价

钟观光先生奠定了中国植物学研究"行万里路、破万卷书"、实物考察与典籍求索并重的学术规范。他曾历时四年、行程万里，采集各类动植物标本16000 多种；也曾皓首穷经，晚年耗费 10 余年整理、考证、翻译和编写古代典籍中有关植物的文献资料。不耍任何花拳绣腿，实实在在地为中国的植物学研究打下极其扎实的基础，体现了老一辈学者勇于创新、小心求证的学术态度。先生的这种精神感召和影响了后来的一代又一代学人，成为当代中国学界掌握国际学术话语权的前辈激励。

4. 发展力评价

钟观光先生建基于旧学，成就于新学，其治学特点在于融合古今中外，系近代中国植物学界继往开来之第一人。他创建了国内第一家由中国学者主持创立的标本室——北京大学植物标本室，创立了中国第一个现代植物园——杭州笕桥植物园，他是近代中国最早采集植物标本的学者，在中国开创了用科学方法广泛研究植物的植物分类学，被誉为"给中国植物查户口的人"，为中国近代植物学的建立、为中国植物学后来的自主蓬勃发展奠定了坚实的基础。钟观光先生的学术创新精神为宁波建设以科技创新为中心的现代化滨海大都市，赋予着源源不断的智慧与能量。

（三）钟观光故居核心文化基因的转化利用

钟观光先生认为"恃旧学不足以御侮，而科学为强国之根基"，故潜心苦学，果敢实践，创办了一批近代植物学机构、植物园林，并发起成立了"四明实学会""灵光造磷厂""两级芦渎公学"等一系列近代教育及实业机构。他不仅开地方近代化之先河，他的植物学研究也成为近代中国植物学研究的滥觞。钟观光先生既开拓创新又务实求真，既走万里路又穷万卷书的精神，是其作为中国近代知识分子体现出来的核心文化基因，也是我们将钟观光故居核心文化基因转化利用的文化价值导向。钟观光故居以"求真""创新""爱国""敬业"的价值导向为主线，通过创新形态，策划具有独特社会教育意义及艺术审美价值的学术研究及普及平台、公共文化景观、主题文创产品、接地气的文化活动等，使钟观光故居核心文化基因得以充分转化利用。

1. 保护建筑实物及内外环境，修旧如故再现历史

位于北仑区柴桥街道大溟村的钟观光故居建筑群，在历史的变迁中得以幸存，保存有清代至民国时期建造起来的共约占地 1824 平方米的中西合璧建筑，具有较高的历史、人文、艺术和科学价值。2008 年 5 月 8 日，被核定公布为北仑区级文保点，正式得到政府保护。2010 年 10 月 21 日，钟观光故居入选宁波市第三次全国文物普查"百大新发现"。2012 年 8 月，受台风"海葵"影响，钟观光故居受损严重。2017 年，一期修缮工程完成，钟观光故居得到了全面的保养维护和环境整治，以"修旧如故"的原则恢复了故居原貌，再现了钟观光生命中重要的历史情境。

2. 培植科学人文精神场域，打造爱国教育传承基地

钟观光先生独具影响力的爱国主义、科学主义精神，使钟观光故居成为近代科学史的人文标识，也是宁波文化的重要基因源泉。为了更好地培植科学人文精神场域，宣扬爱国主义、科学主义精神，打造爱国教育传承基地，2020 年，北仑区政府特于钟观光故居内建立了钟观光纪念馆，并策划完成了"芦江畔赤子 植物学先驱——钟观光生平展"。在开馆仪式上，北京大学生物标本馆、中国科学院植物研究所、上海市教育委员会教育技术装备中心、宁波植物园等科研院所、教育机构纷纷派代表出席或发表贺信。该展也荣获国家文物局推介。可以说，钟观光纪念馆的建成，使市民、学生、游客得以了解、学习近

代宁波人科学救国的精神品质。

3. 加强史料发掘和理论研究，夯实转化利用基础

为了更好地转化利用钟观光故居核心文化基因，建议组织宁波市内植物学专家及爱好者，一同成立"钟观光植物研究会"。该会主要工作内容可包括：搜集整理钟观光著述、生平史料，编撰《钟观光全集》；开展宁波特色的植物学研究，定期出版相关内部期刊。"钟观光植物研究会"既有学术研究内蕴，又有社会普及功能，将成为凝聚全市植物学人的主要平台之一，传承钟观光先生求真、爱国精神的同时，向广大市民普及植物学知识，增强群众生活的趣味性。

4. 建设以"植物"为主题的公共景观，建设浙东"植物小村"

钟观光为近代中国植物学的先驱，应紧紧围绕"植物"，着手打造一系列视觉鲜明的、主题突出的公共景观。首先，在钟观光故居进一步培植"钟君木""观光木"，形成钟氏植物群，供游人纪念。其次，在北仑区植物园建设钟观光植物标本室，介绍钟观光植物学研究事迹，并将钟观光的植物研究成果融入植物园的建设。最后，在柴桥大溟村进村道路沿线建设以"观光木"为行道树的纪念性景观长廊，既展示钟观光植物学研究成果，也宣传大溟村新时代的乡村建设，从而推动大溟村建设成为独具特色的浙东"植物小村"。

5. 创新以"植物"为主题的旅游商品和文创产品

为了强调强钟观光故居为"近代中国植物学重镇"的坐标式意义，向来访游客推介钟观光先生的植物学研究生平事迹，应开发一系列以植物标本为内容的旅游商品和文创产品。以书签、手账、折扇、环保手袋、各地植物"户口本"等多样化的形式，令游客在有形的载体中传承无形的精神，并推动大溟村建设浙东"植物小村"。同时，编绘《宁波市植物品种分布地图》，使参观群众追随钟观光采集标本之路游宁波，融科学性与趣味性于一体，推动宁波植物科学探究热潮。

6. 举办以纪念钟观光、探索植物学为内容的文化活动

在每年3月12日植树节，组织社会各界力量，举办主题鲜明而意蕴深刻的以纪念钟观光、探索植物学为内容的一系列文化活动，使科学知识接地气、暖人心。比如，可举行以"万物可爱""甬上四季""一叶知秋"等为主题的宁

波植物系列摄影及短视频大赛，吸引广大家长、学生以及一般市民的参与。通过官方融媒体、民间自媒体等多种渠道，传承钟氏精神、弘扬爱国文化，这往往会收到事半功倍的效果。

参考文献

1.龚明俊：《感动中国的100位爱国科学家》，花山文艺出版社2010年版。

2.宁波市北仑区政协文史委、宁波市北仑区文化广电新闻出版局、宁波市北仑区柴桥街道办事处：《植物学家钟观光》，宁波出版社2018年版。

3.杨建新：《浙江文化地图（第3册）：人文化成　浙江名人文化》，浙江摄影出版社2011年版。

四、顾宗瑞故居（瑞庐）

顾宗瑞故居，别称"瑞庐"，中国近代民族航运先驱、民国时期航运业巨头、香港顾氏家族航运企业创始人、"船王"顾宗瑞先生（1886—1972）及其子（顾国敏、顾国华、顾国和）故庐，宁波市重要近代经济史、文化史迹，中华优秀传统文化和爱国主义教育传承基地，位于北仑区大碶街道太白社区岩河东岸的东街 140 号。顾宗瑞先生所开创的顾氏家族航运企业延续百年，矢志航运，经过三代人将近一个世纪的努力，已经成为近现代中国航运世家硕果仅存的标本代表，是近现代中国民族工商业由传统向近代化转型的典型。顾宗瑞故居（瑞庐）一方面是"挂帆济沧海"的宁波商帮精神起锚地，另一方面更在中国近现代民族工商业发展史中具有较高的坐标性价值。

（一）顾宗瑞故居（瑞庐）核心文化基因解析

1. 物质要素

（1）中西合璧的堪称近代典范的建筑

顾宗瑞故居（瑞庐）是民国时期中西合璧建筑的典型，也是民国中期宁波民居建筑的代表。顾宗瑞故居（瑞庐）建于 20 世纪 30 年代，占地 212.2 平方米，坐东北朝西南，分为中西合璧小洋楼式的瑞庐，以及晚清传统木结构平屋式的夏房大屋库头间两部分。瑞庐总体呈三合院式，共有正屋三间、左右明轩各一间、后轩一间、东偏房一间。瑞庐是顾宗瑞于 20 世纪 30 年代在沪上创业稳定后回甬建造的家宅，表现出强烈的受上海滩西风东渐影响的审美，具有

顾宗瑞故居（瑞庐）（陈名扬摄）

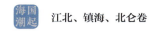

典型的西式小洋楼风格民国三合院的建筑形制和细部特征。

（2）人文追溯的重要场所与精神高地

顾宗瑞故居（瑞庐）作为航运世家顾氏故里，承载着宁波顾氏家族百年以来厚重的海洋个性风格的历史文脉，其既是顾氏家族血脉所系、顾氏后人寻根问祖的重要史迹，更是宁波文化中进行人文追溯的重要场所，具有极高的历史、人文、艺术和科学价值。而在顾宗瑞故居（瑞庐）基础上建立起来的顾宗瑞纪念馆更是承载了晚清以来"宁波帮"百折不挠、勤劳坚忍的创业梦想与实践，用波澜壮阔的历史画卷感染着前来参访的市民游客，叙述着中国近代经济转型的斑斑轨迹。因此说，顾宗瑞故居（瑞庐）不愧为宁波近代文化的精神高地。

2. 精神要素

（1）经世致用、以经济救国家的爱国主义精神

顾宗瑞先生出生于大碶的贫苦农民家庭，从小因贫失学。帝国主义列强用大炮和鸦片打开中国的大门，使得中国人民在饱受摧残的同时，也逐渐步入近代化的道路。自幼时起，为人热情正直、处事大义周全的顾宗瑞先生便对经济事业抱有浓厚的兴趣，立志以经济救国家，这无疑是继承了浙东学派"经世致用"的精神内蕴。顾宗瑞先生所处的年代是中华民族历史上最为艰难的时期，当我国沿海及内河航权尚未收回时，他便联合轮船招商局及三北公司等，与外商轮船公司分庭抗礼，领导中国民营航业群策群力，争回属于中国人的部分权益。"七七事变"后日军全面侵华，大敌当前，国家存亡之际，以顾宗瑞所办泰昌祥为代表的中国民营轮船公司，相继献出了手上的船舶，用于沉塞长江，阻挡日军西进。据《上海长江航运志》记载，泰昌祥的永升轮在1937年12月13日被重庆国民政府征用，并于12月20日被击沉于马当。然而，马当阻塞未能阻止日军进攻。1938年秋，武汉告急，国民政府又大量征收民间船只，在宜昌江面充作封锁线。顾宗瑞的永亨轮于6月被征用，并在开往宜昌途中搁浅，后被拆毁，钢铁被用作军事材料。顾宗瑞刚建立的航运事业遭受了巨大打击，但为了祖国的未来他心甘情愿，依然大力支持。

顾氏家族在百年创业史中，屡遭劫难，三落四起。灾难来自天灾，更来自人祸：航权丧失下外国资本的压迫、连年军阀混战及帝国主义侵略等。如太平洋战争爆发又使重建的船队损失殆尽，抗战胜利后好不容易重整航业，但内战

继起，船队被国民党军征用，最后血本无归。可以说，顾宗瑞先生及其家族矢志致力于以经济救国家，秉持着浓浓的爱国主义精神，虽然深受时代的束缚，但也在帝国主义重重剥削压迫时期闯出了中国民族资本的新天地。

（2）敢为人先、百折不挠的创新创业精神

顾宗瑞先生及其家族向来不畏时代的影响，劈波斩浪，秉持着敢为人先、百折不挠的创新创业精神，展现着近代"宁波帮"昂然向上的时代风貌。顾宗瑞先生13岁辍学，只身到上海当学徒，后工作于海关，担任报关员。办事认真仔细，不久就得提升，任业务主管。1920年，顾宗瑞辞职创业，创立了泰昌祥报关行。因经营有方，涉足当时新兴的航运业，从与人合资一条小船，到转而从事航运，陆续购置轮船，改称"泰昌祥轮船行"。1928年到1930年，购入永升号、永亨号、新祥泰号等新式蒸汽轮船。不久后进一步扩大规模，购入永敏号、永耀号、泰生号等轮船。1946年，顾宗瑞在上海创办了泰昌祥轮船公司，拥有新式轮船13艘，在上海、天津、武汉等地经营航运，成为当时国内航运界翘楚。解放战争时期，中国经济产业遭到破坏。顾宗瑞遂将泰昌祥公司迁往香港，从而在国际航运界谋求发展。顾宗瑞来到香港后，抓住了战后世界航运业迅猛发展的先机，企业得到长足发展，并在世界各地如日本、美国、新加坡建立了分支机构。可以说，在宁波商帮中从事航运的众多家族企业里，顾氏航运事业起步时间虽不算最早，却是至今从业最久的航运企业之一。面对诡谲变幻的世界航运市场，顾氏家族企业不仅屹立不倒，更是将祖业发扬光大。回望顾氏家族航运企业百年发展史，事业几经沉浮，顾宗瑞每次都能靠着坚韧不拔的毅力和自强不息的精神重整旗鼓，一次次走向成功。这也正是"宁波帮"敢为人先、百折不挠的创新创业精神的最好写照。

（3）家人齐心、团结奋进的顾氏家族精神

顾宗瑞先生一生创业奋进的经历还体现出家人齐心、团结奋进的顾氏家族精神。顾宗瑞先生作为顾氏家族企业第一代创始人，对于三个儿子的培养十分重视。抗战胜利后，顾宗瑞长子顾国敏传奇式地从日军手里夺回了被掳走的"江苏"轮，显示出大胆机敏的才干。1949年底，几乎再一次倾家荡产的顾宗瑞到香港创立万利轮船公司，即由长子顾国敏任总经理。此时，顾宗瑞又安排沉着内秀的二子顾国华赴美攻读航运经济，安排头脑活络的三子顾国和到日本去帮助大姐夫董浩云（董建华父）管理和学习修造轮船。顾国华从欧美学成回来后，顾宗瑞为三子合理分工：老大主外，管航运；老二主内，管财务；老三跑船厂，督造新船。三兄弟成了香港航界有名的"三剑侠"。不几年工夫，顾氏家族又奇迹般地从零开始建起了一支庞大的船队。后来，三兄弟将家族轮船业一分为二：老大顾国敏继续经营管理万利公司，向邮轮为主的方向发展；老二、老三在董建华建议下，以家族在上海时期的老招牌"泰昌祥"重组轮船公司，经营方向以散货为主。此外，顾氏家族还有顾宗瑞大女婿董浩云创办了中国航运公司、东方海外和金山轮船三大航运巨头；二女婿朱世庆也创办了台湾威利轮船公司和益寿轮船公司，后者为台湾第一家上市的轮船公司；三女婿张翊栋也是船东，曾任中国商船企业公司经理。在支撑着香港国际航运中心的香港船东会 25 届主席中，顾氏家族出任了 8 届，几占三分之一。在英国作家斯蒂芬妮·莎洛克女士所撰写的《香港航运史》中，列出了对香港航运事业贡献最大的 17 位航运家，其中有 10 位宁波人，而顾氏家族就占了一半，他们是：顾宗瑞、董浩云、顾国敏、顾国华与顾国和。

目前，顾氏家族第三代也早已稳稳地接过了百年航运事业的轮舵：顾建舟不但是家族企业的顶梁柱，且先后出任两届船东会主席；董建成继董建华之后执掌董氏航运集团，并出任船东会主席；泰昌祥现任掌门人顾建纲，在席卷全球的金融海啸中稳坐钓鱼台，稳健地把家族化公司向现代企业推进。可以说，家人齐心、团结奋进的顾氏家族精神是顾氏家族航运业不断成功的重要秘诀。

（4）倾心慈善、义薄云天的敬梓爱乡精神

顾宗瑞先生是宁波人，一生以家乡宁波自豪。所谓"航路致远，义字为帆"，顾宗瑞生平创业过程中往往照顾同乡，帮扶贫弱。顾宗瑞在晚年时，由于特殊的历史背景，难以回到家乡，但最关心的仍然是祖国和家乡，时刻系念的是乡情乡心。他喜欢亲手下厨做宁波菜，喜欢乐滋滋地坐在一旁看小辈分享宁波美食。董亦萍说，外公喜欢到日本去，因为在日本可以买到做宁波菜的毛豆等。他还曾耐心地教东京分公司一个日本女佣学会做地道的宁波菜。从顾宗瑞痴恋宁波菜可以看出，他对家乡的思念是极为深沉的。1965 年 12 月，顾宗瑞 80 岁生日这一天，他在孙子的帮助下，用当时最先进的磁带录音技术，用宁波话郑重录下两盒磁带，千叮咛、万嘱咐："今后啦，你们勿要忘记，总归树高千丈，叶落归根，乡下啦总勿要忘记去……切记！切记！"

改革开放后，顾氏后人牢记顾宗瑞先生嘱托，回到内地，回报桑梓，不遗余力地帮助祖国造船。他们订制中国第一艘好望角型散货船，带动中国造船业的勃兴。顾氏后人还全心全意帮助家乡建设，参政议政，捐资办学，改善医疗，承担社会责任。顾宗瑞二子顾国华促成了甬港经济合作论坛的举办，促进了甬港两地亲密合作。顾氏基金会捐建了宗瑞图书馆、宗瑞医院、宁波大学宗瑞航海楼、宁波达敏学校、顾国和中学、宗瑞青少年宫、周翠玉幼儿园、宁波职业技术学院顾国华体育中心等大量公益项目。统计显示，自 1987 年捐赠宗瑞图书馆以来，顾氏家族在宁波的捐资已超过 2800 万元人民币。可以说，旅港宁波顾氏家族很好地传承了顾宗瑞先生的倾心慈善、义薄云天的敬梓爱乡精神。

3. 语言与符号要素

（1）顾宗瑞亲授家训及其族人对"顾氏家训"的坚守

顾宗瑞先生虽然早年因贫失学，没有接受过系统的书本教育，但其在一生摸爬滚打的创业历程之中，总结了大量人生社会经验和企业管理哲学。在顾氏家族中珍藏有两盘顾宗瑞操着一口宁波话的亲口录音，这两盘录音灌录于当时顾宗瑞先生居住的香港家中。老先生在录音中说，自己"中国书只读过一年，外国书一天也没有读过，会讲几句洋泾浜英文"。也许正是因为不怎么会写字，所以他想到用录音把自己一生创业的艰辛录下来，嘱咐后人"切记，切记"，体现出老先生拳拳的家族传续之心。顾宗瑞晚年用宁波话教育三个儿子的录音中提到："挣多挣少，自己用多少，一定要自家晓得，够用就好，勿要浪吃浪用。"可以说，这是对顾氏家族勤俭创业的最好诠释。而顾氏后人也在日后的家族企业管理和家族文化建设之中，秉承顾宗瑞开创的"顾氏家训"，做大做强家族企业，团结向上，为国家为世界造福。

（2）百年民族企业精神与宁波商帮象征——"泰昌祥"徽标

"泰昌祥"（TCC）一名来源于顾宗瑞先生最早开创的企业"泰昌祥报关行"。从"泰昌祥报关行"到"泰昌祥轮船行""泰昌祥轮船（香港）有限公司"，再到"泰昌祥航运集团"，顾宗瑞开创的顾氏家族企业"泰昌祥"，经过波澜壮阔的历史演进，经顾氏三代族人的精心打理，现已成为宁波商帮、海外华商、世界航运业的历史象征与光辉形象。因此，百年"泰昌祥"徽标当之无愧为顾宗瑞故居（瑞庐）重要语言与符号要素。

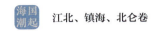

（3）顾宗瑞的"女儿们"——顾氏航运业类型丰富的船舶

顾宗瑞先生开创的顾氏航运业拥有着类型极为丰富的各类船舶，这些船舶被顾宗瑞亲切地比喻为"女儿"。在最早的顾氏航运企业上海"泰昌祥轮船行"时期，顾宗瑞购置"永亨""永升"二轮，组建永亨轮船公司及永安轮船公司，并代理其他同型船舶，常年行驶沪津线，开始以独立船东身份经营船运业务，成为中国航运界早期独立船东之一。后来，又将航线延伸至沿海主要港口及长江上游川江。据相关资料记载，泰昌祥除自有船舶永升、永亨、瑞昌、瑞泰外，短、长期租赁和代理20余艘船舶，承揽大宗货品有煤、盐、碱、大米、水泥、瓷器、木材、钢材、纸张、石膏、百货生活用品等。1949年10月，顾宗瑞在香港中标5000吨的"雷梦娜"号货轮，改名"万利"，创立万利轮船公司。从1965年建造"银森"轮开始，顾宗瑞开启了扩充船队、建新汰旧的步伐，标志着他的"航运王国"得到了恢复与发展，事业步入中兴。在他暮年之际，他的船队规模已达16艘之多，总吨数将近50万吨。

顾氏家族作为船东还对东亚造船业做出了极大贡献。自1965年开始步入新船建造年代，顾氏公司在国内以及国外的日本、韩国都以船东造船的形式帮助船厂超越其原有的技术水平，推动和协助承造船厂开发适应市场需求的新一代产品，从而推动了船厂技术进步。公司曾建造台湾地区当时最大的2.8万吨散装货轮"银翼"号，20世纪80年代又造了两艘15万吨海岬型超大型货轮。自21世纪初始，顾氏家族持续在内地投资建造阿芙拉大型油轮（10万吨级）近十艘，为大陆造船业的进步发展做出极大贡献。上海在黄浦江上建造的第一艘巨型油轮、内地第一艘65622吨级巴拿马型散货船、内地第一艘最大吨位绿色环保型散装轮，这些内地造船史上重要的里程碑离不开顾家作为船东的支持与贡献。

4. 规范要素

（1）"负责、诚信、可靠、信赖"——顾氏企业核心价值观

"负责、诚信、可靠、信赖"是顾氏企业的核心价值观。顾宗瑞先生一生踏实做事、诚信做人，其行事风格可以说是克己为人、谨慎务实。由其开创的家族航运企业万利、泰昌祥航运集团保持其百年传承的企业文化，以船东身份管理船舶为其核心业务，为国际海上贸易提供运输服务。其愿景和战略定位是成为利益相关者心目中的首选，专注于在"负责、诚信、可靠、信赖"这四个

顾氏航运企业核心价值的坚稳基础上与精选客户达成长期的双赢关系。

（2）分散投资经营以避险，保证船员教育与船舶质量

航运业是高投入、高风险行业之一，顾宗瑞为顾氏家族企业开创了分散投资经营以规避风险，保证船员教育与船舶质量等一系列航运业经营方式与理念。顾宗瑞深谙航运业是一门高风险的生意，他在经营时为了避免因风险连带责任影响全局，采取了一船成立一公司的方法，并订有公司章程，设立董事会，编制公司概算，而且一船一保。泰昌祥轮船行（间或也有别家船行）则作为这些公司的代理行。今天的香港万利和泰昌祥集团依然沿用这种规避风险的经营方式。实践证明，这种分散投资经营的避险方式，是顾宗瑞经营高风险航运业的一个成功之道。顾氏船队永远处在良好的技术状况之中，这成为后来顾氏传承者发展船队的传统理念。与此同时，顾氏家族的船队船龄一般不超过12年，保证船舶永远在最佳状态。顾氏家族还注重教育船员拥有良好的敬业精神，培训船员拥有高超的操作技术，因此顾氏家族船队建立了良好的声誉。顾宗瑞一生很少做超过自己风险承受能力的投资，他的企业发展速度也许没有其他经营者那样快，但是很稳，他的传承者们也继承了这一稳健作风。自20世纪60年代至今，世界发生了多次金融风暴、经济危机和石油危机，世界各航运公司一度发生恐慌性倒闭。顾氏企业一直安然无恙，没有发生大的危机和决策性挫折，公司经济一直处于良好状态。

（3）植根于家族文化的运营操作和资产质量管理制度

顾氏企业拥有着植根于家族文化的运营操作和资产质量管理制度。在航运事业发展过程中，顾宗瑞建立起一套成功的经营理念：高质量的船队、严格的管理体系、稳健的运作模式及和谐的家族式管理。这里的家族文化，是指顾氏企业将所有海上和陆上的职员以及客户们视为家庭成员，通过家庭成员般的关怀、尊敬，形成植根于"家庭"的信誉、荣誉、尊重和信任的管理制度。顾氏企业坚定承诺以船东身份管理船舶，经营及管理理念是以人为本（而非利润为先），管理标准以原则（而非人治）为依归，以人员、环境、船舶和货物的安全为基础，透明化管理，并对职业安全和环保操守中的漏洞"零容忍"。

（二）顾宗瑞故居（瑞庐）核心文化基因的提取与评价

顾宗瑞先生是中国近代民族航运先驱、顾氏家族航运企业创始人、"宁波

帮"家族中最早发展海外航运的开拓者。20 世纪 80 年代后，"船王"包玉刚"弃船登陆"，将主业转为房地产；董浩云将航运王国传给其子董建华，其东方海外公司业务几度沉浮，2017 年董建华将家族持有东方海外国际的所有股权股份出让给大陆央企"中远海控"，由此挥别航运业。而顾氏家族三代平稳交棒，是至今仍坚守航运业的香港唯一华人航运世家。顾氏家族航运企业之所以能够在百年板荡的近现代历史中行稳致远，无疑与顾宗瑞先生所培育的顾氏家族核心文化基因密不可分。

顾宗瑞出身大碶贫寒人家，在上海，由报关员到开办自己的报关行再到开创航运公司，由跑国内航线到在香港投身国际航运，从买船到改装船到订制自己的货轮，一步一个脚印，在自己熟悉的行业领域和可控的风险范围内深耕不辍。他身上所体现出来的经世致用、以经济救国家的爱国主义精神，敢为人先、百折不挠的创新创业精神，家人齐心、团结奋进的顾氏家族精神，倾心慈善、义薄云天的敬梓爱乡精神，不仅福泽顾氏家族本身，也影响着海内外宁波籍仁人志士。可以说，以顾宗瑞先生为代表的顾氏家族所体现的敢为人先的海洋文化精神，及勤勉诚信的宁波商帮文化内蕴，是顾宗瑞故居（瑞庐）的核心文化基因。

1. 生命力评价

顾宗瑞故居（瑞庐）的核心文化基因延续至今从未中断，文化基因形态保持稳定。顾宗瑞故居（瑞庐）作为航运巨头顾宗瑞及其骄子顾国敏、顾国华、顾国和的故里，既是顾氏家族血脉所系，更是宁波文化中可供人文追溯的重要场所。泰昌祥历史最早要上溯到 1917 年，集团奠基人顾宗瑞先生在上海江西中路创办了泰昌祥报关行。至 20 世纪 20 年代中期，泰昌祥已经由一个海关报关行，发展成为中国最早的提供客货运输服务的现代船东公司之一，并在之后成为一个该时期知名的独立船东公司，拥有总载重超过 200 万吨的现代化散货轮和油轮船队。1983 年，泰昌祥轮船（香港）有限公司正式成立。顾宗瑞先生哲嗣顾国华先生和顾国和先生建立了联席主席制，并沿用"泰昌祥"这个他们父亲当年在上海建立的有纪念意义的品牌作为公司名字。在联席主席制下，顾氏两兄弟在公司前香港总部进行管理。以"TCC"而闻名的泰昌祥集团，很快就奠定了航运界领导者和先锋的地位。2005 年泰昌祥轮船（上海）有限公司建立，现已成为集团散货轮船队的管理基地。上海泰昌祥也肩负着与一些中央部委和省市有关机构的联系沟通工作，同时保持并发展与国内主要钢铁厂、炼油厂、船东和租家的联系。2010 年，泰昌祥集团高层做出了一系列重要决策，在公司结构上作了一定的调整，以进一步巩固集团成为世界一流船东公司。今天，作为泰昌祥第三代掌门人的集团主席顾建纲先生正领导泰昌祥走向未来。顾氏家族自创业起，三代平稳交棒，是至今仍坚守航运业的香港唯一华人航运世家。顾氏家族航运企业自出现起延续至今，未曾中断，这足以证明顾宗瑞故居（瑞庐）核心文化基因生命力的超强稳定性。

2. 凝聚力评价

顾宗瑞故居（瑞庐）的核心文化基因很好地诠释了近代和当代宁波商帮敢为人先、爱国爱乡的精神气质，给区域经济、社会、文化带来深远的凝聚力。顾宗瑞作为创始人建立的顾氏航运家族，其"敢为人先，百折不挠，志存高远，回报桑梓"的"宁波帮"精神，不仅传递给了家族后代，实现了家族内部的能量凝聚和家族航运事业的代际传递，也传递给了致力于研究宣传其历史文化意义的宁波学人。同时，顾氏家族所代表的"宁波帮"精神，通过反哺家乡的一系列企业事业的开展及慈善公益的实施，深植于宁波人民的心中，鼓舞着宁波人民在新时代昂扬向上，对内继承优秀家风，向外开拓海外事业。可以说，虽然百年以来的时代特征一直在变，但顾氏家族所彰显的爱国主义精神、创新创业精神、家族文化精神、敬梓爱乡精神，以及负责、诚信、可靠和信赖的顾氏企业核心价值观及经营经验，将永远激励着后来者不断向前。

3. 影响力评价

顾宗瑞故居（瑞庐）的核心文化基因辐射人群规模较广，除去对内超强的凝聚力外，顾氏家族航运业因具有较高的全球地位，对世界也颇富深远的影响力。顾宗瑞故居（瑞庐）已经成为"宁波帮"航运业精神的代表性象征，是海内外宁波籍及航运业人士参访的热门地点。2017 年 3 月，"航路致远——纪念顾宗瑞创办家族航运企业 100 周年特别展"在宁波中国港口博物馆开幕。特展展出文献、实物百余件，包含顾宗瑞创办早期航运企业的合同、船舶规范、保险单、合作公司往来信函等史料，印证顾宗瑞人生历程的印章、手稿、证件等大量生活和工作用品，以及顾氏后人荣任香港船东会主席的纪念品、政府颁发给顾氏后人的聘书和奖章等实物。特展既回顾了顾宗瑞创办顾氏航运企业的历程，也通过珍贵文物展示了这个家族的爱国爱乡情怀，让参观者深受教育并为之感动。2018 年 9 月 10 日，顾宗瑞纪念馆在顾宗瑞故居（瑞庐）正式开馆，馆内布置"航路致远——顾宗瑞创办家族航运企业回顾展"。展览以顾氏家族航运企业发展脉络为主线，通过文物、绘画、雕塑、场景等传统与现代相结合的多重展示方式，反映出顾氏家族企业百年屹立不倒，几代航运人薪火相传、生生不息的行业传奇。重点表现顾宗瑞先生开拓创业、百折不挠、勤劳坚忍的品质和稳健投资、勇于创新的经营哲学，及以强烈的社会担当意识为核心的顾氏家族精神。顾宗瑞纪念馆自开放以来，年接待省内外团队 1100 余批次，3万余人次。可以说，顾宗瑞故居（瑞庐）的开放，将进一步扩大顾氏家族企业及宁波商帮文化在海内外的影响力。

4. 发展力评价

顾宗瑞故居（瑞庐）的核心文化基因与当代中国特色社会主义核心价值观（富强、民主、文明、和谐，自由、平等、公正、法治，爱国、敬业、诚信、友善）所阐述的精神追求和价值观念十分契合，能较好地被创造性转化、创新性发展。顾氏家族白手起家艰苦创业、兄弟齐心砥砺前行的家族企业创生模式，报效桑梓的家国情怀，以及其诚信当先、稳健严谨的航运企业文化，对宁波经济及港口发展具有重要的启示意义，并感召着海内外"宁波帮"人士和新生代甬商的回归和投资。顾宗瑞故居（瑞庐）作为凝聚"宁波帮"人士的又一坐标式重地，可以起到团结顾氏家族及"宁波帮"航运界人士的作用，从而引进先进航运管理经验和理念，助力宁波航运业早日迈入国际航运业领军者行列，更是港城宁波建设中国特色社会主义现代化滨海大都市、国际开放枢纽之都的永动力。

（三）顾宗瑞故居（瑞庐）核心文化基因的转化利用

在宁波众多宁波商帮的文化坐标中，顾宗瑞故居（瑞庐）无疑深具典型性价值。一方面，这里是宁波商帮中经营航运业代表家族顾氏家族的根脉所系；另一方面，顾氏航运家族百年薪火相传的商业脉络又为顾宗瑞故居（瑞庐）注入了源源不断的文化基因。因此，充分研究宁波顾宗瑞家族文化，创新载体，以多样化的形式转化利用"敢为人先，百折不挠，志存高远，回报桑梓"的顾宗瑞故居（瑞庐）核心文化基因，优化资源，提升品质，打造集观光、体验和爱国主义教育功能于一体的文旅实景，实为必要之举。

1. 保护故居建筑是转化利用核心文化基因的前提

顾宗瑞故居（瑞庐）核心文化基因转化利用的前提是对顾宗瑞故居（瑞庐）文物实体的保护。坐落于北仑大碶街道太白社区东街 140 号的顾宗瑞故居（瑞庐），不仅是民国时期宁波中西合璧建筑的典型代表，更是宁波商帮家族文化与宁波海洋文化的标志，具有极高的历史、人文、艺术和科学价值。顾宗瑞故居（瑞庐）入选 2009 年度宁波市第三次全国文物普查"十大新发现"。2014 年 7 月至 10 月，顾宗瑞故居（瑞庐）由顾氏家族出资进行整体修缮。2017 年 1 月，顾宗瑞故居（瑞庐）被浙江省人民政府公布为第七批省级文物保护单位。至此，顾宗瑞故居（瑞庐）真正意义上落实了全面保护的价值认定。

2. 提升纪念展陈，主动弘扬顾氏家族核心文化基因

积极创设纪念展陈，主动弘扬顾氏家族核心文化基因。2017 年初，顾宗瑞故居（瑞庐）成为第七批浙江省级文物保护单位不久，便由宁波中国港口博物馆举办"航路致远——顾宗瑞创办家族航运企业 100 周年纪念展"，宣传宁波顾氏航运家族的光辉历程。该展览以以顾宗瑞为代表的顾氏家族企业发展脉络为主线，通过丰富的实物和资料，反映顾氏家族企业百年屹立不倒，几代航运人薪火相传、生生不息的行业传奇。该展引起了强烈的社会反响。2018 年 9 月 10 日，在顾宗瑞故居（瑞庐）基础上建成的顾宗瑞纪念馆正式开馆，宁波市侨联主席李承成，区委常委、统战部部长陆亚芬，万利轮船有限公司董事总经理顾建舟，万利轮船有限公司董事顾建新和其他顾宗瑞先生的后裔出席开馆仪式。顾宗瑞纪念馆展陈内容分为四部分，分别是：岩河少年，起于微时；几经沉浮，书写传奇；薪火相传，走向深蓝；义字为帆，乘风破浪。这四部分向市民朋友详细地展示了顾宗瑞创办家族航运企业的峥嵘历程。现在，顾宗瑞故居（瑞庐）已经成为宁波市爱国主义教育传承基地，青年学生、市民纷纷来此学习顾氏家族文化、宁波航运文化。

3. 打造"宁波帮"文化特色街区，培植商帮侨乡文旅产业

在顾宗瑞故居（瑞庐）核心文化基因转化利用上，应重点打造"宁波帮"文化特色街区，培植商帮侨乡文旅产业。具体言之，依托瑞庐所在的岩河东岸的太白社区东街，以顾宗瑞纪念馆为核心，串联起沿着河畔南北向延伸的东街两头，通过街景提升将航运文化景观和符号植入。将东街转型成为凝聚和集中

展示北仑"宁波帮"文化的特色街区，有意识地培植和引入文化休闲业态，以点带线及面，使得以瑞庐为代表的宁波商帮航运文化得以辐射和衍生。同时，打造宁波航运商帮研学游线路产品，将瑞庐、岩河、东街、港口博物馆、总台山世界第一港观景台、宗瑞图书馆、宁波大学海运学院等，串点成线，形成"航帮故里·港通天下"宁波航帮之旅的主题研学线路。

打造"宁波帮"文化特色街区的同时，要设计以"航运"为主题的宁波航运商帮文化主题形象与色彩标识系统。在太白社区东街培育特色业态，如恢复药店仁义堂、培本堂，南货店源大、协大、兴大等，穿山码头海鲜，阿庆肉店，张德来剃头店等老字号；打造红帮裁缝高端手工西服定制店、红帮"学工场"（缝纫、熨烫、整理）；在东街入口设计宁波航运商帮文化景观小品；等等。东街民宿上，应以"船运"为主题，大量呈现海洋、轮船、顾氏家族等文化符号。主题民宿风格，可以参考上海江西中路14弄6号原泰昌祥报关行的室内布景，并展现出"泰昌祥"在不同历史时期的发展样貌。

4. 创设丰富多样的以"航运"为主题的旅游商品和文创产品

首先，打造"万里船行船模驿族潮店"。以顾氏航运王国相关的永亨、永升、万利、银森、银翼等不同年代、不同性能用途的船只为基础，开设吸引船模爱好者一族的专题潮店，定期开设有关船舶知识、船模制作、航运知识等专题讲座或手工坊活动，打造宁波知名俱乐部式船模旗舰店。设计"万里船行"系列手绘明信片，以顾氏家族航运足迹地图（宁波、上海、香港、好望角、巴拿马等）为主题。挂饰小品方面，可以设计以永亨、永升、万利、银森、银翼等顾氏家族船只或者旗语等与航运文化有关的主题性徽标、钥匙扣、扑克牌、杯垫等。设计版画DIY拓印景点打卡，将"宁波帮"航运事业相关的世界著名航线地图和港口城市及行业场景作为版画内容进行雕版制作，供游客自行拓印。同时，东街航海巨子商业街区可以利用微信公众号、抖音等自媒体进行宣传推广，并在INS等国外媒体平台向华侨及各国友好人士介绍。

5. 设计以"航海"为主题的各项游戏产品，突出宁波特色

一方面，可以顾氏家族航运企业创业及运作流程为故事背景，设计面向全球玩家的战略类网游。既让各类玩家深入体验顾氏家族航运企业运作的百年历程，也丰富各类玩家的航运、船舶及海洋知识，增强他们对近代宁波、浙江海洋文化的了解。另一方面，还可以与宁波中国港口博物馆合作，在已设计发布

的港口通关等游戏基础上，再增强港口、航运、船舶及海洋等知识符号，以电子通关与实体互动游戏等多种形式展现宁波浓郁的海洋、海运文化。

参考文献

1.中国港口博物馆：《海濡之地：北仑史迹陈列图录》，宁波出版社 2019 年版。

2.宁波市政协文史委员会：《中国近现代航运世家——宁波顾氏家族（史料篇）》，中国文史出版社 2008 年版。

3.区文化和广电旅游体育局：《省级文物保护单位——瑞庐》，宁波市北仑区人民政府，http://www.bl.gov.cn/art/2022/4/1/art_1229 630136_59048776.html，2022 年 4 月 1 日。

爱国实业家李善祥文物资料（陈名扬摄）

北仑戚家山李氏家族纪念馆（陈名扬摄）

五、小港李氏家族

　　小港李氏家族，特指北仑小港（原属镇海）以李也亭先生（1807—1868）为第一代开创人的宁波世家巨族——李氏家族。该家族已拥有近两百年、跨七代人的光辉历史，与中国及全球现代化进程同步，是"宁波帮"中发迹最早、财力最富、影响最大、传世时间最长的家族之一。小港李氏家族代表人有上海滩最早的航运业巨子李也亭、上海商务总会总理李云书、上海市政厅厅长李征五、开国上将张爱萍岳父爱国实业家李善祥、张爱萍夫人新四军战士"革命之花"李又兰、上海江海关大楼设计者李祖贤、中国第一个在国际上获金奖的女画家李秋君、耶鲁大学教授兼艺术系主任李名觉、"华美核能协会"发起人李名立、美国旧金山B.A.R建筑公司副总裁李维雄等。可以说，小港李氏家族为近代宁波商帮群体中深具代表性的百年家族集团，更是近代中国民族工商业群体的典型代表，折射了晚清民国中国工业的近代化转型。小港李氏家族是晚清以来与中国百年历史同频共振的代表性家族，更是具有现代化意义的世界重量级代表性世家。

（一）小港李氏家族核心文化基因解析

1. 物质要素

（1）小港蛟山公园"乾坤亭"

　　由于历史变迁，小港李氏家族在小港的祖屋早已只剩断壁残垣。1996年4月，由小港李氏家族集资设计，在小港蛟山公园建造"乾坤亭"，以示对小港李氏家族百年光辉历史的纪念。"乾坤亭"由李家女婿张爱萍将军题写匾额。"乾坤亭"不仅是对小港李氏家族的纪念,更是"宁波帮"基因的物质载体。

(2)小港李氏家族纪念馆

建成于2013年的小港李氏家族纪念馆大力弘扬和传承李氏家族在历经艰辛、风雨坎坷的创业过程中所形成的独特精神品格,不仅是李氏族人缅怀祖辈的共同精神家园,更是凝聚"宁波帮"精神核心的爱国主义教育基地。小港李氏家族纪念馆作为物质纪念实体已是宁波联系海内外广大"宁波帮"人士的重要情感纽带,激励着代代宁波人继承和发扬"宁波帮"精神。

2. 精神要素

(1)吃苦耐劳、踏实肯干的创新创业精神

小港李氏家族之所以是"宁波帮"中的"常青树",在于他们拥有鲜明的吃苦耐劳、踏实肯干的创新创业精神,可以说这是宁波精神的生动体现。小港李氏家族第一代开创人李也亭先生,15岁从小港来到尚未开埠通商但已经出现繁荣商业面貌的上海打拼。他先在上海南市曹德大糟坊做学徒,几年后到沙船上打工。凭着宁波人特有的精明与勤奋,李也亭抓住了近代上海在开埠前后独有的历史机遇。到1851年后,其已拥有沙船10余艘。经过20余年的拼搏与苦心经营,李也亭建立起包括航运(沙船业、码头业)、钱庄业、贸易等在内的庞大家业,成为当时上海滩沙船拥有数量最多者,并被公认为上海钱业巨擘之一。李也亭的成功奠定了小港李氏家族在上海的基础,也奠定了小港李氏家族近200年光辉的基石。

(2)恢复中华、支援抗战的爱国主义精神

晚清时期,中国人民深受内外反动势力的压迫,在外是帝国主义列强环伺,在内是腐败无能的清政府。小港李氏家族从第一代开创人李也亭先生开始,便怀揣着强烈的爱国主义精神。到小港李氏家族第三代时,更是涌现出李云书、李薇庄、李征五这样卓越的以"恢复中华"为使命的仁人志士。李云书、李薇庄、李征五均为中国同盟会会员,与孙中山关系密切,均担当重任。如辛亥革命前李薇庄从官钱局提出十万现大洋帮助陈其美干革命,李征五在国内外积极为革命军劝募军饷。1911年上海光复后,李征五出任上海市政厅厅长,李云书则担任江浙军总兵站总监,负责供应军需物资。

小港李氏家族第三代还涌现出爱国民主人士李善祥(1880—1959)。李善祥，小港李氏家族第二代李濂水之子，著名爱国实业家，他积极参加辛亥革命，同时在东北锦州经营垦务，创办"生生果园"和"耕余学院"，被誉为"中国苹果之父"。抗日战争时期，积极投入抗日救亡运动，出资组织救护队。抗战胜利后，更以实业家的身份和名望协助共产党组织活动。在他的鼓励下，家中不少子女先后参加新四军、八路军、解放军。他的二女婿即为开国上将、国务院原副总理、原国务委员兼国防部部长张爱萍将军（1910—2003）。辽沈战役期间，李善祥协助解放军攻打锦州，1948 年将"生生果园"和"耕余学院"献给人民政府。1949 年 9 月被选为锦州市第一届人民代表大会代表，1951 年 6 月被选为辽西省各界人民代表会议协商委员会委员。

以小港李氏家族第四代言之，他们绝大多数留学后归国建设祖国。如毕业于英国伦敦大学的李祖恩，学成归国后，相继担任邮传部主事、财政部库藏司司长、印刷局局长、币制局主事、上海天利氮气厂董事长、天原化工厂董事、天厨味精厂经理等职。毕业于美国伦赛利工程学院的李祖贤，归国后创办六合工程公司，名闻国内建筑界，如上海江海关大楼、上海图书馆、南京故宫博物馆、中央研究院以及武汉大学图书馆等一批著名建筑物均出自"六合"之手。新中国成立后，李祖贤曾担任广东省政协委员、黄石市政协主席等职。

（3）义利兼济、乐善好施的公益慈善精神

小港李氏家族秉承浙东文化中"义利兼济""乐善好施"的精神品质，一边致力于实业救国，一边发展教育事业，数代家族成员都乐于从事公益慈善活动。如小港李氏家族第二代李梅塘夫人李张氏（1843—1918），素来以乐善好施著称。1893 年，宁波岁歉饥荒，她与儿子李征五助丈夫购米万斛赈济。1898 年、1902 年、1908 年宁波三次灾荒，李张氏更尽散家中存粮，又购外地粮米赈济家乡贫民。当时东南沿海有贫苦女性被诱骗出国，贩为苦工，一次竟至 450 人左右。李张氏知情后即遣子李云书至海关税务司商请，联合宁波旅沪同乡会，电告外国红十字会解救，又遣人携带巨款 4 万银两至南洋，除已死 10 余人外，皆赎归。听闻她的义举，国学大师王国维曾作诗夸赞："一朝卖作奴，终身为非民。伟哉李太君，独拯五百人。"李张氏还曾捐资兴建普陀山洛迦山灯塔，襄助航运安全。大家赠予她"乐善"匾额，表彰其志行。她不仅鼓励李氏子孙学习西方科学技术，还出资 10 万元办学，发展家乡的教育事业，为家乡发展深谋远虑。

李张氏五子李征五受到父母乐善好施的影响，向来热衷公益慈善事业，如在家乡创办益智学堂等，在宁波旅沪同乡中享有盛誉。正因如此，20世纪20年代他被推举为宁波旅沪同乡会会长。

（4）重视教育、家风严格的家族教育精神

重视教育、家风严格，是小港李氏家族能够传承有序的重要因素，也是小港李氏家族核心文化基因。以李梅塘夫人李张氏为代表，小港李氏家族不希望子孙守祖业、吃老本，鼓励后辈走出国门看世界，学习对世界发展有用之科学知识。李张氏曾口传家训："兵家、法家，言皆不足，应学农、工、商、矿、理、化、医诸科，以此可利国济人。"在李张氏去世时，小港李氏家族已有子、孙、曾孙辈107人，散居国内、海外，她的7个侄子中有3人参加同盟会，投身辛亥革命。正是如此谨严的家风家训与培养后人的教育措施，使得小港李氏家族早在19世纪末的上海已拥有"余"字号钱庄近10家，"天、地、元、黄"四家房地产公司，以及其他为数众多的工商企业，经营范围涉及航运、金融、地产、仓储、码头及百货等行业，成为申江房地产巨子。而到了小港李氏家族第四代"祖"字辈，73人中读大学的有34人，去欧、美、日留学的人数达19人，仅共同在柏林大学就读的就有4人，这在民国时期的中国极为罕见。

3. 语言与符号要素

小港李氏家族核心文化基因的语言与符号要素主要体现为小港李氏家风家训。小港李氏家族特别重视对子孙后代的教育，其家风家训的代表为小港李氏家族第二代李梅塘夫人李张氏亲授子孙的教育训诫："科学宜择其利济者为之，兵学、法学未始非御侮之才、治世之具，究之兵凶战危，如杀机何？舞文弄墨，如作奸何？汝曹其谨志之！至于农工贾矿理化医药，或裨实用，或利群生，肆而习之，积久自痊。"除此之外，还有《家训八要》：一要孝、二要悌、三要忠、四要信、五要礼、六要义、七要廉、八要耻，以及《小港李氏家训》："敬祖宗，敦孝悌；睦宗族，端伦常；友昆仲，和夫妇；教子孙，尚勤俭；恤孤寡，戒唆讼；安生理，勿非为；忌毒染，慎嫁娶；勉诵读，重交游；谨丧祭，远酗酒；出异教，省自身。"等等。可以说，小港李氏家族正是承继了李张氏以来亲长的教育理念和传统家风，才能行稳致远、百年犹强。小港李氏家风家训是小港李氏家族重要的语言与符号要素。

4. 规范要素

（1）选贤举能继承家族产业

小港李氏家族作为一个家族财团，注重"唯才是用"，在传承家族事业时往往在侄辈中选择贤者，而不一定由儿孙继承家业。同时也在亲戚和宁波同乡中提拔后起之秀，而不计其出身如何。如曾任宁波总商会会长、上海商会执委主任委员的俞佐庭和著名实业家乐振葆，都是小港李氏家族把他们从学徒提拔上来委以重任的。而即使是亲友，小港李家也往往让他们从底层做起，所谓"吃得苦中苦，方为人上人"。这使得李家子弟中较少败家子现象，有力地保障了家庭事业持续兴旺发达。

（2）世家联姻做大做强家族

小港李氏家族特别重视世家联姻，通过与政商文化世家联姻巩固家族财富与社会文化地位。如李梅塘五子李征五，便是晚清相国、政务大臣王文韶（1830—1908）的女婿，而李濂水之子李善祥的女婿则是开国上将张爱萍将军。小港李氏家族第四代"祖"字辈兄弟70余人，加之嫁出去的姐妹30余人，姻亲多为方、董、乐、葛、陈等宁波工商世家，绝大多数从事银行、保险、建筑、房地产、化工、粮油、娱乐业等近代热门行业。世家联姻这一规范要素，保证了小港李氏家族始终拥有经济与社会资源，得以做大做强。

（二）小港李氏家族核心文化基因的提取与评价

小港李氏家族历经传统农耕文明、近代工业文明、当代信息文明，跨越七代人，纵横200年，分布五大洲，人才辈出、爱国爱乡，一直站在时代的最前列。小港李氏家族不仅走出了一批商界领袖、实业巨子、爱国民主人士，更有大批各个专业领域的精英人士、社会贤达，不少都是"宁波帮"的重要人物。小港李氏家族核心文化基因精神要素包含吃苦耐劳、踏实肯干的创新创业精神，恢复中华、支援抗战的爱国主义精神，义利兼济、乐善好施的公益慈善精神，重视教育、严格家风的家族教育精神，这些精神不只是宁波商帮的重要精神特质，也是宁波儿女在当代继续弘扬与传承的精神品质。可以说，小港李氏家族核心文化基因的生命力、凝聚力、影响力、发展力都是异常强盛的。

1. 生命力评价

小港李氏家族自第一代开创人李也亭先生以来，在约200年时光的历史长河里，家风家貌、经济实力及文化流传从未断绝，现已成为宁波市最具代表性的近现代商帮家族之一。如小港李氏家族第三代，代表性人物为李云书、李薇庄、李征五。李云书（1867—1935），小港李氏家族第二代李梅塘长子，继承李氏家业，1905年与张謇等人组建上海首家民办轮船公司——大达轮船公司。随后出巨资与同乡虞洽卿发起创办四明银行。1906年当选上海商务总会总理。1914年在黑龙江呼玛县开荒数十万亩出售，获利丰厚。1924年任上海总商会特别会董。此外，李云书还投资举办上海绢丝公司、赣州饼油公司、华通水火保险公司，同时担任中华、劝业、信用等银行及武汉既济水电公司、汉冶企业董事。李薇庄（1873—1913），李梅塘四子，江苏裕苏官钱局总办，中国同盟会会员，在陈其美资金缺乏时，李薇庄即从官钱局提出十万现大洋帮助革命。李征五（1875—1933），李梅塘五子，"上海滩最早的大亨"，晚清时经营上海绢丝公司。辛亥革命前参加中国同盟会，1909年为联络华侨集款支持革命军，赴南洋筹备华商银行。还曾募兵组织沪军光复军，任少将统领，参加光复上海之役，并为革命军劝募军饷。上海光复之后出任上海市政厅厅长，后任宁波旅沪同乡会理事长、上海《商报》总经理。小港李氏家族第三代进一步巩固了小港李氏家族在上海的经济地位。一直到目前，小港李氏家族第六代、第七代依然保持着不竭的生命力。

2. 凝聚力评价

小港李氏家族作为近代宁波商帮的代表，是宁波商帮百年历史的最佳象征，小港李氏家族本身便无疑凝聚着北仑、镇海宁波籍人士的情愫。小港一带市民可以说无人不知小港李氏家族，在宁波人的记忆之中也有小港李氏家族的一席之地，李也亭等是代代宁波籍人士奋斗努力的目标、偶像。小港李氏家族爱国爱乡、诚信敬业、敢于创新等核心文化基因，与新时代中国特色社会主义的价值观念高度一致，对内具有较强的凝聚力。

3. 影响力评价

小港李氏家族作为延续了近200年历史之久的近代宁波商帮财团世家，无疑具有深远的国内国际影响。小港李氏家族早在晚清民初就已闻名沪上，到民国中期更已成为上海豪族。小港李氏家族从第四代起，便纷纷到国外各名校留学，如留学美国耶鲁、麻省等著名学府的李祖贤、李祖浩、李祖法、李祖范、李祖永、李祖燕，留学德国的李祖芬、李祖武、李祖白、李祖冰、李祖薰、李祖龄等。他们当时便闻名欧美学界。中华人民共和国成立后，正是小港李氏家族第五代崛起的时候，除去居住在中国各地为了新中国建设贡献力量的李氏族人外，还有不少族人来到欧美、日本等地，凭借着自身能力与家族优势，继承先人的创新创业精神，向国际社会宣示着小港李氏家族的力量。如第五代李名觉，任耶鲁大学教授兼艺术系主任，20世纪80年代初美国总统里根授予其"青云奖"，他的名字列入美国名人词典，2004年又获美国总统"国家艺术及人文奖章"。第五代李名立，任纽约爱迪生电力公司总工程师，在美国发起成立"华美核能协会"，为中国核电事业服务。可以说，小港李氏家族自第一代开创人李也亭先生以来，始终走在中国现代化的前列，是世界罕见的世家大族，对当今中国与世界有着极为深远的影响力。

4. 发展力评价

小港李氏家族横跨古今200年，身在世界五大洲，前后七代（现已九代、十代）人，代代有传承，可以说这是小港李氏家族核心文化基因使然。小港李氏家族核心文化基因不仅哺育着小港李氏家族成员奋力向前，更激励着所有宁波籍人士努力通过传承中华优秀传统文化、敢于挑战一切困难并致力于创新，来在各专业领域取得重要影响。小港李氏家族核心文化基因一直是激励宁波人民不断前进的美丽乐符。

（三）小港李氏家族核心文化基因的转化利用

小港李氏家族近200年的商业、文化传承，无疑是宁波文化、宁波精神的重要基因元素，无论是创新创业精神、爱国主义精神，还是公益慈善精神、家族教育精神，都是数千年宁波文化熏陶并融入现代文明的结晶，小港李氏家族正是近现代中国民族工商业家族的最佳代表。因此，转化利用小港李氏家族核心文化基因有利于我们深化对中华优秀传统文化的继承，有利于宁波市打造新时代中国特色社会主义滨海大都市的精神高峰，更有利于推动宁波市作为东亚乃至国际人文港城的建设。

1. 团结海内外小港李氏族人是转化文化基因的前提

小港李氏家族核心文化基因如吃苦耐劳、踏实肯干的创新创业精神，恢复中华、支援革命的爱国主义精神，义利兼济、乐善好施的公益慈善精神，重视教育、严格家风的家族教育精神等，需要通过将200年历史传承至今的海内外小港李氏族人彰显。因此，团结海内外小港李氏族人是保护与传承小港李氏家族核心文化基因的应有之义，更是转化小港李氏家族核心文化基因的前提。近年，宁波市、区政府多次与小港李氏家族开展合作交流，包括一同打造小港李氏家族纪念馆等，对小港李氏家族核心文化基因的保护传承起到了明显作用。

2. 完善小港李氏家族纪念馆，传承优良家风家训

2013年北仑区在戚家山山麓建有小港李氏家族纪念馆。小港李氏家族纪念馆，又称小港李氏家风馆，位于北仑戚家山下，面积约600平方米。主馆为一座两层的小洋楼，运用文字、绘画、浮雕、铜像、视频、虚拟场景等表现手法，展示着小港李氏家族近200年、跨七八代、遍及全球各大领域的光辉历程。小港李氏家族纪念馆现为宁波市爱国主义教育基地、清廉教育基地。该馆不仅能让更多的市民分享李氏家族的优秀经商传统、文化教育理念、爱国爱乡精神，而且对于深入研究弘扬"宁波帮"精神文化基因，进一步深化宁波文化、宁波精神的内涵，无疑具有极为重要的意义。

3. 加强小港李氏家族近代文献史料整理与研究，推动社会各界关注

目前，关于小港李氏家族的研究已经取得一些成果，如宁波市政协文史和学习委、政协北仑区委员会编《宁波小港李氏家族》（2007）、宁波市新四军历史研究会等编《小港李家的儿女们与新四军》（2007）、宁波市北仑区戚家山街道办事处编《举世闻名北仑港　传承百年"宁波帮"——北仑小港李家与"宁波帮"研讨会材料汇编》（2008）、张永祥主编《江南望族小港李家百年风云》（2011）等。但这些研究论文与材料史料尚显薄弱，尚需对小港李氏家族谱牒、人物、企业、精神、文化、传统、心理等进行更为细致的研究，尤其需要深入挖掘近代史资料及口述史料。在进一步整理研究小港李氏家族近代文献史料的基础上，推动社会各界充分有效地关注。

4. 建设戚家山宁波商帮家族历史文化走廊，推动"宁波帮"文化传播

北仑戚家山即小港李氏家族起源地，有李氏家族先祖墓庐，以及拔地而起的小港李氏家族纪念馆，这里便是小港地区"宁波帮"文化的核心区块。应进一步整合戚家山李氏文脉，让戚继光爱国抗倭历史与小港李氏家族的辉煌史迹交相辉映，打造一条宁波商帮家族历史文化走廊，推动"宁波帮"文化传播。

具体而言，可将小港李氏家族第一至第七代代表人物图像及生平简介用壁画直接呈现，同时设置相关的历史场景，模拟小港李氏家族在上海滩及世界各地奋斗的生活生产样态。绘制戚家山一带旅游地图，与镇海招宝山连同为一个旅游区块，两区合作，升级为宁波近代史迹著名旅游风景区及爱国主义教育传承基地。

5. 创作一批反映小港李氏家族的文艺作品，提升世界知名度

小港李氏家族虽在江南以及海外华人华侨圈中较为知名，且在世界范围内有一定影响力，但普通群众对其熟悉程度较低，主要原因在于缺乏一批有海内外影响力的文艺作品进行推广。因此，宁波相关职能部门应邀请知名作家、导演等，投资创作一批反映小港李氏家族的文艺作品，提升小港李氏家族的世界知名度。这些作品一方面可以反映小港李氏家族在近现代历史上的兴衰沉浮，另一方面更可再现中国与世界现代化历程的艰辛与奇趣，不仅仅具有家族历史、区域文化方面的意义。文旅产品方面，应当充分研究小港李氏家族企业特质，提炼一批具有地方标识性的图像符号，再结合当下流行的消费心理与方式进行翻新、再创造。

参考文献

1.宁波市政协文史和学习委、政协北仑区委员会：《宁波小港李氏家族》，中国文史出版社2007年版。

2.宁波市新四军历史研究会、宁波市北仑区新四军研究会、宁波市北仑区小港街道党工委等：《小港李家的儿女们与新四军》，宁波出版社2007年版。

3.张永祥：《江南望族小港李家百年风云》，宁波出版社2011年版。

小渎江东岗碶

六、小浃江碶闸群

小浃江碶闸群，指位于北仑境内小浃江流域的具有浙东滨海区域特色的传统水利设施碶闸群组，是古代宁波的"水利命脉"，为宁波文化坐标式物质载体，浙江省重要海洋与农业水利文化遗产。碶闸简称"碶"，最早出现于11世纪中叶的浙东明州（今宁波）。"碶"通身以石材修筑而成，多设于河海交接之处，与此前浙东水利设施"堰""堨"相比功能更加全面，既可储蓄淡水、阻御咸潮，又可泄缓暴洪，充分适应滨海地区生产生活需要。自北宋以来，北仑人民在属于感潮河道的小浃江流域筑修各类碶闸，现仍存历代碶闸89座，在阻咸、排涝方面依然发挥着重要作用。小浃江碶闸群中修建于不同历史时期且保存完好的东岗碶、燕山碶、义成碶、浃水大闸，2011年1月入选为第六批浙江省级文物保护单位。

（一）小浃江碶闸群核心文化基因解析

1. 物质要素

（1）造型独特、坐标明确的浙东滨海水利遗存

小浃江碶闸群是古代宁波人民因地制宜，运用高妙智慧创造的造型独特、坐标明确的浙东滨海水利遗存。小浃江碶闸群发明以前，浙东滨海人民长期受困于海水倒灌之苦，兼之小浃江上游流泻的淡水不能有效地存蓄，致使浪费严重，一旦遭遇洪涝也无法及时有效地分泄导流。有鉴于此，宁波先民发明并筑修了小浃江碶闸，使得生产生活更加便利。造型方面，碶闸一般以条石为梁，

成排方石柱为墩，石墩内凿双轨凹槽，用于插两道木质碶板。远远地望去，小浃江碶闸群犹如一条条鳞光闪闪的石龙，又如一个个并肩站立的巨人，赋予浙东人民安全幸福的同时，也似一幅幅古典山水图卷。总之，小浃江碶闸群因其独特的造型艺术，在视觉上具有较高的辨识度，堪称宁波文化的古老坐标。

（2）材质坚硬、功能全面的浙东区域文化象征

碶闸具有御咸、蓄淡、泄水三大功能，且能通行小舟。相比传统水利设置"堰"，碶闸设"闸"而弥补了"堰"难以调节蓄水量的缺点；相比传统水利设施"碣"，碶闸通身以石材制成，特别是闸间柱墩全为质地坚硬的石料，且在河床凿穴嵌入，保证了水利调节的有效性、稳定性。碶板方面，一般由厚实的松木或枫木制成，也有少量碶板为石质。俗话说："十年海底松，万年燥搁枫。"自古以来，碶板都由官府购置，放水时，碶板晾晒在岸边。蓄水、阻咸时插入碶板，两道碶板之间填实泥土，碶板就变成一堵整体的泥芯木面厚墙，格外的厚重稳固，就算水位高差再大，或是单面有水，也能承受住水压而不变形。而季节性启闭碶板则成为小浃江碶闸群四季岁时活动的亮点，也是该项古老水利设施正常发挥功能的关键。早在南宋，庆元知府吴潜就曾歌颂宁波碶闸道："是故碶闸者，四明水利之命脉。而时其启闭者，四明碶闸之精神。"因此，小浃江碶闸群确为浙东区域的典型文化象征。

（3）海陆地域变迁下不断向大海推进的历代碶闸

小浃江碶闸群是宁波先民在面对不断变迁的海陆地域环境时，为拓宽农业土地、增加农业收成，而不断向海洋推进建设的。宋朝前的小浃江上并无碶闸。入宋后，开始在小浃江五乡区域修筑东、西两碶闸，海上咸潮即直达今五乡东、西碶前。那时候，小浃江流域下游（即今北仑境内）尚为一片海涂，不适合农业耕种，人民饱受咸卤之苦。南宋后，小浃江下游陆续修筑塘坝，逐渐陆进海退、淡进咸退。至明嘉靖三十五年（1556），五乡碶下移10公里，建东岗碶出海。清嘉庆十三年（1808），下移5公里建燕山碶出海。道光九年（1829），再下移5公里建义成碶出海。1968年，复外移2.5公里，在海口岩岸处建浃水大闸。小浃江流域碶闸自上游向下游的推进，反映了小浃江滨海土地的历史开发进程。而在海闸外移的过程中，原五乡碶、东岗碶、燕山碶、义成碶先后逐步演变为二级防洪闸和交通桥。唐涂宋滩，宋塘明碶，千年流淌的小浃江，构筑了堰闸碶桥的独特水利文化，孕育了小浃江流域的富有浙东滨海

底蕴的农耕及海洋文明。

2. 精神要素

（1）向海而进、人天竞争的奋斗精神

小浃江在宋前曾是浙东滨海广袤滩涂中的一条深沟，作为古鄮县的海运航道。那时候，江上并无碶闸，海上咸潮可直达鄞州之五乡，人民深受其苦。为阻咸、纳淡、泄洪，宋元时，引东钱湖水与三溪浦水入江，并在江上修建大量碶闸。碶闸下为江、上为河，既能灌溉沿江两岸农田，也是鄞东地区主要泄洪通道。此外，碶闸还能防备外敌经水陆入侵，承担了水利与军事的双重作用。随着海陆变迁以及碶闸修筑后成片滩涂化为良田，小浃江下游流域也最终由海运通道转为内陆淡水江。义成碶有一副石碑桥联，"傍蚶峁以奠基，风波永息；并蛟门而划界，泾渭攸分"，体现了浙东滨海人民拦住海水、平息风波的决心，以及与海夺地、人天竞争的豪迈气概和奋斗精神。

（2）因地制宜、随机应变的高妙智慧

小浃江流域处于浙东文化奥区，该地人文昌炽，士民热衷于读书做官，志向远大。小浃江碶闸群的发明与使用，体现了宁波先民因地制宜、随机应变的高妙智慧。浙东宁波地接东海，交通之便、物产之盛自不用说，但如何因应海洋带来的自然灾害，成了长期困扰本土人民的难题。最晚在北宋初期的庆历年间，"碶"字便在"碶"发明之后出现。"碶"字与水利设施"碶"一样，都只存在于我国浙东地区。庆历七年（1047），鄞县县令王安石组织建造了有史记载的第一座以"碶"命名的浙东水利设施"穿山碶"。然而，碶闸本身应是浙东人民长期生产生活实践中的发明。碶闸制造，充分运用本地丰富的石材，充分考量小浃江上下游的地形地貌和农业生活实际，最终发挥了阻咸蓄淡、泄洪排涝的重要功能。因此说，小浃江碶闸群充分反映了宁波先民因地制宜、随机应变的高妙智慧。

（3）团结协作的美好品格与心灵手巧的工匠精神

小浃江碶闸群的创制还体现了宁波先民团结协作的美好品格与心灵手巧的工匠精神。碶闸通身石质，固然质地坚牢、效能强大，但在缺少机械的古代社会，采集、搬运、打制、拼接石材是一件需要耗费大量人力、资金的社会性重大活动。浙东传统社会以士大夫精神为榜样，乡居贤达与在职官员充分参与到地方公共事业之中。碶闸作为公共基础设施，关系本土人民福祉，便多由乡居

贤达与当地官员、百姓共同建造。此外，随时启闭碶闸的碶夫也与周围百姓一道共同配合，以护水利而保民生。因此说，小浃江碶闸群是宁波先民团结协作美好品格的典型体现。同时，按需创设碶闸形制，充分计算石材体量，碶闸柱墩的打磨、碶桥铺石的雕饰，无一不充分体现浙东人民心灵手巧的工匠精神。

3. 语言与符号要素

小浃江碶闸群核心文化基因的语言与符号要素主要体现为兼具实用功能和艺术审美的碶闸式样。碶闸是浙东地区民众在长期生产生活实践中发明的水利设施，是一种特殊的滨海水闸，具有挡潮御卤、蓄淡、排水及桥梁通行等多种功能。碶闸通身石质，效能较强，实用价值较高，便利了碶闸附近居民的生产生活。同时，碶闸本身因其独特的艺术造型，成为浙东滨海文化的坐标式遗存，是浙东区域文化的经典象征。碶闸一般修建在河流狭窄之处，全长26至32米不等，形态自然，犹如卧龙。碶下之闸孔，一般按均等长度排列。碶闸构件中最大的是石柱，一个个硕大的石柱抓稳河床，直接承担起稳固碶身的作用。其次是石柱上平铺之石板，一方面起到桥梁通行作用，另一方面也起到稳固石柱的作用。碶板只在御咸、蓄淡时使用，在设计上要求质量坚固、比例合适。石柱、石板、碶板三者相互配合，构成了能够调节水利的便利碶闸。碶闸构件独特耐用，造型舒展优美，展现了浙东滨海区域的特色。大小不等但造型接近的碶闸式样，成为浙东滨海悠久历史文化的象征。

4. 规范要素

（1）相对成熟的碶闸建造技术规范

小浃江碶闸发明以来，宁波人民在长期建筑、使用碶闸的过程中，最晚在北宋形成了一套相对成熟的碶闸建造技术规范，保证了碶闸建造设计质量。在建设小浃江碶闸时，首先是选址，根据上下游水势及两岸距离选择合适位置。其次是测量并计算所需石材体量。最后，采集、打制足够坚硬的石材。这些石材按照测量计算后的相应尺寸分制为石板、石柱、石墩。建造时间一般设在河床较浅的枯水季节。具体施工时，首先按一定比例，在河床相应位置钻孔，其次，在相应河床石孔竖立一根根石柱。石柱中间凿长槽，相对石柱的石槽也两两相对，以便插入碶板。最后，在石柱上铺设石板。如此，兼具御咸、蓄淡、泄水功能的碶闸便修好了。铺设了水平石板的碶闸又称为碶桥，便利两岸行人来往。要发挥碶闸功能，还需制作与闸孔数量一致的碶板，碶板一般以厚达 20 厘米的硬质长条木板制成。使用碶闸的时候，便将一个个碶板插入一个个对应的闸孔之中。同时，为了在水位一致时不致碶板浮动，且在发挥御咸、蓄淡具体功能时性能更好，碶闸每孔一般修造前后两道石槽，单孔准备碶板两块。大水来临之际，碶闸各孔除去插入前后两块碶板外，还在碶板之间填实泥土，此时，碶板就形成一堵整体的泥芯木面厚墙，格外厚重稳固，就算水位高差再大，或是单面有水，也能承受住水压而不变形。

（2）比较健全的碶闸管理使用流程

小浃江碶闸群在漫长历史演进中，形成了比较健全的碶闸管理使用流程。每个碶闸一般设有碶夫从司启闭，小碶 1 人，大碶 2 人。雨季的时候，雨水充足，咸潮不会倒灌，碶夫就拔去碶板；旱季来临，上游水流较少，碶夫就插下碶板，以挡住咸潮蓄住淡水。此外，碶夫还需留意暴雨，一旦暴雨来临，碶闸没有及时开启泄洪的话，田地就会受淹遭灾。需要注意的是，小浃江碶闸多属于比较小型的水闸，其本身没有设通航孔和船闸，因此多伴生于堰坝的修建，开堰置碶比较常见。堰的两侧坡度平缓，可以通过人力将船拉过，从而实现通航功能。小浃江碶闸群通航往往会磨损碶体，因此有时会收取过碶费。如据北仑《新碶镇志》记载："光绪八年十月……谕示民众，新（碶）、备（碶）两碶乃水利要道，因过塘石板等船只渐多，塘、碶易损，为备修葺，需按船缴捐。"这也是碶闸管理上的一个特点。

（3）官民共建的碶闸造修管理机制

小浃江碶闸群自产生以来，便拥有着不断完善的官民共建的碶闸造修管理机制。北宋庆历年间，王安石任鄞县县令时，十分重视滨海农业经济开发，号召当地百姓修筑堤塘堰碶等农田水利工程，缓解东海咸潮的侵扰，改善盐碱土壤，扩大农田规模并提升质量。从王安石开始，真正意义上开启了浙东地区官方主导选址设计和购置材料、民间出工出力的官民共建的碶闸造修管理机制。作为关乎民生根本的浙东最为重要的水利工程，碶闸的维修基本是地方自发摊派完成，管理上也以村庄为单位。也就是说，碶闸处在哪个村庄就由哪个村庄村民负责维护并派专人打理，并出公田若干亩，由守碶人布种、收息，以作守碶人薪资。

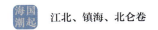

（二）小浃江碶闸群核心文化基因的提取与评价

小浃江碶闸群作为浙东滨海传统水利设施，是浙东乃至中国古代水利的重要物质遗产。碶闸的最大功能就是在河流与海洋的衔接处起到阻隔并调节河水与海水交流的作用，其核心理念是阻咸、蓄淡、泄洪。碶闸之上一般为水平石板，两岸居民可通行，是为碶桥。通海河道上的碶闸同时也起到了不让外来侵略的船只便利进入内陆腹地的作用。因此碶闸是集农业水利、桥梁通行和军事防御于一体的浙东滨海地区特有的系统性河道工程建造物。据相关史料统计，北仑区原所属的镇海县境内历代建碶达 100 多座，这主要与原镇海县特殊的滨海地理有关。

小浃江碶闸群是海洋文化和农耕文化碰撞交融的产物，体现了浙东滨海人民与海夺地、人天竞争的奋斗精神，因地制宜、随机应变的高妙智慧，团结协作的美好品格，以及心灵手巧的工匠精神。同时，相对成熟的碶闸建造技术规范、比较健全的碶闸管理使用流程、官民共建的碶闸造修管理机制表明了北仑小浃江碶闸群制度上、文化上的成熟。从物质和符号上来看，小浃江碶闸群更是造型独特、坐标明确的浙东滨海水利遗存，材质坚硬、功能全面的浙东区域文化象征。因此，我们说，小浃江碶闸群具有强大的生命力、凝聚力、影响力、发展力。

1. 生命力评价

小浃江碶闸群核心文化基因延续至今未曾明显中断，文化基因形态保持稳定。宁波碶闸文化始于北宋，自产生以来，就一直深刻地影响着浙东滨海百姓的生产生活。碶闸的最大功能就是在河流与海洋的衔接处起到阻隔并调节河水与海水交流的作用，所以，碶闸既是关口，又是枢纽，是人工"海关"。由于水利灌溉面积扩大的需求，以及改海涂为良田的经济诉求，新建海塘和碶闸的选址不断向大海方向迁移，老的碶闸更多地转变为交通桥梁及二级防洪闸。随着社会的发展、科技的进步，造碶的工艺也日臻先进。现在的宁波碶闸，不但用材讲究、造型优美，管理方式也日趋现代化。如碶板方面，以前是由厚实的松木或枫木制成，由人力纯手工启闭；新中国成立后，逐渐将碶板材料改为水泥预制板，人力操纵螺杆启动；如今，又由人力开启碶板改为电动化、电子化。同时，碶闸的功能也有了新的延伸，过去仅局限于泄洪、拒咸，如今，沿海民众还利用潮汐的涨落，吐故纳新，引潮养殖，发展现代滨海海洋养殖业。引潮功能的出现，使碶闸的功能得到了深化。

此外，自 2011 年 1 月东岗碶、燕山碶、义成碶、浃水大闸列入第六批浙江省级文物保护单位后，市、区政府进一步加强了对小浃江碶闸群的保护工作。2011 年以来，小港、戚家山先后投入 1400 余万元对古桥碶闸等进行修缮，对沿江的下邵老街进行改造提升。同时，北仑区政府成立了小浃江水系综合整治工程建设指挥部，对小浃江河道治理工程进行总体规划，包括河道生态系统修复、堤岸改造、水系整治、水质保护、休闲娱乐、沿岸绿化等多项工程。小浃江沿线还增设自行车慢行系统，并规划小浃江游艇观光专线。经过一系列保护性改造，2017、2018 年，小浃江分别荣获浙江省"最美家乡河""美丽河湖"荣誉称号。可以说，有着千年历史的碶闸核心文化基因的生命力是极强的。

2. 凝聚力评价

小浃江碶闸群核心文化基因体现了自宋至今千年以来，宁波滨海人民的水利智慧和协作精神，给区域经济、社会、文化带来了深远的影响力和推动力，至今仍具较强的凝聚力。北仑自古以来为海濡之地，先民下海捕鱼，上山垦殖开拓。汉晋以来，移民迁入，人烟渐多，人地矛盾日益突出。最晚至北宋，北仑人民依靠勤劳和智慧筑塘建碶，兴修水利，不断开拓进取，把昔日的盐碱地逐步改造成了良田。碶闸修筑活动延续至今，始终是本土人民凝聚力的典型性体现。小浃江碶闸群核心文化基因规范要素中，相对成熟的碶闸建造技术规范、比较健全的碶闸管理使用流程、官民共建的碶闸造修管理机制，都是长期以来，北仑人民探索碶闸建造、管理、维修过程中形成的宝贵经验。至今，北仑人民仍高度认同碶闸文化，以碶闸自豪，不仅是因碶闸与日常生活息息相关，更是因碶闸作为社会文化交往的媒介，成了民众团结协作的重要契机。

3. 影响力评价

小浃江碶闸群核心文化基因传播辐射人群规模较大，在浙江省乃至长三角区域具有影响力。其影响形式多元，并被相关专家学者和当地政府总结提炼成传播性的代表符号、精神性的理念理论。宁波为滨海都市、江海交汇之区，有着标识明显、内蕴丰富的水文化，而碶闸文化是宁波水文化的重要组成部分。碶闸文化象征了宁波人民开拓进取的奋斗精神、改造自然的高妙智慧，也是宁波人民团结协作的美好品格与心灵手巧的工匠精神的最好诠释。从视觉意义上看，兼具实用功能和艺术审美价值的碶闸式样更是浙东滨海悠久历史文化的物质象征。碶闸自古至今，都是沿线人民生命和财产安全的保护神，在当代更高度浓缩为宁波人民内在精神文化推动力，影响着海内外宁波儿女奋勇前进、落叶归根。当然，造型独特、极富智慧的碶闸艺术也成为江南旅游的重要品牌，影响将日益扩大。

4. 发展力评价

碶闸实体至今仍在发挥功能，碶闸文化与当代精神追求和价值观念紧密契合，因此，小浃江碶闸群核心文化基因能较好地被创造性转化、创新性发展。今天，宁波碶闸的功能虽然已经发生了巨大变化，但是其作为一种社会公共产品的现实属性和历史象征意义依然存在，其影响力必然推动其长足发展。碶闸文化作为浙东滨海海洋文化的重要组成部分，有较大的创造性转化潜力和创新性发展潜力。碶闸周边自然环境条件优越，旅游观光价值较高，可将碶闸群纳入城市滨海滨江公共开放空间的组成部分，开发文化观光和体验项目，进一步让碶闸实体和碶闸文化"活起来"。

（三）小浃江碶闸群核心文化基因的转化利用

小浃江碶闸群核心文化基因的转化利用，应当以勇于开拓、积极进取、尊重并改造自然、团结协作等价值导向为主线，有机对接浙江精神，通过创新形态、材质、载体、行为、功能、寓意等，策划与打造具有独特艺术审美特质的文旅线路、文旅活动、文创产品、文旅氛围等。

现在的小浃江已是一幅立体的生态河道画卷，流水、公园、湿地、河边小径相得益彰，江畔成为市民休闲健身的好去处。未来，市区政府应依托碶闸古桥和两岸人文景观，将小浃江进一步打造成"留住乡愁"的文化河、展现滨海魅力的生态河，通过有限的实物载体引发无限的文化联想（历史图景、人物典故、事件传说等）。基于小浃江历史文化对沿线景观进行主题化的整理、提升，将激发以小见大、推今及古的人文体验。

1. 打造小浃江陆上慢行和水上游览线路

将小浃江碶闸群纳入小浃江陆上慢行和水上游览线路进行综合打造。小浃江陆上慢行游览线路，指利用现有滨水步道和交通线路形成陆上慢行游览系统，主线路33公里，总长60余公里。其中北段城市休闲主题慢行线长度为10公里，中段工业文化主题慢行线长度为8公里，南段田园风情主题慢行线长度为15公里。形成"两岸三环多支线"的陆上慢行游览线路后，将适应骑行者、步行者、越野跑者的多元化需求。同时，设置小浃江碶闸群标识系统及IP。

小浃江水上游览线路方面，设置"一主线""两环路"。"一主线"即从东岗碶至浃水大闸，总航线长11公里，五乡东碶桥、西碶桥至浃水大闸，总航线长度20公里。"两环路"即青墩环线，长度4公里；燕山碶—长山桥环线，长度4公里。

2. 推进东岗碶姚燮主题文化园建设

晚清文学家、画家姚燮，北仑小港人，生于镇海城关谢家塘，晚年隐居在小浃江北浒的息游园（东岗碶村顾家），葬于剡吞泗州寺南侧。他博学多才，善诗、词、曲、骈文，生平著作有24种，达700余卷之多。平生作诗12000余首，自选3700余首，以《复庄诗问》传世，人称"浙东杜甫"。姚燮还是一位画家，擅画人物花鸟，尤精墨梅，人称"大梅先生"。姚燮作为与东岗碶关联的重要历史名人，这个IP在转化小浃江碶闸群核心文化基因之时必将被重点打造。根据现有规划，拟利用东岗碶所在的江心岛及其东侧岸线，形成以姚燮诗画、戏曲、藏书文化为主题的传统文化休闲体验区。江心岛设休闲水榭、姚燮纪念亭及纪念碑，东岸广植梅花，东岸临时堆场未来则将改造成为"姚燮纪念馆"。

3. 实施燕山碶、浃水大闸文旅项目

在燕山碶方面，围绕青礁和高河塘居住地块打造滨水居住生活休闲和水上运动休闲功能区。重点建设燕山碶骑行驿站和游船码头。将燕山碶东侧的建筑改为骑行驿站，西侧河道管理所附属用房改建为游船码头候船厅，在江心洲上进行主题绿化种植并布置观景台。在浃水大闸方面，建设浃江大闸观景台，与宏远炮台海防遗址互动，将炮台周边进行景观提升，也可以作为浃水大闸的观景平台，并改造气象站建筑作为海防VR体验馆。

4. 实施小浃江公园、蛟山公园文旅项目

将小浃江公园内之义成碶、蛟山公园之蛟山阁（城市书房）打包开发，围绕海防遗址、蛟山阁（城市书房）、改革开放纪念馆、小港李氏家族纪念馆等

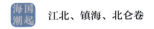

文旅节点，形成海防和红色文化教育、博览和体验功能区。

5. 开展一系列以"碶闸"为主题的文旅活动

通过季节性文旅活动带动市民主动传承宁波特有的碶闸文化，是小浃江碶闸群核心文化基因转化利用的应有之举。进一步打造"情系两岸　风情浃江"港澳台龙舟大赛暨小港街道端午非遗文旅节，带动全民体育运动，形成端午非遗文化集市。同时，可适时举办浃江风光摄影及短视频大赛，增强城市互动。

参考文献

1. 蔡康：《老宁波》，宁波晚报 2007 年版。

2. 陈名扬、刘恒武：《"碶"考》，首届长三角青年学者文化学术论坛，2016 年。

3. 俞信芳：《"碶"字不始于它山堰水利工程》，《宁波方志》2012 年第 4 期。

七、郭巨古所城

　　郭巨古所城，位于北仑区穿山半岛郭巨总台山下，为明代东南沿海古卫所代表，中国抗倭历史名城，宁波市重要物质文化遗产。郭巨，旧称霩衢，地名始于北宋，南宋建炎年间设有廊衢驿站。郭巨地处中国长三角地区大陆最东端，像一把利剑插入东海，堪称军事要冲。明洪武二十年（1387），为平靖海疆、防止外敌入侵，朱元璋令信国公汤和拓建定海卫，构筑千户所城于此。相比建造于洪武二十七年（1394）的北仑穿山所，郭巨所时间更早，位置最前，故别称"前所"。郭巨古所城是明代我国东南沿海军事防御体系的重要节点，历经明代以来600多年历史，依然保存有较好的古城街道格局和物质遗存，连同古所城的非物质文化遗产一道，构成了郭巨古所城最具价值的独特历史文化特征。

（一）郭巨古所城核心文化基因解析

1. 物质要素

（1）郭巨古所城城墙、城濠等物质遗存

　　郭巨古所城明初建设时，将军汤和率部卒二十二姓及众多家属来此，扎根守边。作为千户所，有守军1120人，加上守军家属及从事各行业的普通百姓，该地一时热闹非凡。经过历代兴建，郭巨城市建设蔚为大观。据相关资料记载，郭巨古所城城墙周长为2378.5米，高5.3米（不包括雉堞），面宽5米，基宽8.4米。城墙共有雉堞923垛，警铺13所，敌楼9座。城墙东、南、

郭巨古所城凤山路十字老
街纪念小品（陈名扬摄）

郭巨（黄静摄）

西、北建有四门：郭巨东门，即"水门"，为城内所有污水和雨水流出的渠道；郭巨南门，即"微波门"，面对海洋，为防御重点；郭巨西门，即"安吉门"，为城内百姓进出要道，设有瞭远台；郭巨北门，即"崇秀门"，位于总台山下。四门上均设城楼，外设吊桥。每道城门均有内外两道，中间为瓮城，形成三角半圆形，瓮城约有700平方米。城门两旁均用条石砌成，十分坚固。城内有鼓楼和钟楼，可充作战时堡垒。城下有城濠（即护城河）374丈，堑132丈，备濠370丈。郭巨古所城城内面积27万平方米，合409亩。城内街道呈十字形，石板卵石路面。各街有支巷26条小弄、4条城下弄，纵横贯通，形如棋盘，布局鲜明。

虽然在抗日战争全面爆发之后发生若干波澜期间，郭巨古所城城池损毁较大，但仍保存着较为完整的海防及街道布局。具体言之，在抗战全面爆发时期，由于日机轰炸等原因，郭巨古所城城墙逐渐损毁。解放战争时期，古城北门被国民党飞机轰炸，化为平地。20世纪70年代，城内村民又利用残存古城墙基地建造民房，至此郭巨古所城城墙消失殆尽。至今，郭巨古所城城墙尚存南门、西门、凤凰山3处遗址。护城河方面，东门河较完整，菜场路有若干段遗址。另，由总台山、枕山、凤凰山等构成的古城海防形胜仍清晰可辨，城内街巷体系、规制保存较好。譬如已存在600余年的古城十字路和东街、南街、西街、北街四条主要街路，原为中间石板、两边卵石的路面，自1979年起改浇水泥砼路面，街两旁民宅大部分翻建为砖混建筑。但这些街道的走向依旧是古时格局，路两旁还留有少许旧时建筑、雕花石窗、两层木楼。四条街总长790米，宽4.5—6米，仍为今天郭巨的主要商住区之一。郭巨古所城城内尚保留有区级文物保护点1处，历史建筑5处，历史建筑12处，传统风貌建筑61处。此外，城内外还有瓮城城墙脚、古井、石鼓、散落文字砖等文物遗存。郭巨古所城城墙、城濠等物质遗存构成了郭巨古所城核心文化基因的首要物质要素。

（2）抗倭最前线郭巨总台山烽火台

郭巨古所城城北总台山烽火台，位于郭巨街道总台山山顶，与郭巨古所城一道始建于明洪武二十年（1387），为郭巨古所城核心文化基因重要物质要素。烽火台是我国古代东南沿海夜间点火、白天施烟以传递军情的海防设施，至今保存完整者较少。郭巨环山面海，东有东山岩为屏，南有六横洋，并依托中心凤凰山为障，西有河边山岗，北背总台山。按传统中国兵家理论，此地进可入海抵御倭寇，退可依山防守阵地。为确保所城安全，建城之初便在周边山上修建诸多烽火台。因三塔山为郭巨所城所处之穿山半岛东端最高山峰，海拔309.2米，故以此三塔山烽火台为总台，并改三塔山为总台山。清代沿用，下辖高山、土泽、观山、梅山、虾腊五个烽火台。郭巨总台山烽火台现存石屋，位于总台山山顶。总台山烽火台石屋建筑结构独特，台基平面呈方形，立面呈梯形，上边长7米，下边长8米，高3.7米。台基四周墙体用块石垒筑，中间用沙土夯筑。台基中部建石屋，面阔2.8米，进深2.5米，高1.82米。9根石柱直接埋入台基内，柱顶开卯口，上托条石檩条。屋顶为悬山顶，屋面用条石盖铺。条石跟石檩条接触处，一律开凿凹槽。石屋四壁用乱石垒筑，开南门。明初倭寇骚扰成为浙东海防的严重问题，明政府在沿海设卫、所、堡严加防守，郭巨总台山烽火台便成为当之无愧的抗倭最前线。因是中华民族爱国主义精神传统重要历史场域，总台山烽火台1997年即被浙江省人民政府公布为第四批省级文物保护单位，2007年又被宁波市委、市政府公布为宁波市第六批爱国主义教育基地。

（3）郭巨非物质文化遗产陈列馆

郭巨古所城作为拥有着600多年历史的东南沿海现存不多的古老军事防御性城市，其悠久的历史、富有特色的地理、众多的人口，造就了此地传承至今的众多非物质文化遗产。郭巨古所城非物质文化遗产类型丰富，主要体现在传统戏剧、技艺、民俗、舞蹈等方面。其中响器木偶、抬阁、车子灯、马灯舞、跳蚤会、高跷、郭巨传说故事等有着浓郁浙东滨海特色的非物质文化遗产项目传承较好。为了更好地保护与传承郭巨历史文化与非物质文化遗产，2007年10月，当地政府投资30万元建造的郭巨非物质文化遗产陈列馆开馆。2013年6月，政府投资120万元扩建并改名北仑郭巨非物质文化遗产陈列馆及总台山烽火台史迹陈列室。陈列馆面积320平方米，以文字、图片、视频、实物模型等多种方式，向人们展现了郭巨古所城历史上的繁盛辉煌、抗倭硝烟中的丰功伟绩以及非遗经典的传承发展。2015年，郭巨村被命名为宁波市历史文化名村。2017年，郭巨古所城内西门村在文化礼堂建立了非遗体验馆、老物件展陈馆，并在古城内建小品，展示古城风韵。

2022年，郭巨街道投资300多万元对古所城凤凰山进行了系统性提质改造，升级保护凤凰山古所城城墙遗址，现已建成郭巨凤凰山非遗公园，面向公众开放。凤凰山非遗公园成为展现郭巨古所城历史文脉的又一地标。

2. 精神要素

（1）英勇守边、抗击外敌的爱国主义精神

郭巨古所城作为我国古代东南沿海军事防御体系的重要组成部分，其核心文化基因的精神要素首先是不畏艰苦英勇守边、果敢抗击外敌入侵的爱国主义精神。建立郭巨古所城就是为了打击倭寇，防备其在定海及附近海域侵扰和抢劫。古所军民铁血抗倭的事迹流传至今。如嘉靖三十一年（1552）七月，王直勾结同党邓文俊进攻郭巨所，倭寇趁雷雨夜袭，定海卫指挥佥事樊懋与倭贼激战于大涂塘上，力竭阵亡，终年52岁；郭巨所守御指挥魏英率所部与倭寇巷战至晓，倭贼大败，从北门狼狈逃窜。嘉靖三十八年（1559）春，倭寇入扰定海、郭巨，参将戚继光迎战击败之。嘉靖四十年（1561）春，大小倭船20余只，倭贼500余人，又攻郭巨，郭巨所守御指挥向桂，率该所官兵用矢石、火器，打死倭贼30余人。倭贼不退，屯扎在郭巨校场，拆毁附近的坟墓和草屋，绞梯30多张，蜂拥至夏家山，布软梯攻城。向桂在城内居民的配合下，奋勇死战，倭寇死伤无数，势穷力孤，纷纷下海逃遁。嘉靖四十年（1561）夏，倭寇300余人分乘三艘海船，从汀子港杀入海宴乡，再奔郭巨。定海卫指挥备倭把总艾升率部迎敌，获胜后下海追击。倭船在长白港被艾升追上，他连杀倭寇62人，击沉倭船2艘，众多倭寇落水而亡。

（2）因地设险、机智敏锐的传统工匠精神

从地理形势来看，郭巨古所城三面环山，东为东山岩，北为总台山，西为河边山岗，一面临海，即六横洋，中有凤凰山为障碍。尤须指出的是，郭巨古所城坐落之穿山半岛，为长三角大陆最东缘，隔20千米洋面是舟山的六横诸岛，六横岛正是明代日本、葡萄牙及中国经营军事走私的国际名港双屿港（今六横岛西北）所在地。由此可知，郭巨古所造城选址严格遵照了军事地理学有利攻防的原则。城池建设方面，既有城池边缘的城墙、城门、雉堞、警铺、敌楼、瞭远台，又有城内分布合理的以十字路为中心的街道。发挥军事预警作用的烽火台，也在建所之初设置于郭巨周围高山之巅。其中，三塔山（即总台山）海拔309.2米，为穿山半岛东端最高山峰，此山烽火台便被设置为总台，发挥着极为重要的预警作用。总台山烽火台建筑结构独特，保存基本完整。总

之，无论是郭巨古所城选址，抑或是城池之建设、烽火台之设置，均体现了因地设险、机智敏锐的传统工匠精神。

（3）互相帮助、共谋发展的团结创业精神

郭巨古所城核心文化基因中还体现了互相帮助、共谋发展的团结创业精神。明洪武二十年（1387），为打击在定海及附近沿海各地侵扰和抢劫的倭寇，明太祖派信国公汤和在定海拓城立卫。同年，汤和带姚、沈、张、蔡、戴、荆、陆、李、秦、庞、纪、赵、吴、康、汪、林、陈、褚、白、黄、邱、田等二十二姓部下及家眷来到郭巨，筑郭巨千户所城。郭巨城隍庙内，曾有石碑较详细地记载了这二十二姓的筑城过程。可以说，这一批最早来到郭巨为国家守卫边疆的军民，便是郭巨历史上最重要的一支创业团队。刚来到郭巨之时，虽然该地已有一些村落，但如此众多的人口也意味着物质资源需求的增加，必然需要垦荒种粮，发展农林渔业。同时伴随着防御性所城的建设，以及倭寇等外敌不时的侵扰，所内军民时刻警惕，必然过着十分紧张的生活。但也正是这些属于不同郡望、不同姓氏的第一代古所军民们，团结一致、互相帮助、共谋发展、开创新业，才真正实现了在内忧外患情势下郭巨所的稳步发展，才给人们留下至今繁荣依旧的郭巨古所城。

3. 语言与符号要素

保存至今、述说往事的郭巨古所城地名是郭巨古所城核心文化基因重要的语言与符号要素。至今，郭巨人仍习惯地说"城里""城外"的老话。城内四个村，仍用北门、南门、东门、西门为村名。含"城"的地名有城下路、瓮城弄等。校场弄、校场路、教场底，无疑是与古所古校（教）场有关。官池弄因古时弄内有官池（公用池塘）得名，官路巷因地处官路（主要通道）得名，大井更因旧时村内有大饮水井而得名。吊桥边、教堂弄、北城子墩弄、西城子登弄、北城下弄、南城下弄、北城内，旧时都为所城的一部分。至于汪家弄、汪家后弄、姚家后弄、陈家弄、蔡家弄、荆家弄、荆家后弄等，均为同姓居民聚居区，尚留存不少各历史时期住宅。协和弄、云新弄，均因旧时弄内所开设的商号而得名。大斗门因原地旧有泄洪碶闸，故名。南河塘路、东河塘路、北门外路、南门外路、北门桥头路、北城下弄、南城下弄、北城门外路，因所处靠近古城护城河、城门、城墙的不同位置而一一得名。

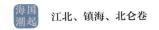
4. 规范要素

（1）控海固山的典型海防体系

郭巨古所城在奠基之初便重点创设了控海固山的典型海防体系。郭巨古所城在奠基时，充分利用了穿山半岛的军事战略优势，精选有利攻防的最佳地形，三面环山，一面靠海，可攻可守。在海防体系建设上，一方面注重城池建设，城池边缘区包括城墙、城门、门楼、护城河、吊桥、月城、敌楼、警铺等一系列军事设施，城内区域设置营房、军器局、粮仓等后勤保障建筑及机构，还有土祠、城隍庙等祷胜祝福神殿。另一方面在城池四周修建烽火台，并将总台设置于穿山半岛东端最高山峰三塔山，以便敌人入侵时及时预警，并配合定海守军作战。可以说，郭巨古所城在建设之初便已实现海陆布防一体化的格局，为消除海患、维护海疆安全发挥了积极作用。至今，由总台山、枕山、凤凰山等构成的古城海陆布防格局仍清晰可辨。

（2）因地制宜的滨海城建布局

郭巨古所城因地制宜的滨海城建布局也是该城核心文化基因规范要素之一。郭巨古所城的滨海城建布局是建立在海陆布防一体化体系基础上的，也即海防体系影响城建布局，城建布局服务于海防体系。郭巨古所城的聚落空间形态因军事防卫而生成，滨海城建布局是军事布防需要及市镇经济发展两者互相促进的结果。郭巨城市布局以十字街为骨架，街巷自由发散与公共建筑分散布局相结合。城内街巷纵横交错，布局严谨，百业兴盛，市井繁华。在城池内，有 72 口井，4 口池塘，这是对郭巨少雨缺水的有效防范，也是为了避免被敌人围困而做的战备工作。为祷神祝福，城内外兴建有大量神祠，城中心有城隍庙，东门口有石公庙，南门有林府庙（也称凉亭庙），北门有关圣殿、三官堂，十字街头有鲁班殿（又称公输殿），南门外观妙山（又称旗山）上有海云堂（现改为海云禅寺），西门外有永庆庵（又称路亭庵），老碶头有凤山庙，北门外小涂呑有小涂呑庙，往上有云林庵（现改为云隐寺）等，后来又新建了一座在当地老百姓心目中最有威望的东岳宫。

（3）家族世袭的所城最高总指挥

郭巨古所城是在信国公汤和总领导下实施构筑的，具体负责督工的是汤和属下 22 名指挥使，也就是最早屯居郭巨的二十二姓。郭巨千户所最高行政、军事长官称掌印总指挥，负责当地海防、治安、建设等各项事宜，设有千户所衙门，有正副指挥使 2 人，管辖 10 个百户所，统率 1220 人。郭巨千户所第一任掌印总指挥为安徽徽州人汪友敬，即汤和属下二十二姓之一，他因守边称职，朝廷奖其子孙、兄弟世袭。因此，直至明朝灭亡，郭巨千户所城掌印总指挥都由汪友敬后代世袭，共 12 任，分别是：汪友敬、汪信、汪伦、汪漳、汪衍、汪泽、汪本、汪思忠、汪龙山、汪涵、汪有声、汪昆。

（二）郭巨古所城核心文化基因的提取与评价

郭巨古所城作为海防与城建格局保存较完整的我国古代东南沿海因军而兴的特殊卫所城市，一方面，其在长久的历史时期作为浙东宁波第一道海上防线，保卫着宁波人民的生命财产安全，体现了所城军民英勇守边、抗击外敌的爱国主义精神；另一方面，在海濡艰苦之地因区设险修筑城池，并共同致力于谋求城市发展，还体现了所城军民传统工匠精神与团结创业精神。这些都是郭巨古所城核心文化中珍贵的精神基因。目前，保存较好的山海防卫体系及街巷布局，以及遗存至今的古所城城墙、城濠、总台山烽火台等，都是郭巨古所城核心文化基因的重要物质载体。它们和郭巨古所城老地名、郭巨海鲜等语言与符号要素，以及姓氏文化、响器木偶等郭巨非遗，都是郭巨古所城核心文化基因生命力、凝聚力、影响力、发展力的最好体现。

1. 生命力评价

郭巨作为军事卫所的建城历史始于明洪武二十年（1387）六月，当时信国公汤和拓建定海卫，在郭巨建千户所城。郭巨是明朝政府为防御倭寇，在浙东沿海所筑 24 座卫所城之一，历来是抗倭重地、海防前哨。作为宁波地区最东岸的千户所城，郭巨古所城是宁波抗击倭寇的第一道防线。进入清代，郭巨一边继续发挥军事防卫作用，一边加快了市镇建设，愈加繁华热闹。抗日战争全面爆发前，郭巨古所城城墙及城门保存完整，依然如故。抗日战争全面爆发后，郭巨古所城慢慢开始损毁，如今，大部分城墙已经损毁殆尽，但古所城的山海环境格局、城市功能和街巷格局、空间形态及肌理依然较好地保存了下来。目前郭巨古所城内东门、西门、南门和北门四个村仍有村民居住，村民文化生活丰富多彩，非物质文化遗产得到较好传承和展示，是历史文化名村活态保护的典范。

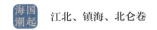

2. 凝聚力评价

郭巨古所城城内及其周边居民都深受古所城文化基因的熏陶、影响，并高度认同和内化，对所在地区千户所城的历史文化具有深深的自豪感。虽然郭巨古所城城墙在百余年间陆续坍塌或被推倒，所城的建置也被取消而改为郭巨村（街道），但所城的历史过往和影响在当地生活的方方面面都留下了不可磨灭的烙印，并使生活在这里的原住民形成一种属于自己的亚文化圈。比如郭巨人仍习惯以"城里""城外"来指代所在方位，郭巨古所城也保留了大量的老地名，如北门、南门、校场弄、官池弄等。可见所城城池及其过去的辉煌历史依然深深扎根于人们的记忆里，郭巨古所城核心文化基因成了本地人的最佳凝聚剂。

3. 影响力评价

郭巨历史悠久，唐时即有居民生活，北宋得名，历经南宋、元、明、清、民国的发展，直至新中国成立，经历了从涂到驿、改驿建所、废所成城的漫长变迁。早在明代建所之初，位于宁波最东缘穿山半岛、与六横岛双屿港隔海相望的郭巨千户所就被赋予了重大的军事战略价值。作为宁波第一道海上防线，自明至近代，郭巨在抗击外敌侵略的爱国抗战史上是浓墨重彩的一笔，其对外影响力不问可知。至今，郭巨古所城作为宁波目前保留下来的6座所城遗址中的一座，具有较高的历史文化价值，是宁波沿海地区悠久海防文化的活标本，其核心文化基因还将进一步扩大影响，甚至辐射日本、葡萄牙等与该所历史深具渊源之国家。

4. 发展力评价

作为宁波海防文化的活标本，郭巨古所城富含典型的山海相防守、屯防相结合、耕战相补充、人城共依存的中国古代滨海军事文化聚落的整体形态。这种形态从历史中形成，并与时俱进地与当代价值观念中人与自然和谐共生、山海协同发展、遗产保护与再利用等主题相契合，具有较大的发展潜力。如今，经过历史支撑挖掘、区域资源优化、产业融合发展、道路景观改造，郭巨已然朝着一座历史和现代完美融合、国际港口和千年古镇共融发展的浙东特色山海风情小镇的方向，呈现出良好的发展态势。郭巨古所城所蕴含的人文精神与文物价值，将为宁波东部穿山半岛经济文化的发展起到积极的推动作用。

（三）郭巨古所城核心文化基因的转化利用

郭巨古所城不仅是浙东海防第一线，更是东亚滨海军城的代表性遗产，其山海之间的城市布局、海防文物等物质遗产，以及历史传说、卫所习俗等非物质文化遗产，在世界范围内也具有鲜明的文化标识意义。因此说，郭巨古所城核心文化基因转化利用的价值较高。我们应充分挖掘古城的历史文化内蕴，将海防文物的保护、古城风貌的恢复与保护性更新结合起来，保护和延续郭巨文化特色，改善居住环境并实现文旅基建提质，立足高远，实现古城、新港融合发展，将郭巨古所城建设成为当之无愧的东亚古代军事文化名城。

1. 提高郭巨古所城定位，申报全国重点文保单位

北仑郭巨作为有着千年之久历史的浙东军事文化名城，2015年被命名为宁波市历史文化名村，这为全社会关注郭巨、保护郭巨、投资郭巨提供了一个良好的契机。同时，市、区政府也对郭巨古城山地格局、历史遗存及其历史文化要素实行了有效的保护，旨在维护郭巨的古所城整体风貌与城池布防特色。但是，目前对郭巨的定位还比较低，局限于传统村落这一点上。事实上，在宁波众多海防文化遗珍中，仍保存着较为完整的海防及街道布局的郭巨古所城开发利用价值较高，可打造为宁波乃至整个浙东海防文化保护性开发的样本。未来，应当充分重视古所城的海防文化价值，将郭巨从历史文化"名村"的定位提升到历史文化"名城"上来。首先，加大现存海防格局和文物保护力度；其次，保护性修复一些城墙景观和城内古建；再次，在郭巨非物质文化遗产陈列馆、总台山烽火台史迹陈列室基础上建设"郭巨古所城博物馆"；最后，与舟山六横联合，在郭巨、六横召开数次世界级"明代东亚海洋文化研讨会"，积累学术成果，引发各界关注。在此基础上，将郭巨古所城城池及相关遗址与总台山烽火台联合申报全国重点文物保护单位，以为将来与浙东沿海其他卫所遗址联合申报世界文化遗产做准备。

2. 改善文旅设施，升级打造郭巨历史文化名城

只有进一步改善文旅设施，升级打造郭巨历史文化名城，才能将郭巨的魅力传播得更远。首先，以十字街巷为脉络，选择古民居特色保存较好、历史要素较为集中的三合院落、四合院落，通过建筑修缮、环境提升、民居活化利用等手段，修复为集历史及民俗文化展示与休闲娱乐于一体的滨海民宿。其次，

整理现有老街沿线景观，打造兼具文化旅游展示和爱国主义教育功能的郭巨古所城现代生活街区。再次，推广宣传郭巨独有的姓氏文化，利用各姓祠堂平台推出姓氏文化体验项目。最后，进一步建设西门村老物件体验馆，让游客朋友能充分体验到郭巨抬阁、响器木偶、车子灯、跳蚤会、跑马灯等市级非遗项目。此外，推出十字街老字号系列伴手礼，制作郭巨古所城手绘文旅地图，也应同时进行。

3. 推动全域旅游，建成宁波东部文旅创业基地

在古城的空间肌理总体维持原状的基础上，将古城保护与环境整治、产业提升结合起来，全力打造特色山海小镇，推动全域旅游，将郭巨建成宁波东部文旅创业基地。重点包括构建"XY轴廊＋一心双脉五片区"的整治结构，加强休闲农业建设，引进项目，打造大岭下百亩桃花园、养殖塘百亩油菜花和百亩草花花海。同时，推进全域景区化美丽乡村建设，完成紫薇岙片区、湿地公园建设。深入挖掘郭巨历史文化底蕴、产业特色，梳理郭巨码头、兴巨路等商业街的业态状况，重新规划激活郭巨商业新业态和"郭巨海鲜"品牌。举办"烽火古蕴"年俗文化节、"鲜香郭巨"海鲜年货节、农耕文旅节、非遗文化一日游等活动，实现风貌协调空间美、显山露水生态美、传古纳今人文美。同时，资助一批大学生来此进行文旅创业，提升城市青春活力。

参考文献

1. 刘恒武：《宁波古代对外文化交流：以历史文化遗存为中心》，海洋出版社 2009 年版。
2. 刘俊军、刘恒武：《宁波海上丝路文化》，宁波出版社 2019 年版。
3. 张亚红、徐炳明：《宁波明清海防研究》，宁波出版社 2012 年版。

八、初心守护地

　　初心守护地是北仑区霞浦街道围绕第一部党章、张人亚衣冠冢、张人亚故居和党章学堂等四个主要文化元素聚合而成的大颗粒复合重点红色文化元素地。张人亚原名张静泉，出生于霞南村，是最早一批加入中国共产党的宁波人，他也成为中央苏区出版事业的第一批工作者。收藏于上海的中共一大纪念馆的《中国共产党章程》以及最早的《共产党宣言》中文译本都曾藏在张人亚衣冠冢里，从这一点也足以看出他在中国共产党内的地位和杰出贡献。1933年1月7日，《红色中华》对张人亚进行沉痛悼念，并表示：张人亚同志的去世，是我们革命的损失。在过去几十年里，张人亚逝世的消息却一直不为他的亲属所知，张人亚对革命事业的贡献也在此前的很长一段时间里埋没在岁月的尘土中。一直到最近几年间，相关史料和信息逐渐公开，人们才终于得知了张人亚的英勇事迹，这个为党和国家事业做出突出贡献的人才终于得以站在世人的眼前。

　　近些年来，霞浦街道按照习近平总书记提出的要求，加大红色资源的利用率、推广和弘扬红色文化、传承红色基地的良好精神风貌，全力打造张人亚红色品牌，广泛开展史料考证、深入挖掘红色资源、着力加强人物宣传，建设好初心守护地。

初心守护地（林晓莉摄）

（一）初心守护地核心文化基因解析

1. 物质要素

（1）张人亚衣冠冢——重要党史文献的秘藏地

张人亚墓，在 1927 年正式完成修建，位置在北仑区霞浦街道的长山岗上。经过了近百年的岁月蹉跎，墓碑上的字迹已变得斑驳，但是每年仍然有很多人前来祭拜。墓碑高半米左右，碑上居中刻着"泉张公墓"几个楷书大字，墓碑的右边，刻着张人亚的谱名"守和"，左下角则刻着夫人的名字"顾氏玉娥"。

1927 年底，张人亚冒着生命危险回到家中，将包含中国共产党成员名单以及详细信息的重要文件交给了自己的父亲张爵谦，托其保管。他对自己的父亲说，"这些文件和资料比我的生命更重要"。张爵谦先把张人亚拿回来的东西藏在了自己家的菜园子里面，塞进停放张人亚亡妻棺材的草棚。此后张爵谦就向邻居们佯称儿子长期未曾归家，可能早已不在人世了。他在家附近给儿子修建了一座坟墓，与儿媳葬在了一起。张人亚的坟墓是衣冠冢，里面放的是他用过的一些东西。张爵谦用油纸把儿子带回来的东西保存好，然后放在空棺材里，一起埋在了衣冠冢之中。为了安全起见，谨慎的张爵谦甚至没有将儿子张静泉的全名刻于碑上，特略去了"静"字。

（2）第一部党章——中国共产党创建完成的标志

张人亚用自己的生命守护着《中国共产党章程》，他将其藏在了自己的衣冠冢里。这是中国共产党的第一部正式党章，同时是中共二大唯一存世的一部党章。

1922 年，党的二大讨论通过了 10 个文件，统一印制为一本名为《中国共产党第二次全国大会决议案》的 32 开铅印小册子，第一部党章就在其中。这本唯一存世的小册子的封面及最后一页上，盖有"张静泉人亚同志秘藏"的收藏章，原件珍藏于中央档案馆。

（3）张人亚故居——党章守护人的诞生地

张人亚的故居位于北仑区霞浦街道，当地人把这里称作"祠堂后"。这是一座建于清中晚期的三合院，1898—1914 年，张人亚都是在这里生活的。

这座院子坐北朝南，总共有三间，包括主房和东西厢房。院内的建筑主要以石条为地基，在石条上用石板铺路。目前除西厢房部分在后续的发展过程中有所改建以外，其他的部分都是按照原先的格局保存的。右侧的院子是陈列着张人亚事迹的展厅，展厅一共有两层。展厅的上边就是张人亚曾经居住过的卧室。墙上大多是一些老式照片。其中最醒目的照片的下面有一行字"上海金银业工人俱乐部成立大会全体合影（1922年9月16日）"。

（4）党章学堂——初心守护精神的体验地

张人亚党章学堂坐落于北仑区霞浦街道浦中路210号的新浦老屋，原为穿山轮船公司经理胡志厚私宅，是一座建于20世纪30年代的民国建筑，三合院式，坐北朝南，现存主院正房一进，左右厢房各一进，右侧院偏房一进。2010年12月被公布为区级文保点。2013—2014年修缮，修整一新作为霞浦文化站正式对外开放。2017年7月建设和布置张人亚党章学堂，9月完工。2017年12月，学堂开始对外开放，用于党章教学和红色知识教育。2018年入选不可移动文物保护优秀案例。目前，党章学堂已经扩建至总占地面积5200平方米，室内面积总计3700平方米，包括4个大型展厅，将张人亚的生活历程、革命历程以及党章等重要文献直观地展现在我们面前，激励着成千上万的党员传承红色基因，牢记初心使命。不仅如此，学堂还收藏了34件从中共一大上复制出来的重要文件，展现着中国共产党的发展历程，以及张人亚本人的英勇事迹。这些内容可以说是红色教育的核心内容。

学堂的外边还专门设立了"党章宣誓墙"，室内部分被分为"视听室""张人亚的初心与使命""党章的历史""党章与党纪"等多个部分。这些部分所涵盖的信息非常丰富，不仅包括当时的珍贵文献资料，还包括张人亚本人的革命历程、中国共产党的党章与党纪的发展历程。这些内容可以有效激励当代的中国共产党人坚定高尚的精神，牢记自己的使命和任务，坚定不移地为人民服务，承担起自己应该承担的责任。

2. 精神要素

张人亚冒着生命危险保护下来的文献在衣冠冢中一埋就是20余年。直至1951年，完成了祖国大陆的统一，但是张人亚却不见踪迹。张爵谦遂挖开墓穴，将其中的文件取了出来，并且让自己的三儿子张静茂将其带到上海，无偿上交给当地的政府部门。张静茂将这些文件带到上海之后，专门刻了两个纪念章，章上书"张静泉人亚同志秘藏"和"张静泉人亚同志秘藏山穴二十余年的书报"的字样，分别盖在文件和书报上来纪念父兄的壮举。实际上，张人亚在离开家乡之后，在 1932 年 12 月就已经赶赴江西瑞金，继续参与革命工作，将自己的生命置之度外，第二年 12 月，他就因为过于劳累，在苏区病逝，当时的他只有 34 岁。衣冠冢中的珍贵文献体现了一个共产党人恪守党的纪律、严守党的秘密的过硬素质，是无数中国共产党人应该学习的精神。

第一部党章的制定遵循马克思主义的基本理念，同时结合我国建设和发展的核心理念，融入了第一代共产党人的智慧，形成了符合中国共产党发展的核心脉络和路线，确立了中国共产党的党内关系以及执政的基本原则。对于中国共产党人而言，这些文献资料起到了不可忽视的作用。不仅如此，其中还包括党组织的具体结构和人员安排。这些标志着党和国家开始走向成熟，开始用具体的行为规范进行自我约束。

这部在二大时期制定的党章，是我国法律体系和党政体系的根源。从党史的角度来看，二大对于党和国家的发展起到了极为关键的作用。在这次会议上，党内一致通过了党的具体纲领，意味着中国共产党创建任务已经完成。在党章的指引之下，党组织以及共产党员有了具体的行动方向和行动指南，党和国家正在走向一个前所未有的新时代。不仅如此，就目前的情况来看，从张人亚衣冠冢里面找到的文献资料，是中共二大唯一存世的一部党章，因此其文献价值非常高。

张人亚故居是张人亚同志出生和童年生活的地方。父母张爵谦夫妇在从事农业的同时兼职做厨师，收入有限，生活非常拮据，但是传统的观念依然让他们将年幼的张人亚送到了学堂。张人亚在霞浦学堂读书，从小就展现出了优秀的学习能力和高尚的品德，倡导新学和反帝反封建思想的种子在他头脑中生根发芽。综其短暂一生，张人亚都是一个坚守初心、坚决革命而奋不顾身的、忠诚的共产主义战士。

3. 语言与符号要素

初心守护地核心文化基因的语言与符号要素主要体现为中国共产党珍贵文献。张人亚衣冠冢中秘藏的文献一共 36 件，分别珍藏在不同的纪念馆中。经过统计可知，这些文献中国家一级、二级、三级文物数量依次为 21 件、4 件、9 件，另外还有一些文献尤为珍贵。这些文献中，值得一提的便是《共产党宣言》，其中详细论述了共产党员的担当、任务。

此外还有《中国共产党章程》。这是中国共产党第二次全国代表大会通过深入的讨论之后最终确立的。其正式确立代表了中国共产党章程已经逐步趋于完善，包含了党员、组织、会议、纪律、经费、附则六个部分，总计二十九条。党章进一步确定了中国共产党反对帝国主义和反对封建主义的决心，并将这一理念作为民主革命的纲领，引导革命人员开展工作；同时明确制定了入党等要求及党员需要遵守的条件，从组织原则、机构、制度和纪律等方面给出明确的规定。

除了包括第一部党章在内的 34 件珍贵文献、2 张当票、10 张明信片、5 枚私章、公园年票和毯子等遗物复制品外，党章学堂目前已经形成的带有"张人亚"和"党章学堂"字样的形象标识，以及在人亚广场上和衣冠冢旁的张人亚主题雕塑，也是初心守护地的语言与符号要素。

4. 规范要素

（1）作为葬俗的衣冠冢

下葬时，遗体并未葬在其中，而是用衣冠物品进行替代，此种象征性墓葬便是衣冠冢。究其原因，与逝者遗体具体位置不详有关。有时，逝者遗体可能葬在别处，也需要用此种方法下葬，从而起到纪念的作用。《汉书·郊祀志上》载："上（汉武帝）曰：'吾闻黄帝不死，有冢，何也？'或对曰：'黄帝以仙上天，群臣葬其衣冠。'"这是史料记载的最早衣冠冢。东晋和唐代盛行招魂葬，这种下葬方式通常是针对非正常死亡且遗体无法正常获得的逝者。在我国古代的丧葬礼仪当中，招魂是一种常见仪式，也是众多礼仪当中不可或缺的一部分，因而在民间广泛流传。根据相关考古资料记载，氏族社会后期应用此种葬法较为常见。举个例子，在大汶口出土的古墓中的随葬品数量众多，但是却并未找到墓主。根据当时的情况，战争在部落中时有发生，因战乱而亡的人数量众多，无专人收尸。这些人都是为了战争而亡，人们称之为将士，为了纪念他们，人们会为之举行葬礼，并且尤为隆重与正式。

张人亚的父亲在儿子生死未卜时将党章等重要革命文献藏于象征性的衣冠冢中，既是一种对地下党人的掩护，也是对党组织纪律的坚守，更是对革命胜利的期待。

（2）党章制定的规章制度

在对政党成熟度进行衡量时，重要的参考标准便是党章。党章包含的内容较多，主要围绕党的各方面工作展开，如纲领任务、性质、组织制度等，除此之外，还包括党员纪律、党员权利等等，是制定党内其他规章制度的根本依据。《中国共产党章程》作为正式的党章，对党员的相关情况进行了规定，包括党的组织、制度及纪律等，围绕这些内容给出了明确的要求，目的是从思想和政治两方面统一思想、组织及行动。

（二）初心守护地核心文化基因的提取与评价

如果说第一部党章是中国共产党的初心写照，那么张人亚用生命守护党章就是对党的初心的守护，而党章学堂则是当代人感悟和传承初心守护精神的阵地。

坚韧顽强的张人亚有着钢铁一般的信念，舍生忘死，对党绝对忠诚、信任，面对任何艰难险阻也从不退缩，严于律己、胸怀坦荡的高尚品格就是初心守护地的文化基因。它是"红船精神"的重要注解，将共产党的使命、担当充分体现出来，同时也彰显了身为共产党人应当肩负的使命。它不仅仅是共产党人的红色资源，同时也是中国共产党最宝贵的财富，为后续党员教育工作的开展提供支撑。

1. 生命力评价

初心守护地文化基因延续至今未曾明显中断，文化基因形态保持稳定。张人亚保存的并非一般的物质财富，而是中国共产党极为宝贵的精神财富，可谓是千金难求。在张人亚的革命经历中，最富传奇色彩也最广为人知的莫过于他冒着生命危险，将这些有着重要意义的文件进行保存，其中就包括中国共产党第一部党章。这一举动正是对张人亚"坚定信念"最有力的佐证。当时革命处于低潮时期，张人亚仍能够不顾自身安危，做出如此壮举，心中势必对中国共产党和革命事业充满了必胜的信念。坚定的理想信念落实到实际革命工作中，体现的就是强烈的责任意识。张人亚从事革命多年，曾领导过工人罢工，并且在芜湖担任县委书记的职位，革命经历十分丰富，不管他面对的是怎样的工作，他都拼尽全力将任务完成。无论工作面临多大的困难，他都欣然接受，认真履职。张人亚认为党的文献资料是比生命还重要的东西，他冒着生命危险守护第一部党章，严守党的秘密，对党绝对忠诚。

张人亚的坚定信念、忠诚意识、自身崇高的素质与品格令人敬仰，他同时也是共产党人的骄傲与精神引领者，是北仑人民的骄傲。他所表现出来的精神不仅仅是共产党人的红色资源，同时也是中国共产党最宝贵的财富，为后续党员教育工作的开展提供支撑，与党的十九大报告中提到的"不忘初心、牢记使命"一脉相承，值得后人学习。张人亚不仅将这些精神品格传递给了自己的家人，也传递给了致力于研究挖掘其历史价值和重要意义的人，自出现起延续至今，未曾中断过。

2017年党的十九大结束后，党和国家领导人专程前往上海瞻仰中共一大召开地，对中国共产党诞生这一激动人心的历史时刻进行重温。这位共产主义的忠诚战士的那段尘封多年的守护传奇故事重现于世，并引起了各级政府和民众的高度关注。他的这份守护的初心博得了新时代的共鸣。

2. 凝聚力评价

初心守护地文化基因能够广泛凝聚起区域群体的力量、推动社会经济文化的发展。张人亚和他的家人展现的坚定信念、忠诚意识、担当精神和高尚品格不仅感召了无数来访参观者，也带给霞浦人民一份独有的骄傲。为了把"红色基因"守护好、传承好，2017年以来，霞浦街道一直致力于张人亚红色品牌打造，先后多次组建"红色小分队"前往上海、瑞金、芜湖深入挖掘张人亚相关史料，并邀请全国有关专家召开张人亚精神理论研讨，通过整合各类资源，凝聚多方力量，以"提高品级、提炼品质、提升品牌"为目标提炼人亚精神。目前，街道围绕初心守护地形成红色基地，年接待全国各地近4000批次、15万人次参观者。

3. 影响力评价

初心守护地文化基因具有全国性乃至世界性的影响力。巴金说："支配战士行动的是信仰，他能够忍受一切艰难、痛苦，而达到他所选定的目标。"在革命事业的前进发展的过程中，相关文件书刊的重要性不言而喻，革命文件资料是开展革命事业的基础，对于这一点张人亚早有意识，他认为只要坚守革命精神不动摇，短暂的失败代表了更好的开始，革命胜利是必然的。柏拉图说，我们若凭信仰战斗，就有双重武装。坚定信念，坚守信仰，是中国共产党浴血而生的根本力量。以张人亚为代表的革命斗士们，用血肉之躯筑起了坚不可摧的守护墙。革命赢得胜利了，文件留存下来了，而我们没有也不会忘却这些舍身守护初心的人。在张人亚的一生中，他是令人骄傲的党员，也曾是团员；他是工人领袖，也是为党服务的媒体人；他是共产党干部，也是从事地下党工作的金铺老板。这多样的身份与革命初心存在着密不可分的联系。他的影响力也因为他的多重身份而显得丰富多元。他不仅是中共党员的优秀典范，也是中国共青团团员值得学习的榜样；他不仅是工人阶级的骄傲，也让中国新闻出版界自豪。

2019年7月3日，"浙江省青少年红色基因传承基地"首批名单中，张人亚党章学堂赫然在册。无论是革命的相关文献与历程，还是党纪内容，都良好地保存在了张人亚党章学堂中，因此张人亚党章学堂对爱国主义教育的重要性不言而喻——激励广大干部群众特别是青少年，传承红色基因，感知时代责任。

4. 发展力评价

初心守护地文化基因是浙江具有鲜明地域特点的革命文化基因，已经被完整地继承和广泛地弘扬。张人亚投身革命为共产主义奋斗而献出宝贵生命的事迹在群众中传播开来，一批批学习张人亚精神的青年朋友，满怀着对人亚的敬佩之情，把人亚的事迹铭记于心、传播远方。

初心守护地基因具有很强的转化能力，通过初心守护地基因转化利用，2017年初以来，北仑霞浦街道聚焦传承张人亚精神，打造张人亚党章学堂，努力营造"一人守护、百人传颂、千人铭记、万人践行"的良好氛围。为了落实"总书记之问"，以张人亚家属研究结果作为依据，北仑区将张人亚守护党史文献的事迹进行总结，并开展梳理与分析的工作，整理与收集相关资料，其事迹得以不断完善与丰富。此外，还组建了"传承红色火种"小分队，小分队的成立对红色文化的发展具有显著推进作用。对小分队成员进行调查发现，成员年龄普遍较小，平均年龄不超过30岁，为了详细收集史料，他们选择亲自前往上海、瑞金，切身体会张人亚学习、生活的环境，并将这份精神力量带回自己的家乡，使红色精神得以传承与壮大。据统计，目前围绕张人亚所形成的红色基地包括张人亚党章学堂、故居、衣冠冢、东山路以及人亚路等。未来，北仑将继续深入体会张人亚的思想和精神，领略张人亚精神真谛，扩大张人亚在浙江的影响力，将其打造成为"浙江红人"。此外，北仑还积极开展乡村振兴工作，以城市提升为己任，通过将二者结合的方式重建张人亚故居，通过有效的宣传引导人们参观，完成红色旅游文化区的建立，在张人亚故里继续延续英雄精神。

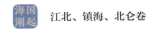

（三）初心守护地核心文化基因的转化利用

无论是对国家，还是党，红色资源起到的作用都尤为关键。因此，以初心守护地为主线，通过文创产品、红色教育、旅游项目等，进一步弘扬初心守护地背后蕴藏的革命精神，充分利用红色资源，对人们能起到启迪与激励的作用。

1. 开拓多元发展路径，助推红色旅游发展

（1）红色研学精品线路

对红色主义教育活动进行分析后不难发现，红色研学旅行是其重要的形式之一。就青少年培养工作来说，无论是红色基因的传承，还是自身素养的培养，都离不开红色研学旅行。

目前，以初心守护地为主线，已经形成了两条红色研学线路。一是"张人亚故里"初心之旅主题研学游线路：人亚广场—工办食堂—霞浦学校人亚学堂—张人亚故居—樵斋书房—张人亚纪念公园。二是"红色初心"研学线路：张人亚党章学堂—蔚斗小学旧址—李氏家族纪念馆—黎明村红色基地—梅山盐场。

在文旅融合背景下，红色研学旅行除了让游客重点体验红色文化外，还应延伸在地文化体验。红色文化是当地文化生态系统的一部分，游客只有全面感受当地人文、生态大文化环境，才能更好地理解红色文化的内涵，同时，全面体验当地文化也可以丰富红色研学旅行的内容。具有红色文化资源的目的地可以利用红色研学旅行延伸文化相关产业，对产品能够起到一定的催生作用，找到相关文化资源与本地文化之间的共通之处，并将两者进行结合，以"红色＋生态""红色＋民俗""红色＋乡村体验"等形式，实现红色文化与相关文化和产业的一体化发展。多业态融合模式的红色研学旅行既能使青少年全面体验和理解红色文化，又能带动当地经济发展。无论是对价值链，还是对产业链，上述内容都能够起到推进作用，实现经济效益和社会效益双提升。

（2）借力科技创新，打造红色品牌

发展红色旅游需要充分借力科技创新。在初心守护地等红色景点景区可以进行智慧化和信息化改造，积极引入现代化技术设施，利用移动互联网技术创新游憩休闲方式，增强红色旅游的体验性和参与性。如在旅游产品中利用AR

和VR技术重现历史场景，切实提升游客的沉浸式体验感。同时，还可开发当地红色旅游App，提供语音讲解，搜索景点周边特色美食等，一站式解决游客难题，提升整体服务质量。

2. 推陈出新，打造红色文化IP

将红色旅游与影视作品、热门IP巧妙结合，打造出年轻人感兴趣的新文创，这逐渐成为传统红色景区激发市场活力的有效创新手段。近年共完成话剧《张人亚》全国100场公演，拍摄、放映3D版微话剧《张人亚》，正式出版人物传记《张人亚》，开播电视剧《理想照耀中国》之《守护》，启动拍摄电影《力量密码》，全方位构建起了文艺精品矩阵。

尤其是《力量密码》，以电影这样一种影响力最大的传播方式，挖掘张人亚的故事，是新时代浙江讲述"三地一窗口"精彩故事的重要使命，也是家乡宁波对革命战士张人亚的最好纪念。另外，高标准的制作团队也为该片打造艺术精品提供有力保障。该片兼具跌宕起伏的谍战剧情、扣人心弦的起伏转折、初心守护的家国大义和气势磅礴的革命画卷。制作团队将在呈现高水准影像表达的同时，使影片适配年轻观众，让"红色题材"具有更为青春热血的表达，以期具备强劲的票房和口碑号召力。

事实上，只要剧本创作优秀，作品制作精良，符合观众需求，年轻人是会被党史题材的文艺作品吸引的。乘上了热播剧和电影的东风，仅有热点IP还不够，旅游景点能否满足游客需求、提升旅游品质，关系着当地旅游业能否在流量过后留住客人。事实上，用当下青少年喜闻乐见的角色扮演形式创作红色"剧本杀"也是有益的尝试，能够丰富红色旅游内涵，拓展红色旅游内容，实现红色旅游社会效益与经济效益的提升。以"剧本杀"为例，将"剧本杀"沉浸式的体验形式与党史结合，串联起可歌可泣的革命故事，让参与人员身临其境地投入剧本情境和角色中，通过互动体验触动青少年群体的精神世界，这种体验形式能够实现"从党史到故事"的内容转换，受到青少年群体的喜爱，以鲜明的特色提升红色教育的吸引力。需要提醒的是，类似"剧本杀"这样的体验项目，要注意突出教育功能，在内容设计及创作上须谨慎，创作目的在于充分发挥红色文化创意产品的作用，让参与者在体验历史场景、革命故事的同时，感悟革命精神，接受红色精神洗礼。

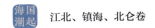

3. 擦亮红色名片，赓续红色血脉

浙江一直以来被人们称为"行风气之先"的城市，红色印记遍布浙江大地，将浙江革命的奋斗历程一幕幕展现在世人眼前。张人亚作为浙江早期共产党人之一，在浙江革命史和中国党史上留下了浓墨重彩的一笔。习近平总书记为了进一步弘扬中国共产党的精神，于2005年的《弘扬"红船精神" 走在时代前列》中提出"红船精神"的概念，认为"红船精神"实际上是党英勇奋斗、敢于创新、百折不挠、以人民利益为核心的奉献精神。从1922年开始，张人亚用了三年的时间从工人到青年团团员再成长为一名优秀的中国共产党党员，他在革命实践中的表现实际上就体现了一种"红船精神"，大革命失败后，张人亚并未丧失革命信心，依然坚守革命的理念，用自己的生命来保护党的文件的完整性，其奋斗精神与"红船精神"亦相契合；尤其在中央苏区工作时，张人亚所表现出来的革命精神感染了一众党员，秉承鞠躬尽瘁死而后已的理念，同基于奉献精神的"红船精神"相统一。

随着党史学习教育的推进，张人亚党章学堂的客流量不断增加，这个占地270平方米的初心小院按下了改造扩容的"快进键"。如今，张人亚党章学堂占地面积显著提升，除了"守护·张人亚的初心与使命"主题展之外，围绕张人亚精神的相关展览依次开幕，比如"伟大开端——中国共产党创建历史陈列展"，该展览主要由4个展厅、1个报告厅、教室和宣誓广场几个部分组成。截至2022年，此处接待参观学习的人数已经达到了惊人的20万人。初心守护地的发展建设，进一步弘扬了张人亚的革命精神与担当精神，将共产党的使命与担当充分体现出来，其不仅仅是共产党人的红色资源，同时也是见证中华民族伟大复兴历史征程最宝贵的财富，不仅为后续党员教育工作的开展提供支撑，也让中国人民充分认识到自己肩上的责任，为了实现历史使命不断努力奋斗。

参考文献

1. 闫树军：《用生命保存的中国共产党第一部党章》，《炎黄春秋》2021年第2期。
2. 咏党岩：《张人亚党章学堂、故居》，《宁波通讯》2021年第18期。
3. 张玲玲、杨舒娴：《张人亚——红色火种守护者》，《北京档案》2021年第11期。
4. 张莉：《张人亚父子"藏宝记"》，《政策瞭望》2021年第5期。

九、蔚斗小学旧址

中共镇海县工委驻地旧址（蔚斗小学旧址）位于北仑区戚家山街道小港直街45号。旧址是北仑区具有重要纪念意义、教育意义和历史价值的革命史迹。1990年12月被公布为区级文物保护单位，2007年3月被公布为市爱国主义教育基地，2010年6月被公布为市中共党史教育基地。

据《蔚斗小学旧址校史》记载，蔚斗小学建于民国二十年（1931）。坐西南朝东北，占地面积1215平方米，共有前后二进，系近代砖木混合结构建筑，梁架均采用近代人字形抬梁。第一进面阔五间，为教师办公室，第二进面阔十九间，为学生教室。教师办公室被辟为校史陈列室，从"蔚斗小学旧址校史""蔚斗小学旧址早期党组织""蔚斗师生英杰""七一七战役"四个方面，全面系统地介绍了小学艰难曲折的革命历程和师生的英雄事迹。

（一）蔚斗小学旧址核心文化基因解析

1. 物质要素

蔚斗小学旧址核心文化基因的物质要素主要体现为初创建立的校舍。"斗转星移，蔚然成林"是蔚斗一词的含义。唐爱陆（1872—1944），原镇海县小港（今北仑区戚家山街道）人，前清秀才，后加入同盟会，与李善祥等组织抗日救护队，成立镇海小港救亡团，开展抗日宣传活动，初创蔚斗初级小学，聘请唐盛全为第一任校长，借蔚斗庙庙产"行宫"一部分房屋为临时校舍。办学经费由蔚斗庙产和唐爱陆、李善祥等地方人士筹措。当时镇海有不少家族办校，经费充足，如李氏养正、范氏便蒙、叶氏澄衷，蔚斗和他们比毫不逊色。

1931年夏，学校迁至倪家桥新校舍，扩展为完全小学。此后，陆续聘请具有爱国思想和革命理想的知识人来校任教。大部分教师倾向革命，且不少是中共地下党员，业务水平也较高。在校董会和教师们的共同努力下，学生的德、智、体全面发展，在全县会考、学科竞赛、运动会中均名列前茅。

1940年秋，日军登陆江南，学生疏散，学校一度停办。后在李善祥先生支持下，借原伏波小学校址开学。1941年春，日军第二次登陆镇海口，蔚斗小学再次停课。镇海县沦陷后，在地方人士努力下，将蔚斗庙产和私人捐助合在一起，小学在原址继续开学。新中国成立后，蔚斗、伏波、养正3所小学合并为小港小学。1951年定为长山区中心小学，1958年改为长山公社中心学校，1978年复长山区中心小学建制。1985年更名为小港镇中心学校。1987年5月，复名蔚斗小学，当时的国防部部长张爱萍将军亲书"蔚斗小学旧址"。

"九一八"事变后，抗日救亡运动在宁波城乡广泛展开。1932年2月，在蔚斗小学任教的严式轮（又名阎季平）、周朴农（两人均是尚未接上组织关系的共产党员）和一些进步教师，鉴于"一·二八"事变以后上海避难回乡人员增多的情况，积极发动师生利用校报、校刊，以周会、讲演会、文艺演出和呼喊队等多种形式，向校内外学生、群众揭露日军侵略东北三省的罪行和东北人民在日军铁蹄下挣扎的惨状，宣传东北义勇军抗击日军和十九路军的抗战事迹，激发了广大青年学生和职业青年的爱国热情，收到很好效果。同年秋冬，周朴农等人组织读书会，学习《大众哲学》《政治经济学》等进步书刊；办起农民、盐民、路工和妇女夜校识字班，以提高群众的文化程度和政治觉悟。读书会成为蔚斗、新民、良才等三校进步教师聚会、讨论时事形势、学习马克思主义和从事救国宣传活动的组织。

1933年4月，由吴沛宇等组织领导蔚斗、小港、养正等七所学校千余名学生游行示威，集会演剧，一致要求团结抗日，收复失地，保护儿童，不做亡国奴。次年，在周朴农发动下，还组织蔚斗小学师生演出话剧《卖孩子》，到山区宣传。1935年5月，周朴农等印发《社会批判》，秘密寄往甬、沪等地。下半年，以蔚斗小学旧址为中心，联系新民、良才、大碶、横河、高塘等小学，组织形式多样的宣传活动，在教育界发起组织"大众救亡团"。

2. 精神要素

（1）注重蒙养桃李成才

唐爱陆先生曾跟随孙中山先生留学日本，担任国民党汉口特别市党部常务委员、劳工部长，又去过欧美一些国家，与名门望族小港李家的掌门人有着很好的私交，是一位有着深厚国学功底，同时又兼具国际视野的人物。唐先生为了更好地管理学校，组建由地方人士以及一部分旅沪实业家参与的第一届校董会，亲任董事长，并聘请唐盛全先生为蔚斗小学第一任校长。办学之初，唐爱陆就明确提出，要把蔚斗小学办成一所有特色的学校，要培养学生成为有理想、有才能、有爱国思想的青年。因此，他所聘请的教师多为具有爱国思想和革命理想的进步知识分子。一批中共党员和进步知识分子聚集到这里，边任教边传播革命真理。新中国成立以后，蔚斗校友又为保卫祖国、建设新中国继续做出贡献。

从 2013 年开始，蔚斗小学在对面的山坳中开辟了"蔚然成林"毕业林，每一届的毕业生会在这里亲手栽下象征自己童年时期的六棵银杏，见证自己懵懂岁月中的欢笑幸福。在蔚斗小学，每一位教师都会背诵这样一段话："不管蔚斗的星空如何斗转星移，我会记得自己是一颗小小的流星，曾经在这里滑下过灿烂的一个瞬间；无论蔚斗的将来怎样蔚然成林，我也会记得自己在这里适性成长，悄然绽放过一季的芬芳……"

（2）爱国启蒙火种深植

1938 年中共镇海县地下委员会在蔚斗小学成立，旧址内现辟有蔚斗小学校史陈列室。蔚斗小学具有光荣革命传统，创校后逐步建立了一支以共产党员为骨干的进步教师队伍。历任教师中不少是中共党员，大部分教师倾向革命，业务水平较高，如吴沛宁（思徽）、阎季平（式轮）、周鸣宇、王玉清、张起达（谦德）、贺灏群等，左翼作家林淡秋也曾任教于该校。1936 年抗日救亡高潮中，蔚斗学生抗日宣传极为活跃，编印以"反对内战、团结抗日"为主要内容的油印刊物《镇海呼声》，对五四以来的进步歌曲、九一八以来的抗日歌曲，如《渔光曲》《毕业歌》《新女性》《开路先锋》《长城谣》《流亡三部曲》等等，不但课堂学、课后唱，有机会还到外地演出。1936 年 6 月 19 日，国民党逮捕了蔚斗小学王洁、贺灏群、乐培文、杨能钢和吴选青六位教师，第二天，蔚斗小学高年级学生组织游行，沿途高喊"爱国无罪，还我老师"的口号，学生的爱国热情震动镇海，后经校董唐爱陆先生和校长乐嗣钟等奔走，加以社会舆论压力，被捕教师获释。当时前后两届毕业生多数奔赴抗战前线。1938 年 3 月，建立中共蔚斗小学支部，书记为蔚斗小学的教师施若愚。是年 8 月，中共镇海县工作委员会在蔚斗小学建立，书记为卓子英（蔚斗小学校务主任），贺灏群（延陵小学校务主任）、贾德裕为委员。蔚斗小学在抗战后期培养一大批青年学生直接投身革命，学生汪波、乐秀遑等还在革命中壮烈牺牲。蔚斗小学成为培养爱国主义思想的启蒙小学，素有矗立蛟门的"红色堡垒"之誉。

3. 语言与符号要素

校歌表现了学校文化的独特风格，它潜移默化地影响学校群体成员的观念，是学校语言与符号要素的实体存在。蔚斗小学的校歌由爱国党员教师吴沛宁（思徽）创作，形成于 20 世纪 30 年代初，是文言文，读起来清丽自然、朗朗上口："浃水泱泱，蔚斗煌煌，花雨鸣校庠。桃树梨树，千行万行，春风罗列在宫墙。砥砺品学，锻炼体魄，深功从蒙养。大家努力努力，爱惜好时光！"从那时起，校内积极推行"小先生"制，教师指导高年级学生边学习边搞社会活动。蔚斗校歌从那时起开始唱响，歌声中，汪波、董学高、李默君等一大批学生投身革命，蔚斗小学由此成了革命志士的摇篮。1987 年 10 月起，在上海、北京、宁波、小港等地先后成立蔚斗校友会。当下能有几所学校的校歌历经 80 年依旧保存，又能有几所小学校友中八十几岁的老翁与八九岁的学童唱的是同样的校歌？因此，校方充分发扬蔚斗校歌的含义，并从蔚斗校歌中提炼出经久不衰的教育理念，和"蔚斗"的出处结合在一起，建构起属于"蔚斗"特有的文化。校方把蔚斗校歌书写于蔚斗小学大门之后，让每一个孩子在上学放学和校园中时时感受到校歌的力量；同时，不仅要求孩子会唱校歌，而且还要会吟校歌，并把它作为学校大型活动的一项重要的内容，让每一个蔚斗学子身上留下蔚斗深深的烙印。每年的开学典礼，总是在气势磅礴的"浃水泱泱"朗诵中开始；每年的毕业典礼，总是在委婉清丽的"毕业歌"中结束。

4. 规范要素

（1）建立党组织、宣扬抗战的爱国精神

1938 年 3 月，中共浙东临时特委决定建立中共蔚斗小学支部。8 月，在宁绍特委的领导下，镇海县工委成立，工委机关就设在蔚斗小学。县工委由卓子英任书记，委员有贺灏群、贾德裕。彼时全县有党员 20 余人。县工委建立

后，贯彻执行宁绍特委确定的工作方针，大力发展党员，整理和建立党的下级组织，宣传党的《抗日救国十大纲领》。蔚斗小学旧址成为小港周边地区党组织活动中心，也是镇海早期党组织重要活动场所。

（2）文化育人的办学理念

蔚斗小学校史中说道："办教育要有时代精神，蔚斗要办成一所有'特色'的学校。""不但文化知识课要上好，思想品德和体育锻炼也很重要。"这是20世纪30年代老校董提出的办学思想，到今天仍有学习借鉴的意义。当年，蔚斗小学师生在学文化的同时，积极投身抗日救国，用爱国救亡精神感召引领学生的成长，今天的蔚斗小学依然传承这一办学理念，不仅根据儿童的心理特点，把校史中最感人的几个故事拍摄成微型电视剧，让孩子接受生动的校史教育，同时还根据校史及地方资源，编写了具有蔚斗特色的校本教材《爱我家乡》，被评为宁波市首批优秀校本课程。

（二）蔚斗小学旧址核心文化基因的提取与评价

纵使斗转星移，育人情怀历经岁月不变，学校在与时俱进的发展中培养的学生蔚然成林。教育不改初心，在孩子们的心灵上点燃知识和进步的火种。"一日入学堂，终生蔚斗人"，一座学校可以影响人的一生，蔚斗小学虽然只是一间历经沧桑不辍育人的小学堂，但其90余年的办学历史培养出了遍布世界的芬芳桃李，积累了丰富的精神财富，感召了一代又一代的北仑（镇海）人，前赴后继地在抗日救亡、新中国建设、改革开放和全面复兴等各个阶段，奏出时代的最强音。蔚斗的红色故事表现了李又兰、李北平、唐爱陆等英雄人物在战争期间不畏艰难、不惧牺牲的可歌可泣的精神。爱国师生的英勇无畏和革命前辈的高尚情怀建构起了"蔚斗精神"，这是蔚斗小学应该被后世传承的核心文化基因。

1. 生命力评价

蔚斗小学代表的是一种生生不息的革命精神和文化传统，从建立起几经挫折都不曾中断，并一直延续至今，还将不断发展完善。蔚斗小学在艰难中建校，在不断摸索中坚持革命的办学方向，坚持爱国主义精神，逐步建立起一支以共产党员为核心的进步教师队伍，不断改革教育方法、提高教育质量，加强爱国主义教育与革命理想教育的实践，在经历过"六一九"大逮捕事件后仍然坚持斗争，也积极为镇海党组织的恢复和发展创造条件。革命年代，蔚斗小学几经停课，却依然在教书育人上贡献出革命力量。1940年7月，日军第一次登陆镇海口，学生疏散，学校一度停课。后在李善祥先生支持下，借原伏波小学校址开学。1941年春，日军第二次登陆镇海口，蔚斗小学再次停课。镇海县沦陷后，在地方人士努力下，将蔚斗庙产和私人捐助合在一起，小学在原址继续开学。后几度更名。1987年5月复名蔚斗小学。这一次次的挫折打不倒立德树人的蔚斗人，这每一次复名都是革命者奋斗历程的重要见证，蔚斗小学是英雄事迹和革命精神的重要载体，也是开展爱国主义教育、进行党史育人的重要资源。

2. 凝聚力评价

"岁月斗转星移，正气蔚然成风，学生蔚然成林"是蔚斗小学创办初始的希冀。近百年岁月间，蔚斗师生以中国革命和社会主义建设事业为己任，书写了可歌可泣的育人篇章。学校以"红廉蔚斗"特色文化建设为载体，以培养具有蔚斗焰印的时代儿童为教育追求，使每一个孩子拥有值得回味的童年。蔚斗精神，作为核心文化基因，广泛地凝聚起区域力量和广大校友，显著地推动了社会经济文化的发展。蔚斗小学旧址没有专门的接待人员，而是由7位蔚斗小学老校友轮流义务看护，他们向来访参观者讲述当年的故事。蔚斗小学第十三任校长贺师良曾说，革命传统教育始终是学校的"校训"，新生入学和新来老师的第一课就是接受革命传统教育。每周一升旗仪式后，全体师生要高唱蔚斗校歌。这首壮歌已经回荡了近80年。蔚斗小学教育着一代又一代的青年学子，也凝聚了一代又一代的蔚斗学生。在战争年代，蔚斗小学培养了大批革命战士，新中国成立后，又培养了一批党政军领导人物和科技人才。这里被誉为培养革命志士的摇篮和"红色堡垒"。

3. 影响力评价

一进入蔚斗小学铁门，就能看到一间间朱红花格门窗、粉白墙壁的陈列室。陈列室里悬挂着从蔚斗小学里走出去的一个个英烈和革命人士的图片及介绍。"蔚然成风爱国立德，斗转星移启智育人"，这副对联刻在北仑蔚斗小学校史陈列室的门上，也刻在每个蔚斗小学学生的心里。80多年来，这所学校里发生过很多波澜壮阔的故事。这些故事不能随着时间的流逝而烟消云散。它作为红色文化基因辐射影响的范围是深远的。乐嘉瑞、杨良法、胡友梅、宋友康、杨国成等十位当年的学生，就是通过自己的方式，20年来苦苦搜寻蔚斗小学的历史，让蔚斗精神被更多人知道，也让蔚斗精神不断传承发扬。泛黄的信纸、渐渐隐去的笔迹，一叠一叠的信件被分门别类地整理好。这些信件里记录着每个人经历过的蔚斗小学。蔚斗小学的历史就是通过一封封信在众人的回忆中重新找回来的。这些信多写于20世纪80年代，其中有"驱逐特务分子""周鸣宇老师脱险""沦陷时期的学校""走出校门去办识字班"等等珍贵的回忆资料；通过这些信件，这段"浙东抗日爱国志士摇篮"的历史被慢慢丰满了起来。如今，他们已经收集了近5万字的文字资料，编录了《蔚斗小学旧址校史（第二辑）》《爱国歌曲四十首》等小册。2007年，蔚斗小学旧址成为宁波市爱国主义教育基地。每周都会有人到基地来参观。这些动人的故事将在口耳相传中延续，并起到广泛的社会动员的效果。

4. 发展力评价

蔚斗小学的革命文化精神与当代追求的价值观念相契合，革命文化基因得到创造性转化和创新性发展。蔚斗精神所体现的革命文化精髓被完整继承、广泛弘扬后得到新的发展。现坐落于鹰山脚下的蔚斗小学新校舍于2003年9月建成，学校总投资2000万元，占地21940平方米，建筑面积13330平方米，校内各类教学和辅助齐全，建有网络、通信、音响和闭路电视四大系统，教育设施配备达到现代化标准。蔚斗小学坚持实施人文教育，坚持立德树人，开发"人文性校本课程"，逐步形成"励志、勤奋、创造、互爱"的校风，在全校师生心中树立了"蔚斗教我做人，我为蔚斗争光"的坚定信念。学校重视德育体系的科学构建，探索"人文化德育"的新路子，坚持对学生进行革命传统教育和爱国主义教育，开展"社会实践活动月""读书月""校史月""科技节""艺术节""班级特色文化展示周"等活动，逐渐形成"科技教育"和"人文教育"并重的学校特色。"东风催发花千枝，姹紫嫣红香满园"，学校以基础教育课程改革为契机，努力探索教学新模式，让蔚斗在保持传统革命精神的同时乘着新建校舍的东风再次腾飞。

（三）蔚斗小学旧址核心文化基因的转化利用

在蔚斗小学文化创建的过程中，将浓厚的校史视为珍贵的教育资源，通过在"老"建筑中视景知史，让"老"物件来说史，唱"老"校歌来温史，以物载道，以物说史，目的就是以这些带有蔚斗小学旧址历史印记的文化为发端，激励人们对蔚斗小学校史文化进行探寻，从而更深刻地理解学校的文化内涵。同时，基于蔚斗小学深厚的历史文化底蕴及丰厚的地域资源，可以开展红色研学之旅，把研学课程的实施定位在传统文化的挖掘和红色之旅的探访上。研学的落脚点为校史基地资源的挖掘：从校内资源到校外资源再到走向世界的拓展。通过校园研学课程的实施，让学校隐性的校史德育课程资源显性化，让参观者在真实的身边的情景联系中，自我建构、自我发展、自我完善。

1. 文旅产品策划

行走在校园中，处处可以感受到校史文化的存在。一楼文化交流大厅是每个学生上学、放学必经之路，它采用 20 世纪 30 年代蔚斗小学旧址的建筑风格。学校的果园中有一个古朴典雅的"爱陆亭"，是为纪念校董唐爱陆所建，亭中有唐爱陆先生的墓志铭"爱国爱民气宇轩，廉洁奉公孺子牛"。在校园中有一个古色古香的中式建筑"养正书斋"，是为纪念蔚斗小学的前身私立养正小学校而建，房子的部分材质采用了旧校原物。校园中，还有"乾坤池""集思轩"等具有特殊历史意蕴的建筑。这样的时空布局，是给蔚斗学子观景知史、睹物思情的天地，更让师生有抚今追昔、勇往直前的能量磁场。用这样的旧物促发旧情，让师生浸润在具有校史文化气息的校园中，留下足迹，经历成长。

校园中陈设着很多有百年历史的宝贝，它们见证了蔚斗的沧桑岁月，述说着蔚斗的百年变迁。校园大门口铺设着从养正私立小学校搬来的青砖青石板，"养正书斋"旁栽种着老校董亲手栽下的蜡梅，"养正书斋"的青砖、匾额、花窗、木雕都是学校的旧物，校园中的长凳、太湖石、水缸、石磨、抱柱都有着上百年的历史，校园中的金桂、橘树、杨梅、沙朴树都有着动人的故事……通过布置充满蔚斗老物件的场域，让红色文化基因感染更多的现代学子。行走于蔚斗的校园，可以深深地感受到：每一张照片的背后都有一个动人的故事，每一个物件的背后都述说着感人的蔚斗历史，而经由这些老物件的"无声之教"，历史的记忆得以接续，革命精神也就成了人们心中生生不息的"活的存在"。

可以根据校歌补充相应的景物，结合周边的自然风景，让学生们跟着校歌寻找昔日的校园风光、旧时的浃江风情，感受学校对学生的殷切希望，体会蔚斗学子为国争荣光的热血情怀。可以打造校歌的现实空间，让学生跟着校歌绘校园，唱着校歌游校园，沉浸在画面和音乐结合而成的空间中，在现实与历史的对接中，明白读书报国、读书强国的责任担当。

2. 文化标识具体呈现

根据学校的文化特点，校方拟定了"蔚斗烙印"研学之旅的十个校内"基地"，分别是：校史大厅、养正书斋、爱陆亭、乾坤池、集思轩、汪波大道、延陵印记、蜡梅和雪松、青砖和石板、石凳石磨。学生在校史大厅移步换景中探寻校史，在养正书斋空间变换中探寻小港李家的拳拳爱国之情，透过铺在地上的青砖和石板研究宁波的明清建筑材料，坐在桂花树下的石凳上探寻宁波人造桥修路搭亭的济世情怀。一个物件，承载着一段动人的历史；一个景点，述说着一个感人的故事。而蔚斗的校史，就在这样的景物中一代代传递，爱国爱乡的精神，在一代代蔚斗人心中传承。

以校史为基点，以乡土文化、碶桥河流、当地名人为延伸，融历史、文化、地理、民俗为一体，通过研究实践、体验探究和综合性学习，让学生在研学中学会合作分享，在活动中经历情感体验，促进学习能力和综合素质的发展。如今校方已完成《浃江风情》《海防遗址》《蔚斗故事》《热土忠魂》《小港李家的故事》等系列研学教材。直观生动的校史材料、丰富亲切的课程现场、行走游玩的教学方式，有利于学生去体验、去反思、去感悟，有利于学生在现场和体验中真正做到知行合一，在实践中感悟真知。教师确定学习主题，根据学生实际对这些研学主题进行选编、创编、改编，在追寻历史、展望未来的过程中，孩子们的精神得到熏陶、净化、升华。

离学校不远处，拥有百年沧桑历史的义成碶述说着小港人因义成碶、一诺千金的济世情怀，是"爱国无罪，还我教师"的重要场景；相距2500米的东岗碶则是农耕时代方圆百里的保护神，而现在依然保留的守碶人则是独对狂风暴雨的"孤胆英雄"。这样的故土情怀、家乡眷恋远比文字、说教更有说服力。可将这些红色文化元素专点呈现，拓展内外交流。以学校丰富的校史文化环境为现场，通过多种学科的融合，在实践经验的累积中，建立起革命文化与传统校史的联系。而参观者也可以在充满着现实感的校史环境中，通过多种感官参与，在实践中感受浓浓的爱国情怀。

参考文献

1.北仑区新四军历史研究会、中共北仑区委党史办、北仑区民政局等:《北仑革命史料选》,宁波出版社 2017 年版。

2.徐晓虹:《宁波红色文化》,宁波出版社 2019 年版。

3.严雪霞:《在隐性课程场域中烙下校史的印记——蔚斗小学校史文化传承的思与行》,《中国德育》2018 年第 4 期。

十、北仑中国女排主场

2005 年，国家排管中心授予北仑区"中国女子排球队指定主场"称号，每年不少于一次中国女排赛事被安排在北仑区体艺中心举行，北仑中国女排主场由此而来。北仑区体艺中心占地面积 6.96 万平方米，总建筑面积 2.97 万平方米，拥有 6500 多个座位，下辖艺体馆、体育训练基地和体育公园。其中中国女排北仑体育训练基地（简称北仑训练基地）总建筑面积 1.63 万平方米，由体育宾馆、综合训练馆及游泳馆三座单体建筑组成，是近几年中国女排集训使用次数最多、条件最优厚的基地。

自"中国女排指定主场"落户北仑区以来，北仑区体艺中心先后承办"世界女排大奖赛总决赛""国际女排精英赛""世界排球联赛总决赛"等 20 多场大型国际排球赛事。中国女排在北仑所参加的 18 项国际大赛中获得了 15 项的冠军，北仑被称为中国女排的"福地"。北仑训练基地世界一流的训练条件成为中国女排制胜的关键力量之一，而中国女排"祖国至上、团结协作、顽强拼搏、永不言败"的精神也"点燃"了这里。自中国女排主场落户北仑以后，北仑的赛事品牌日益丰富，全民体育氛围深入人心。世界 X-CAT 摩托艇锦标赛、WTCR 世界房车锦标赛、全国青少年羽毛球赛等各类赛事相继在北仑举办，赛事氛围浓厚。北仑连续 4 次被国家体育总局授予"全国最佳赛区"荣誉，北仑也赢得了"赛事之城"的美誉。

中国女排（北仑区文化和广电旅游体育局供图）

北仑中国女排主场（北仑区文化和广电旅游局供图）

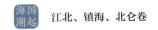
（一）北仑中国女排主场核心文化基因解析

1. 物质要素

北仑中国女排主场核心文化基因的物质要素主要为一流的场地设施，具有三方面特点。

其一是建设规模大且功能多。北仑区体艺中心位于北仑中心城区，总投资 2.3 亿元，占地面积 6.96 万平方米，总建筑面积 2.97 万平方米，下辖艺体馆、体育训练基地一、二期和体育公园。艺体馆由比赛馆和训练馆组成，拥有 6500 个座位，半地下室 1.2 万平方米，是目前省内最大的体育馆之一，也是目前国内最大的 PTFE 膜体育馆。该馆除满足体育竞赛需求外，还可以举办展览、召开会议、进行文艺演出，地下室可作车库、商场。一馆多用，以馆养馆。

其二是比赛场地大且管理智能化。该馆是目前宁波市最大的体育馆之一，比赛场地面积 40 米×70 米，净高 16.9 米，设置中央空调，可举办篮球、排球、网球、乒乓球、羽毛球、手球、拳击、体操等多种国际赛事。整个馆实行智能化管理，设环境监控、通信网络、赛事管理、管理信息、机房管理五大系统及多个子系统，是国内智能化程度较高的体育馆之一。

其三是训练馆内设施先进且环境一流。2008 年建成投入使用的中国女排北仑体育训练基地总建筑面积 1.63 万平方米，由体育宾馆、综合训练馆及游泳馆三座单体建筑组成，是继郴州和漳州之后的第三个女排训练基地，也是最近几年中国女排集训使用次数最多的基地和三个女排基地中条件最优厚的。这个基地建设起点高，训练馆内设施先进，有力量训练区、水疗室（SPA）、恢复室，里面的设备都是世界一流的。多项康复治疗相结合，能让女排姑娘们比较快速有效地缓解训练疲劳。由于综合设备水平和屏蔽外界干扰的环境优势，中国女排临近大赛时会先转移到北仑基地训练。

2. 精神要素

自 2004 年底中国女排主场落户北仑，到 2019 年北仑作为"中国排球第一主场"广为人知，中国女排北仑主场经历了女排的低谷，也见证了女排重新走向辉煌。不管外界环境和条件如何变化，中国女排的信念始终未变，女排精神也为国人注入了强大的精神动力。不管是 20 世纪 80 年代"无私奉献、团结协作、艰苦创业、自强不息"的女排精神，还是新时代"祖国至上、团结协作、顽强拼搏、永不言败"的女排精神，都与北仑"创新进取、迎难而上、艰苦创业"的体育发展观念相契合。2004 年 6 月，北仑区就开始积极为尚未竣工的北仑体艺中心谋划引进女排赛事。随着中国女排当年 8 月在雅典奥运会上意外夺冠，国内众多城市纷纷想要引进女排赛事。面对激烈的申办竞争，北仑区体育部门负责人突发奇想地提出了"中国女排指定主场"这一全新概念，让中国女排长期落户北仑成为现实，北仑也从此与中国女排结下不解之缘。

志愿者精神也与团队协作、无私奉献的女排精神一脉相承。为了服务好女排赛事，北仑团区委公开招募志愿者。经过选拔，最终有 1300 多人注册成为女排赛事志愿者，他们在比赛期间分别承担赛场引导、翻译、擦地、入场举旗、捡球、记录、播音、打字、呐喊助威等职责，另外还有 1 万多名交通志愿者走上街头，劝导市民遵守交通规则。比赛之后，1300 多名女排赛事志愿者被分为 10 个大队，和新碶街道的 10 个社区分别开展结对活动，借助社区资源，把赛事志愿服务延伸到社会各个领域。从此以后，北仑赛事志愿者成了面向全社会开展服务的"爱心使者"，服务范围涵盖献血、慈善、助学、助老、修理电器等众多领域。

3. 规范要素

政府主导、部门协作、企业支持、群众参与的运营模式是北仑区变身"运动之城""赛事之城"，跻身浙江省首批体育现代化创建单位的重要制度保障。北仑区政府积极拓宽思路、创新手段，全力推进社会力量办体育，为区级层面的社会力量办体育提供了北仑样板。通过政府主导，引入优质的民营培训机构，并积极开展合作。一方面使体育培训市场经营更加规范化、专业化；另一方面则提升市场竞争机制，树立体育培训品牌，让更多青少年能够接受更专业的体育技能培训，实现经济效益和社会效益的双赢。

随着北仑体育场地设施建设不断丰富，群众参与体育活动的热情空前高涨，北仑区充分利用和发挥社会体育组织的作用承办各级各类赛事，也满足广大人民群众参与体育及健身活动的需求。目前，北仑区共有 21 个单项社会体育组织，北仑区全民运动会，全民健身大联赛，北仑区足球、篮球、乒乓球、羽毛球等级联赛等诸多群众体育赛事也由社会体育组织承办。

同时，由政府主导的国际、国内顶级赛事所带来的巨大影响力也吸引着诸多企业参与赛事冠名，吉利、申洲、贝发、戈林蓝、海天等企业主动冠名排球、乒乓球赛事。长鸿高科、蓝润科技、万辉物流等企业则着眼于区内品牌群众赛事，多次成为篮球、足球等项目的冠名商。宁波国际赛道、万博鱼航海中心、梅山湾沙滩公园则依托自身场地资源优势，承办汽摩、帆船以及生态运动会等重大赛事，并成为北仑重大体育赛事的重要组成部分。

（二）北仑中国女排主场核心文化基因的提取与评价

北仑首创"中国女排指定主场"理念，见证了"黄金一代"夺取世界杯、奥运会两连冠之后新的起点，经历了女排的低谷，也见证了郎平二度执导后对中国女排的改革和女排的重新走向辉煌，被誉为中国女排的"福地"。北仑的体育文化影响力通过体育赛事平台得到了较快的发展，目前已是排球、篮球、乒乓球、举重、摔跤、柔道、拳击、跆拳道、羽毛球等9个项目的国家队训练基地，是国家体育总局命名的"国家综合体育训练基地"。北仑区体育经济从无到有的大胆进取、迎难而上、艰苦创业的历程和政府主导、部门协作、企业支持、群众参与的运营模式，与"祖国至上、团结协作、顽强拼搏、永不言败"的新时代女排精神相契合，并取得了一系列成绩。因此，北仑中国女排主场的核心文化基因可以提取为"祖国至上、团结协作、顽强拼搏、永不言败"。

在此基础上，对中国女排北仑主场核心文化基因做如下评价。

1. 生命力评价

中国女排北仑主场核心文化基因自出现起延续至今，未曾中断。从2004年引进中国女排开始，北仑开启了和中国女排一起成长之路。19年来，女排在北仑这块土地上挥洒着汗水，也收获着成长，北仑在默默付出的同时，也从女排身上汲取精神动力，奋发向上，成长为东海之滨体育现代化强区。中国女排北仑主场核心文化基因在发展过程中保持相对稳定的状态。在中国人心目中，女排精神为人们注入了强大的精神动力。30多年来，中国女排不变的是"祖国至上、团结协作、顽强拼搏、永不言败"的信念，变化的是国际视野、科学训练、人文关怀以及物质保障的助力。

2. 凝聚力评价

中国女排北仑主场核心文化基因给区域经济、社会、文化带来深远的影响力和推动力，具有强大的凝聚力。顶级的赛事需要专业的服务，中国女排的到来，让北仑的志愿者成建制、成规模，推动了全社会志愿服务水平的提升。社会力量参与体育设施建设，社会力量参与体育后备人才培养，社会力量承办体育赛事，政府、企业和社会在共同推进北仑体育事业发展方面走出了一条互惠互利、相得益彰的共同发展之路。越来越多的社会力量、民间资本参与体育事业发展，也对完善北仑城市功能、打响城市品牌起到积极作用。

3. 影响力评价

中国女排北仑主场核心文化基因传播辐射人群较广，具有全国性乃至世界性影响力，其影响形式多元。"中国排球第一主场"是一张"金名片"，各类国际级、国家级排球赛事都接踵而至，如今在这里举办国内外顶尖体育赛事已趋于常态化。自 2004 年中国女排主场落户北仑以来，北仑赛事经济逐步升温，建有 9 个国家级体育队的集训基地，全民体育氛围深入人心。作为承担各类全国性及国际性赛事的主阵地，北仑累计举办包括中国国际女排精英赛、世界女排大奖赛总决赛、CBA 全明星周末赛、全国户外运动挑战赛、世界 X-CAT 摩托艇锦标赛等国际、国内重大赛事 130 多场，并连续 4 次被国家体育总局授予"全国最佳赛区"称号。近年来，北仑区还开展了多样化的时尚体育项目，WTCR 世界房车锦标赛、国际帆船赛等时尚体育赛事，受到广大体育爱好者的追捧，一票难求的现状也很好地印证了这一点。投入 9.1 亿元的宁波国际赛道无疑成了广大体育爱好者的聚集地。2019 年 7 月正式对外开放的青年体育公园更是受到无数运动爱好者的追捧，全国运动训练竞赛联盟三对三篮球联赛总决赛即在青年体育公园的篮球场举行。

4. 发展力评价

中国女排北仑主场核心文化基因与当代人精神追求和价值观念相契合。中国女排北仑主场作为社会主义先进文化基因，有望打造成为与浙江"三个地"相适应的文化高地，能够较好地实现转化、弘扬、发展。"小港杯"全国男子业余邀请赛就是成为"女排主场"十余载的北仑排球运动发展的一个缩影。2017 年 5 月，北仑区首届"足球、篮球、排球"三大球联赛启动，这也是北仑区首次在全区范围内举办排球联赛。到现在，北仑已经成立排球协会，专门负责组织赛事。通过中国女排的比赛为北仑营造良好的社会氛围，改变群众的体育观念，丰富人们的体育文化生活。这样一来，一方面激发更多的青少年投身体育运动，投身排球事业；另一方面使更多的群众支持排球事业。除了"小港杯"、北仑区排球联赛外，未来还有沙滩排球赛。位于梅山水道南堤北侧，毗邻洋沙山及春晓明月湖的滨海万人沙滩目前正在建设当中，其中沙滩排球场面积达 1.07 万平方米，可建国际标准沙滩排球比赛场。未来，北仑区政府将借助排球在北仑雄厚的群众基础，通过"体育＋旅游"的方式，致力于提升城市品质，将北仑打造成为运动之城、休闲之城、欢乐之城。

（三）北仑中国女排主场核心文化基因的转化利用

北仑可依托现有的中国女排北仑主场文化基因资源，倡导"开放、包容、青春"的价值导向，通过创新形态、材质、载体、行为、功能等，对该文化基因进行转化利用，打造"青春之城、活力之城、希望之城"。

1. 倡导女排精神，建设北仑体育展厅

发挥中国女排主场的文化价值导向。中国女排几乎每年都会齐聚北仑集训，这里是女排队员训练的首选，有着举足轻重的地位。女排姑娘们在这里挥洒汗水，记录生活点滴；在这里蓄力备战，开启通往冠军之路。北仑这座海港小城因为中国女排而声名鹊起，中国女排的"北仑故事"更是激活了当地的体育基因。与中国女排的"联姻"，让全国人民知道了港城北仑。而北仑的好口碑更是吸引了不少国字号球队。近年来，篮球、乒乓球、举重、摔跤、柔道、拳击、跆拳道、羽毛球等项目的 8 座国家队训练基地相继落户北仑。国家队的簇拥抱团强化了北仑的体育基因。

北仑体育展厅以"女排梦　冠军城"为主题，以图片、视频等形式重点介绍了自"中国女排指定主场"于 2004 年 10 月落户北仑，到 2020 年期间中国女排在北仑比赛训练的发展历程。全景展现北仑体育事业的发展历程、取得的各项竞技比赛成绩、各类体育产业和群众体育的蓬勃发展以及北仑籍著名运动员。其板块内容包括中国女排在北仑的发展历程、国家宁波北仑体育训练基地场馆设施以及北仑的群众体育、竞技体育、体育名人以及体育产业等。

展厅整体采用流线型造型，体现海浪的特色和运动的元素。每一个板块都是立体上墙版面结合智能电子设备，运用立体标题以及落地的立体发光字来阐释每个部分的特色，并体现北仑体育历史的延续性。同时还利用曲面投影、智能电视、电子相框等多媒体手段，全方位立体式多角度展示各板块内容，充分展示出北仑体育发展的成果。

2. 依托国际国内赛事，建设山海运动小镇

北仑山海运动小镇主体位于北仑区东部春晓街道，涵盖了十公里蓝色海湾、万人沙滩、国际帆船水上运动基地、万博鱼航海中心以及"国家体育产业示范项目"宁波国际赛车场等核心资源项目。

打造海陆空"航母级"体育休闲旅游基地是北仑山海运动小镇的重点发展方向。依托已建成的海上蓝湾开发培育海上运动项目，建设各类中高端水上运动。建立皮划艇基地。皮划艇运动已成为水上运动的推广项目之一。万博鱼航海中心从 2018 年已开始帆船项目的培训和普及推广。梅山湾沙滩公园碧海金沙为下一步沙滩运动项目开展提供了场地资源；利用现有游步道，开辟山地越野赛，计划引进国际或国内顶尖赛事；开发冬季体育旅游项目，建设滑雪场、滑冰场等冰雪设施，目前位于春晓街道的冰雪大世界一期已经建成对外开放，二期也在积极打造冰上项目运动基地；依托梅山直升机综合体开发直升机、水上飞机、热气球、动力滑翔伞等空中运动项目。

时尚、休闲的体育运动项目不仅推动全民健身活动的开展，更是促进"体育＋旅游"不断融合的"纽带"，并不断拓宽体育消费市场产业链，带动区域旅游住宿、餐饮业发展。北仑持续结合区域产业结构和特色，积极开拓体育消费市场，推进"体育＋旅游"的融合发展，加速体育产业新业态开发。

山海运动小镇的创建可进一步完善北仑区体育产业格局，加速该区体旅融合步伐，延伸全区体育消费产业链，深化全区国家体育产业示范基地市场性、多元性和融合性。

3. 依托体育文化资源，开发主题旅游和旅游商品、文创产品

在体育文化资源方面，北仑拥有高端排球赛事和主场球馆，是国际女排精英赛、世界女排大奖赛、世界女排锦标赛资格赛、世界女排联赛、世界女排俱乐部锦标赛、青年世界排球锦标赛、少年女排锦标赛、世界沙滩排球锦标赛、CBA 八一双鹿电池队的主场球馆。其他品牌赛事包括依托宁波国际赛车场、万博鱼航海中心、沙滩运动基地和水上运动基地举办的世界 X-CAT 摩托艇锦标赛、"一带一路"全国帆船邀请赛、国际汽联 F4 中国锦标赛、WTCR 世界房车锦标赛等大型国际国内赛事。北仑体育展厅以"女排梦 冠军城"为主题展示中国女排在北仑比赛训练的发展历程，包括文字报道及音频、影像资料，如有关女排训练基地和赛事相关的文字、影像资料，以及电影《夺冠》、广播

剧《冠军城——北仑和女排的故事》等文艺作品，还有中国女排群雕和冠军手印墙、排球网络游戏 VA 体验馆、山海运动小镇标识系统及 IP 等。

依托体育文化资源，开发主题旅游产品。在旅游线路安排方面，可以开辟"冠军足迹"中国女排主题旅游线路，以北仑艺体中心、女排训练基地、体育展厅、体育宾馆为核心形成女排主题旅游线路；开辟北仑体育旅游线路，在城区的女排主题旅游线路基础上，形成与春晓的宁波国际赛车场及梅山万博鱼航海中心、沙滩运动基地和水上运动基地的互动，串点成线。旅游还可与体育节庆活动相结合，比如打造城市跑步节、青年龙舟赛、青年运动会等。

开发相关旅游商品和文创产品。开发旅游推广微信公众号，比如山海运动小镇微信公众号、赛事指南等；提供特色餐饮，比如"冠军餐"（女排队员专业配餐）体验。设计"中国女排北仑主场"主题标识，开发系列文创产品，包括排球冠军手印墙及纪念章、女排动漫人物形象冰箱贴、历届女排赛事海报，以及排球网络游戏等周边产品。

参考文献

1.方堃：《探"中国最强女子天团"北仑训练基地：三代中国女排的变与不变》，光明网，http://gmw.cn/2020-09/27/content_ 1301611358.htm，2020 年 9 月 27 日。

2.夏亮：《当了十多年"女排主场" 中国排球已扎根小城北仑》，环球网，http://huanqiu.com/article/9cakrnk3v2e，2017 年 6 月 15 日。

3.张莺、马超、沈智钦：《小城北仑的十二载女排情缘》，浙江在线，http://zjtyol.zjol.com.cn/zhzx/201812/t20181206_8922495_ext.shtml，2018 年 12 月 6 日。

后记

　　浙江省文化旅游厅对标习近平总书记赋予浙江"努力成为新时代全面展示中国特色社会主义制度优越性的重要窗口"的新目标新定位，深入实施文化基因解码工程，制定《建设文化标识推进文旅融合行动计划（2021—2025年）》。这项工作旨在建成一批在历史发展过程中长期积累形成，在全省广泛分布，具有鲜明辨识度、广泛传播力、深远影响力的浙江文化标识，与文化"金名片"打造相互叠加、相互支撑，形成"国内影响、浙江气派、古今辉映、诗画交融"的文化浙江新格局。"文化基因解码工程"和文化标识建设已先后被列入浙江省"十四五"规划和"共同富裕示范区实施方案"，是浙江省文化和旅游事业发展、产业升级的战略性、基础性、先导性工作，是浙江省执行党和国家重大战略部署、重大任务的工作，也是浙江省高质量打造的新时代文化高地先行先试重大项目。

　　宁波市文化广电旅游局积极推进宁波文化标识建设工作，具体工作由文物保护与考古处负责，宁波市文化旅游研究院组织实施。为切实落实省相关文件精神，宁波制定了《宁波市"浙江文化基因解码工程"发展行动计划（2021—2023）》，成立宁波市"文化基因解码工程"专家团队，制订详细的工作计划。专人负责定期反馈各县（市、区）"一表、一文、一谱、一库"的解码推进情况，编写工作简报，介绍各县（市、区）经验、进展。对县（市、区）调研、数据库填写情况等，整理形成调研报告，梳理"文化基因解码工程"相关讲话、政策，及时组织交流对话。邀请省内专家多次开展专题讲座，辅导基因解码工作以及基因解码报告撰写。至2021年12月，共填报一般元素4294条、重点元素194个、解码报告194份、文化标识任务书14份，全面反映了宁波特色文化。

　　2022年，宁波11个项目入选"首批100项浙江文化标识"培育项目，分别是

"梁祝文化"（海曙）、"千年慈城"（江北）、"海丝东方大港"（北仑）、"'宁波帮'文化"（镇海）、"东钱湖文化带"（鄞州）、"海洋渔文化"（象山）、"古韵前童"（宁海）、"千年越窑秘色瓷"（慈溪）、"弥勒文化"（奉化）、"阳明文化"（余姚）、"浙东抗日根据地"（余姚）。"阳明文化"被列入"文化标识建设创新项目名单"，"海洋渔文化"被列入"文化标识建设创新培育项目名单"；"张人亚党章学堂""《渔光之城》滨海场景演艺秀"入选浙江省文化和旅游厅公布的"首批文化基因解码成果转化利用示范项目"。

为统筹推进基因解码工作，宁波还启动以"解密文化基因，擦亮宁波标识"为主题的一系列项目。如举办"宁波文化基因短视频大赛"，通过网络、地铁广告等方式，广泛动员全市百姓用短视频为"身边的宁波独特文化基因"解码。宁波市文化旅游研究院则以"江南都市，风华中轴——宁波建城1200年解码礼制中轴线文化基因"等为主题，组织拍摄视频，其中包括鼓楼、月湖、天一阁、永丰库等宁波人熟知的文化元素，展现"江南都市、河海之城"宁波的重点、独特文化基因。这些优秀的文化基因解码视频，广泛在凤凰网、宁聚、各大景区、公交车站、地铁、公共文化场所等线上、线下平台推广，在宁聚等网络平台还专门设立《宁波文化基因解码》栏目，扩大了宁波文化基因解码工程影响力。宁波市文化旅游研究院还联合宁波诺丁汉大学、宁聚传媒，申报了宁波市"科技创新2025"重大专项课题"区域文化基因解码与精准传播"。

本次组织编撰的"宁波文化基因解码丛书"，是宁波推进文化基因解码工程的重要成果之一。本项目立足浙江省文化基因工程数据库成果，立足于县（市、区）各文化基因解码工程对宁波全市的文化元素的系统调查梳理与撰写的文化基因解码报告，由宁波市文化旅游研究院组织宁波大学、各县（市、区）文化旅游部门，以及宁波市内外文化学者、专家，合力深化推进。本丛书共4卷，分别为《河海润城：宁波市卷》《三江汇涌：海曙、鄞州、奉化卷》《海国潮起：江北、镇海、北仑卷》《山海锦绣：余姚、慈溪、宁海、象山卷》。其中，毛海莹、高邦旭、林晓莉、王成莉、詹增涛、胡呈、王意涵、陈丝丝等主要负责海曙、鄞州、奉化、宁海、象山5个县（市、区）的传统文化元素及全书的所有革命文化元素；负责宁波文化基因解码工程总体概述，以及藏书文化、海丝文化、慈孝文化等3个重大文化元素，梁祝传说、浙东史学派等11个重点文化元素。刘恒武、陈名扬、鲁弯弯主要负责江北、镇海、北仑、余姚4个县（市、区）的传统文化元素；负责阳明文化1个重大文化元素，河姆渡文化、海防文化等4个重点文化元素。庄丹华、孙鉴主要负责慈溪的传统文化元素，以及全书所有的社会主义先进文化元素；负责商帮文化1个重大文化元素，青瓷文化、甬剧等6个重点文化元素。本丛书图文并茂，是对宁波文化基因解码成果的总结和提炼，是留给后世的一份珍贵档案，也是了解宁波文化的一个重要窗口，为擦亮宁波文化标识提供了较为成熟的基础研究材料。

　　"文化基因解码工程"是一项范围广、难度大的工作，兼具社会性和科学性，也是一项具有开拓性、创造性的工作。根据浙江省文化和旅游厅的要求，基因解码坚持通俗实用的原则，而尽量回避学术和概念之争。在具体解码路径上，找准四大要素（物质要素、精神要素、语言与符号要素、规范要素），提取一组基因，从四个维度（生命力、凝聚力、影响力、发展力）进行评价，进而提出转化利用的对策。研究文化、梳理文脉，是传承与弘扬、保护与优化优质文化基因的基础工作，这需要深厚的理论素养与长期的实践研究，宁波大学团队专家学者以及各县（市、区）文化干部、专家等在编撰过程中都倾注了大量心血。

　　解码宁波文化基因，不是毫无边界地扩大文化的概念外延，而是选择区域内最有代表性、最有影响力、最具标识度的文化印记、文化元素和文化成果，深刻总结地域优秀传统文化的生命力、影响力、凝聚力和创造力，形成一张重点文化元素清单。其关键性的衡量标准是唯一性、品牌性，凸显宁波海陆文化交汇的鲜明特点，如庆安会馆等世界文化遗产点，河姆渡遗址、天一阁等全国重点文物保护单位，十里红妆等国家级非遗项目等。本丛书力求从区域文化传承发展的基本脉络中把握文化发展的规律，刻画提炼宁波文化的"性格"，揭示宁波城市的精神。这也是本丛书从 4294 条一般元素、194 个重点元素中遴选 126 个文化基因进行阐述的原因。这一工程研究成果也为宁波市"科技创新 2025"重大专项课题"区域文化基因解码与精准传播"（2021Z017）课题的推进提供了重要支撑。对于这些文化基因的遴选，可能与准确、深刻还有着一定的距离，希望得到热爱宁波文化、关注宁波文化发展的专家的批评与指正。

本丛书的编撰，得到了浙江省文化和旅游厅领导的关心和支持，省文旅厅"文化基因解码工程"领导小组领导和专家多次进行深入指导；也得到了宁波市文化系统各县（市、区）文化部门、各局属单位，以及文化部门老领导、广大专家的大力支持。丛书的出版是各部门紧密配合、通力协作的结果，也是宁波全体文化人集体劳动的结晶，在这里谨向为宁波文化基因解码工程、文化标识建设工程及本书编撰工作付出辛勤劳动的领导、专家、学者、文化干部表示衷心的感谢。尤其是杨劲、韩小寅、陈小锋、陈建祥、宋明耀、郭美星、张如安、贺宇红、徐飞、王军伟等领导和专家精心审读初稿，从打造精品的高度，提出了大量中肯而宝贵的意见和建议。编撰组认真听取意见，并做了仔细修改。

因编写任务重、时间紧，尤其是我们的研究还不够深入，视野和水平有限，书稿还未能做到尽善尽美，难免有不少差错和不足，敬请读者批评指正。

编　者

2023 年 10 月